中央高校基本科研业务费人文社会科学优秀成果出版计划"城镇化进程
大学生非农化诱发的土地问题及政府应对策略研究"(ZYGX2015SKC01)资助

农村大学生非农化过程中
土地问题研究

刘灵辉 著

科学出版社

北 京

内 容 简 介

本书围绕基于快速城镇化这一背景,通过大规模问卷调查总结出农村大学生非农化过程中土地问题的表现形式、问题成因及深层次影响。在现有政府应对策略评价的基础上,构建起农村大学生非农化过程中土地问题应对策略体系——土地保留、土地流转和土地退出,并分别基于问卷调研数据,对土地保留策略、土地流转策略和土地退出策略进行了全面系统的实证研究。同时,探索构建三大创新机制,即农村大学生宅基地与城市建设用地指标相挂钩机制、农村大学生土地流转与水库移民生产安置相结合机制、农村大学生土地置换与城市住房问题解决相结合机制。最后,从土地制度、户籍制度、社会保障制度等方面提出针对性的对策和建议。

本书可供农村大学生、农民以及从事土地资源管理、公共管理等相关专业的科研工作者、政府部门管理人员阅读参考。

图书在版编目(CIP)数据

农村大学生非农化过程中土地问题研究 / 刘灵辉著.—北京:科学出版社, 2016.10

ISBN 978-7-03-050104-2

Ⅰ.①农… Ⅱ.①刘… Ⅲ.①农村-大学生-城市化-研究-中国 ②城市化-土地问题-研究-中国 Ⅳ.①G645.5②F299.21③F321.1

中国版本图书馆 CIP 数据核字 (2016) 第 235604 号

责任编辑:杨 岭 于 楠 / 责任校对:贺江艳
封面设计:墨创文化 / 责任印制:余少力

科 学 出 版 社 出版

北京东黄城根北街16号
邮政编码:100717
http://www.sciencep.com

成都锦瑞印刷有限责任公司印刷
科学出版社发行 各地新华书店经销
*

2016 年 10 月第 一 版 开本:787×1092 1/16
2016 年 10 月第一次印刷 印张:13 3/4
字数:330 千字
定价:88.00 元
(如有印装质量问题,我社负责调换)

前　言

　　农村大学生是中国城乡二元经济体制下的一个特殊群体,身上兼有城市和农村的双重印迹。入学前,农村大学生属于集体经济组织成员,享有分得承包地的资格和权利;入学后,部分农村大学生自愿或因政策强制性缘故将户口迁往学校所在城市,实现户口的非农化。在农村,家庭承包的逻辑关系为"集体成员—成员权—土地承包权—土地经营权",户籍是大部分集体经济组织判断成员权的习惯性依据,并且分得承包地的资格与农民职业、农村社会保障紧密相连,然而,凭借知识文化、学历等优势,绝大多数农村大学生毕业后将留在城市就业和生活,成为家庭内部脱离农民身份的"第一代市民",农村大学生入学前享有承包地的社会保障功能逐渐减弱甚至完全消失。因此,农村大学生非农化使其享有集体成员权的必要条件出现瑕疵,进而使其分得承包地资格受到质疑。在《中华人民共和国农村土地承包法》和《中华人民共和国物权法》颁布以后,土地承包经营权的物权地位已经确立,物权的最大特性就是直接支配性,这种支配性不因户口的迁移、职业的变化而丧失。然而,国家法律政策并没有对"农村大学生非农化所引致的承包资格瑕疵"与"土地承包经营权物权支配性"之间的冲突做出明确规定,致使不同地区、甚至同一地区不同集体经济组织对农村大学生是否享有入学前已承包土地的相关权利存在不同表现。同时,在农村大学生承包地被征收后,针对农村大学生参与集体经济组织征地补偿收益分配的态度存在着三种截然不同的观点:①完全把农村大学生排除在受偿群体之外;②农村大学生只能获得部分补偿;③农村大学生享有与集体经济组织内其他成员一样的权利,可以获得全部补偿。因此,当农村大学生承包地被征收而不能获得合理补偿,或者集体经济组织提前收回农村大学生拥有的承包地份额时,极易因认知差异而引发社会矛盾冲突,导致农村大学生通过上访、诉讼等途径表达利益诉求。

　　自 1999 年高校扩招以来,大、中专院校普通本、专科招生人数逐年大幅提高,从 1998 年的 108.40 万攀升至 2014 年的 721.40 万,年均增长率为 12.58%。据测算,1999 ~2014 年农村高中生升学人数占同期城镇人口增加量的平均比率为 15.00%,农村高中生升学人数占同期乡村人口减少量的平均比率为 23.25%,可以看出,农村大学生已成为推动我国城镇化进程的重要力量之一。然而,高校的就业制度改革和大规模扩招使大学生就业市场逐步转变成"买方市场",农村大学生面临着就业难、就业稳定性差、就业待遇低等现实问题,更为重要的是,不断攀升的房价像一道农村通往城市不可逾越的门槛,给农村大学生带来了沉重的经济和心理压力,致使越来越多的农村大学生不得不加入"蜗居"、"蚁族"的行列,这都折射出该群体艰难的城市化进程。与之相反,随着农村社会经济的快速发展,农村大学生初始农民身份所蕴含的农地利益及衍生福利开始凸现,然而,这些利益不仅因法律政策限制而不能变现,反而可能成为农村大学生非农化进程中需要支付的机会成本。在这种情况下，农村大学生维护土地权益的呼声越来越高，部分地区甚至演变成了群体性事件，随之，浙江省、山东省、江西省、四川省、天津市、重庆市等地方政府部门出台了规范农村大学生土地问题的政策文件，虽然这些政府策略对于解决农村大学生土地问题具有一定作用，但是存在着政策区域不协调、政策制定依据混乱且层次低、政策内容欠科学等问题，在实施过程中，出现了政策效果打折、农村大学生利益受损、甚至与国家整体战略相冲突等问题。农村大学生非农化过程中的土地问题涉及人数众多、利益复杂、影响面广，因此，该问题的妥善解决亟待政府介入及完善相关法律法规，以实现有关宏观政策制度间的有效衔接。然而，学术界对农村大学生非农化过程中土地问题政府应对策略的研究还较少，现有论点大多是学者参加学术活动、接受采访或回答网络提问时发表的个人看法，不仅零散不成体系，而且彼此之间存在着较大矛盾冲突。另外，相较农村妇女、农民工、失地农民、水库移民等特殊群体，农村大学生这一特殊群体土地问题获得的关注较少。因此，构建政府应对策略体系规范农村大学生土地产权保护与资产盘活途径，是中国社会发展转型过程中的一项重要社会任务。

关注到农村大学生这一特殊群体的土地问题也许是出于我的农村出身与专业背景相交叉这一机缘巧合。从 2008 年底我开始对这一问题表现出浓厚的兴趣，当时的初衷是想以此为选题完成自己的博士论文，并着手启动了提纲的撰写和问卷调查工作，后来由于一些特殊的原因我转向了水库移民安置区土地流转问题的研究，并最终以水库移民安置区居民这一农村特殊群体的土地问题完成了自己的博士论文。然而，在这中间我并没有放弃对农村大学生土地问题的研究。2009 年，我向中国土地学会年会投稿《农村大学生农转非土地承包经营权问题研究》一文，并有幸在分会场做了学术交流，在场的专家学者对我的研究切入点给予了充分肯定，我清晰地记得与会的浙江大学公共管理学院田传浩副教授鼓励我继续深入下去做实证研究。2010 年初在博士论文写作的攻坚阶段，我的第二篇关于农村大学生土地问题的学术论文《农村大学生农转非土地流转潜力研究》在《中国土地科学》上发表，这给予了我极大的鼓舞和信心。博士毕业到电子科技大学工作以后，自己经历了从学生到教师身份的转变，在度过了短暂的调整期之后，我再次开启了农村大学生土地问题这个我心仪已久的学术问题研究，尤其是当陆续收到素不相识的、通过发表学术论文上留的邮箱地址联系上我的农村大学生的来信，并咨询关于他们的土地权利归属以及征地补偿权益如何得到保障时，我深切地意识到我的选题是有社会价值的、是能够帮助一部分人解决实际问题的，这对于一名初出茅庐的学者而言甚是欣慰！在本书的撰写过程中，历经了三次大规模的问卷调研，期间得到了四川大学朱红波副教授和马爱慧博士、华中师范大学洪建国博士、湖北财税职业学院王敦博士、安顺学院张战军老师等热心好友的无私付出与帮助！感谢参与问卷调研的华中农业大学公共管理学院的师弟、师妹以及电子科技大学政治与公共管理学院的本科生同学们！同时，感谢电子科技大学政治与公共管理学院的各位领导和同事的支持和帮助，为本书的完成提供了良好的条件。最后，还要感谢我的家人给予的理解和支持，尤其是我的女儿刘歆玥，她的到来，给我带来了无限的幸福与乐趣！

本书的研究成果是我近些年来对农村大学生这一特殊群体土地问题的表现形式、深层次影响、应对策略等方面的思考与实证，可以作为农村大学生、农民工等转户进城人员了解和维护自身土地权益的参考资料，引起相关政府部门重视农村大学生等进城农民土地权益的保护与盘活。然而，本书只关注了农村大学生这一个特殊群体，对于农民工等其他进城农民的土地问题缺乏对比性研究。由于著者水平有限，本书不足之处在所难免，欢迎读者的批评与指正。

目　　录

1 绪 论

1.1 问 题 提 出

随着社会经济发展和户籍制度改革，越来越多的农村人口从农业户籍转为非农业户籍。根据"城镇化进程中农村劳动力转移问题研究"课题组（2011）的推算，1979~2009年，从农村转移到城镇的人口数量在 3.9 亿左右，由农业户籍转为城镇户籍的人口数量累计约为 1.7 亿。另据《中国流动人口发展报告 2011》和《中国国务院发展研究中心的研究报告》显示，到 2020 年中国内地城镇人口将超过 8 亿，未来 10 年累计需转移农村人口 1 亿以上，其中，"十二五"（2011~2015 年）期间将有 4500 万农业劳动力需要转入非农产业和城镇就业，由此出现了大量土地承包经营权的享有者并非农业户籍的现象（张晓梅，2010）。由于第二轮土地延包的期限尚未届满且承包经营权的物权地位已经确立，因此，农民户籍非农化并不意味着承包经营权的丧失。然而，由于农民获得承包经营权和集体分配征地补偿款的主要依据是成员权（朱金东 等，2012），承包地和征地补偿收益的分配请求权是集体成员权的体现，我国集体成员资格认定标准的缺失直接导致户籍非农化农民的成员资格存在瑕疵，加之该群体在集体内部一般属于少数，致使其承包地面临被集体以土地微调的名义收回等危险，同时，在象征地权（成员权）与契约地权（土地承包经营权）对征地补偿收益的竞相控制过程中（李菁 等，2011），他们往往处于劣势地位，导致其征地补偿收益部分甚至完全被剥夺。协调推进城镇化是实现现代化的重大战略选择，而城镇化的核心是人的城镇化，如果农民个体非农化速度快于土地非农化将导致实体的承包经营权以及潜在的征地补偿收益分配权受损，这将抑制农村居民转为城镇居民的意愿，致使更多符合进城条件的农民游离于"城市"和"农村"之间，呈现"亦工亦农、亦城亦乡"的"候鸟式"流动（张怡然 等，2011），这不仅与快速推进城镇化的发展方向相背离，而且农民初始身份所蕴含的巨大福利引力所形成的"逆城市化"倾向也不利于已有的城镇化水平得到巩固。同时，农民非农化所诱发的土地维权纠纷若得不到妥善合理的解决，将会引发社会矛盾和冲突，不利于和谐社会的构建。因此，如何维护进城农民的土地承包经营权及合法征地补偿收益，是一个亟须从理论上回应和从实践上加以解决的现实问题。

农村大学生是从农村走进城市的精英分子，是我国城乡二元经济体制下的一个特殊社会群体，身上兼有城市和农村双重印迹。入学前，农村大学生属于集体经济组织成员，享有分得承包地的资格和权利。入学时，部分农村大学生自愿或因政策原因将户口迁往学校所在地，实现了户口非农化。毕业后，绝大部分农村大学生会留在城市，并在就业、生活、住房、下一代等方面逐步实现非农化。农村土地发包是基于集体成员资格具有社会福利和保障性质的公共财富分配，以解决农民生活、就业、养老等基本功能为目标。然而，随着农村大学生非农化程度的提高，承包地原有的社会保障功能逐渐减弱甚至消失，虽然法律政策明令禁止承包期内集体收回承包地和调整土地，但是农村大学生非农化直接导致其自身家庭承包逻辑关系链（农村户籍—成员资格—土地承包权—土地经营权）出现断裂，致使其承包资格受到质疑，集体经济组织基于其成员资格丧失进行土地微调，收回农村大学生承包地并发包给未承包到土地村民的行为，在集体经济组织内部具有实现地权公平性的效果，获得了大多数村民的理解和支持。同时，法律政策没有界定户口非农化、职业非农化与成员权、土地承包经营权之间的内在关系，也没有像保护妇女土地权利一样明确规定农村大学生享有土地承包经营权。因此，农村大学生土地问题主要依靠地方政策和村规民约处理，造成不同地区甚至同一地区不同集体对农村大学生是否享有入学前承包土地的相关权利这一问题存在不同表现。当农村大学生的承包地被集体经济组织提前收回，或承包地被征收而不能获得合理补偿，或集体经济组织分红终止时，极易因认知差异而引发农村大学生与政府部门、集体经济组织、集体经济组织内部其他成员等利益相关者之间的矛盾冲突，致使农村大学生通过上访、诉讼等途径表达利益诉求的案例时有发生。然而，农村大学生非农化过程中的土地问题并非天然存在，它是随着社会经济发展以及农村土地制度、户籍制度、高等教育制度、城市住房制度等宏观政策调整变化才逐渐显现出来的，具体可分为以下三个阶段。

第一阶段（1995 年以前）：在土地政策方面，这一时期土地承包经营权的债权属性明显，在农村内部普遍存在着"三年一小调，五年一大调"的土地调整，集体经济组织对农民承包地享有较大的支配权和控制权，农民土地权利的排他性较弱。在求学及就业分配方面，农村大学生在校学习期间不仅可以免交学费，而且可以享受国家发放的生活补贴，大学毕业后则按国家下拨的计划指标统一安排工作。因此，农村大学生进入大学就意味着拿到了迈入城市的"通行证"，实现了"鲤鱼跳龙门"，不仅拥有稳定的工作，而且享受城市户口所带来的住房分配、社会保险以及各种"计划票"等福利待遇，获得了身份转变带来的巨大物质和精神利益，从一个保障水平较低的社会资源分配系统进入了一个保障水平相对较高的社会资源分配系统。在户籍管理方面，农村大学生户籍政策执行 1958 年 1 月 9 日颁布施行的《中华人民共和国户口登记条例》及有关部委的规定，被城市学校录取的农村学生，凭学校录取通知书办理户口迁出手续，凭户口迁移证和学校的录取通知书在学校登记集体户口（梁小春，2008）。同时，当时农村土地价格处于低位运行的平稳状态，征地补偿数额较低，在城市已获得稳定福利和保障的农村大学生对原承包土地所含有的社会保障、经济等功能并没有太多的眷恋，在此背景下不允许大学毕业生参与分配集体经济利益具有正当性（付永　等，2007），因此，这一时期农村大学生非农化过程中的土地问题并不明显、尚未形成。

第二阶段（1995～2003 年）：在土地政策方面，这一时期土地承包经营权的性质经历了"债权属性逐渐减弱，物权属性逐渐增强"的过程，频繁的土地调整对农地产权的侵害，造成农民对土地长期投资预期减少以及农地质量下降等社会问题受到重视，政府开始有意识地强化农民对承包地的支配权和控制权，削减集体经济组织对承包经营权的干预和侵害。在求学及就业分配方面，1999 年国家开始实行大学扩招政策，高校招生规模持续扩大，高校学费开始逐年攀升。与此同时，20 世纪 90 年代中后期，国家调整了大学生就业政策，不再实行毕业生"包分配"，改为实行"双向选择"的市场化模式，在毕业生规模增大和大学生就业心理预期高位运行的双重夹击下，大学生就业问题开始凸显。在住房制度方面，1998 年 7 月 3 日发布《国务院关于进一步深化城镇住房制度改革加快住房建设的通知》（国发〔1998〕23 号），宣布从 1998 年下半年开始，全国城镇停止住房实物分配。在户籍管理方面，仍延续上一阶段的户籍管理政策，农村大学生入学时仍要将户口迁往学校所在地，转为非农业户口，大学生户口强制性迁移政策是在毕业生就业"包分配"时期制定实施的，当时毕业生都可以分配到稳定的工作，毕业后户口随之迁移到工作单位所在地，但是在"包分配"政策终止后，如果农村大学生毕业后未被行政机关、事业单位、国有（控股）企业和县（市区）属集体企业等正式录用。部分农村大学生的户口关系、档案材料会被返回原籍，但户口只能为非农性质，部分农村大学生未找到工作也未妥善处理户口关系，出现了"人户分离"、"黑户"、"口袋户口"等社会问题，既不能享受完整的城市福利，也无法享受集体成员应有的各项权益，成为"游离于城乡之间"的边缘群体。因此，这一时期土地对农村大学生的社会保障功能并未随着升学而终止，农村大学生非农化过程中的土地问题开始形成。

第三阶段（2003 年至今）：在土地政策方面，随着《中华人民共和国农村土地承包法》（以下简称《农村土地承包法》）、《中华人民共和国物权法》（以下简称《物权法》）等法律法规的颁布实施，土地承包经营权的物权地位得以确立，农村大学生通过集体土地发包获得的承包地受法律保护，承包期内，集体经济组织非依法不得自行调整或收回，2008 年 10 月，十七届三中全会要求保持现有土地承包关系稳定并"长久不变"。在求学和就业方面，持续的高校扩招使大学生就业市场的"买方市场"局面加剧，加上高校教育质量下滑、专业设置与培养内容和社会需求脱节等原因，使得大学生就业难问题已经成为一个不争的社会事实。大学毕业生的就业满意度持续下滑，工资福利待遇上升幅度低且两极分化现象严重。在户籍管理方面，2003 年 8 月，公安部公布的《户籍管理七项便民利民措施》对大中专院校学生户口迁移政策做出调整，规定"考取普通高等学校、普通中等专业学校的学生，入学时可自愿选择是否办理户口迁移手续"，这一政策使得在校农村大学生分为转户口和未转户口两大类。由于农村户口、成员权和承包经营权之间存在着密切的内在关系，这一政策的出台使得农村大学生非农化过程中的土地问题变得更加复杂。尤为重要的是，这一时期城市地价、房价上涨明显，征地和拆迁所产生的高额补偿费用使农村户口的潜在含金量开始显现，在城镇化进程的巨大经济压力下，农村大学生开始重视自己初始农民身份所包含的各项财产权利。因此，这一时期农村大学生非农化过程中的土地问题开始激化，进入大众视野并引起了政府部门的关注。

农村大学生是从农村社会走出来的精英群体，拥有高学历、高学识、高智商、高潜力等特征，按照常理，高考应是农村大学生跳出"农门"向上层社会流动的一条光明大道，既改变了农民身份，也改变了人生命运，意味着拥有较高的社会地位和体面的未来生活。

然而，高校招生规模扩大，以及就业、住房等宏观政策的调整，使得大学生身份与稳定的工作、较高的薪水、诱人的福利之间的等号关系逐渐转变为不对等关系。大学生面临着就业难、就业稳定性差、就业待遇低等现实问题。同时，不断攀升的房价使越来越多的农村大学生不得不加入"蜗居"、"蚁族"的行列，这都折射出该群体艰难的城市化进程。与之相反，2004～2014 年中央连续十一年发布以"三农"为主题的一号文件，加大政策惠农力度，农村社会经济随之快速发展。尤其在 2005 年农业税费减免后，中央政府对农村由"汲取型"政策转换为"给予型"政策，农民从事农业生产的负担切实得到减弱并在城乡自由流动中获得了更多的就业机会（打工、做生意等），逐步富裕起来。"户口"的象征意义已随着农村发展、农民各项待遇的改善而渐渐远去（尹振贤，2015）。同时，农民身份所蕴含的农地利益及衍生福利开始凸显。因此，为维护自己在农村包括承包地、宅基地及住房在内的各项物质经济利益，农村大学生要求"非转农"的呼声越来越高，随之，浙江省、山东省、江西省、四川省、安徽省等地方政府开始有条件地放开"非转农"，这意味着农村大学生已经"非农"的户口可以转回"农业"户口。同时，陕西省、重庆市开始实施土地和宅基地退出补偿机制，以保障户口迁入城镇农民的原有利益，进而助推城乡统筹一体化建设。虽然地方政府探索出台的相关政策对解决农村大学生非农化过程中的土地问题具有一定作用，但是存在着政策区域不协调、相关政策内容欠科学等问题，在实施过程中出现了政策效果打折、农村大学生利益受损，甚至与国家法律法规、宏观发展战略相背离等问题。农村大学生非农化过程中的土地问题涉及的人员众多、利益关系复杂、影响深远，是社会转型中的一个全国性的、普遍存在的社会经济问题，该问题的妥善解决亟待各级政府部门参与协调和积极应对、国家宏观层面有关政策制度之间的有效衔接。同时，出台多元化的应对策略，规范农村大学生的土地产权保护与资产盘活途径，激励和引导农村大学生及其家庭成员让渡农地权利，进而实现土地资源在不同区域间、不同群体间的合理优化配置，使农村大学生的初始身份所蕴含的财产成为其城市化进程的"第一笔财富"，抑制农村大学生因追逐利益与福利导致的"非转农"的伪"逆城市化"（张晓忠，2014），助推与巩固我国城镇化发展战略。

1.2　研　究　意　义

1.2.1　有利于助推中国城镇化发展战略

党的十八大报告里明确提出"加速城镇化进程"，使城镇化成为国民经济增长的新引擎，衡量城镇化进程的一个最主要的标志，就是"农转非"的规模，即由农民转变为市民的规模。自 1999 年高校扩招以来，大、中专院校普通本、专科招生人数逐年大幅提高，从 1998 年的 108.40 万人攀升至 2014 年的 721.40 万人，年均增长率 12.58％，在每年入学的大学生队伍中有相当一部分来自于农村，农村大学生已成为推动我国城镇化进程的重要力量之一。然而，农村大学生非农化过程中面临着高学费、高竞争、高消费、高房价（租）、低收入等多重社会经济压力。更为重要的是，相对贫困的农村大学生家庭为数不多的不动产（农地和宅基地）不仅因法律政策限制而不能变现，反而可能成为其非农化进程中需要支付的机会成本。因此，从政府管理视角，构建起农村大学生非农化过程中土地问题的应对策略体系，对维护农村大学生的土地权利、盘活农村大学生的土地资产，以帮助其快速融入城市生活具有重要意义。同时，构建"农村大学生土地置换与城市住房问题解决"机制，清除农村大学生城镇化过程中的最大障碍——住房问题。农村大学生非农化过程中土地问题应对策略的构建，有利于理清户口迁移与身份转变过程中的利益关系，避免过多农村大学生选择保留农村户口而出现的"人户分离"现象，还有利于避免已迁户农村大学生为维护承包地、宅基地等利益而选择"非转农"的"逆城市化"倾向，这有利于推进和巩固我国城镇化战略。

1.2.2 有利于土地资源的合理优化配置

大多数农村大学生作为城市"准市民"，不仅缺乏基本的乡土农业知识，而且已经脱离农业生产，不直接经营管理承包地，农业生产技能较低。同时，根据 2014 年 5 月国家卫计委发布的《中国家庭发展报告》显示，中国家庭户平均人数已由 20 世纪 50 年代之前的 5.3 人降低到 2012 年的 3.02 人，中国已是平均家庭规模较小的国家，国家计划生育政策的后期效应已然显现。农村家庭子女数量的大幅减少，在农村大学生外出求学后，随着家庭剩余劳动力老龄化程度的提高，以及户内留下来的农民素质有限，很难控制使用新生产要素的风险（贺振华，2006）。因此，与农村大学生非农化相伴随的，极可能是农村土地资源闲置抛荒以及低效使用，这与政府部门、集体经济组织致力于本区域土地利用效益提高的发展目标是相背离的。同时，大规模农村大学生非农化使得城市的新增住房、公共设施等配套用地需求大幅攀升，令本已捉襟见肘的城市建设用地指标更加紧缺，并且随着城镇化的快速推进必然导致大量失地农民的产生。因此，本书构建农村大学生非农化过程中土地问题应对策略，可以从两个层面实现土地资源的合理优化配置：第一，不同地区间的土地资源优化配置。本书将借鉴已有的城乡建设用地增减挂钩政策和地方实践经验，探索构建"农村大学生宅基地退出与城市建设用地增加相挂钩机制"，这不仅可以拓展城市建设用地指标的来源渠道，而且能实现城乡建设用地统筹管理，遏制农民城市化转移过程中的城市建设用地与农村宅基地"双增长"的局面。第二，不同人群间的土地资源优化配置。构建"农村大学生土地流转与农村大学生土地退出机制"，改变现有人地固定的土地制度，通过农村大学生带动其家庭成员从农业中析出，建立以农地分散退出和集中经营为核心的农村土地再配置模式，实现土地资源由农户向新型农业经营主体集中，为家庭农业向家庭农场的经营方式转变提供契机。同时，构建"农村大学生土地流转与失地农民生产安置相结合机制"，拓展失地农民安置用地来源新渠道，使土地资源向最需要的人手里转移，提高土地资源的人际间配置效益。

1.2.3 有利于化解矛盾冲突，促进和谐社会建设

农村大学生的最终归宿在城市，即使入学时未迁户口，在毕业工作后，迟早也要落户城镇，非农化是其重要的共同特征之一。然而，国家法律政策并没有明确界定"非农化—成员资格—土地承包权—土地经营权"以及"非农化—成员资格—征地补偿收益分配"之间的内在逻辑关系，致使部分农村大学生的承包地被集体经济组织收回，部分农村大学生的承包地被征收而不能正常参与补偿收益分配，部分农村大学生户口"非转农"

意愿得不到支持，在找工作难、购房难以及融入城市生活难等问题的综合作用下，土地权益受侵的农村大学生的维权意识被激发，全国各地都不同程度地出现了农村大学生通过上访、诉讼、网络陈述等方式进行的维权活动。农村大学生作为高学历知识分子，对社会存在的（尤其是涉及切身利益）的不公平现象更加敏感，更容易产生不满心理，更容易选择团体维权，或运用互联网等先进手段维权。农村大学生承载着众多农民家庭的希望，他们的城镇化进程顺利与否，支撑着农民家庭的信心和期望，检验着一个社会的公平、开放、和谐程度。因此，在清晰界定农村大学生土地权利归属的基础上，为农村大学生的土地权利处置提供多元化渠道（土地保留、土地流转、土地退出），有利于该特殊群体的土地权益得到全方位的维护，将他们因法律政策衔接不畅所引发的社会不满消灭在萌芽状态，进而提高社会的和谐稳定程度。

1.3　国内外研究进展及综述

1.3.1　国内外研究进展

目前，学术界对农村大学生非农化过程中的土地问题及解决机制关注还较少，研究内容主要围绕以下三个主题展开。

1.3.1.1　关于农村大学生集体经济组织成员权问题的研究

成员权是与农民村籍密切相关的具有财产权利属性的复合权利束，是一组以土地权利为核心的身份权（韩松，2005），包括参与农地分配、经营、管理、分享农地其他相关收益的权利。户籍是大部分集体判断成员权的习惯性依据（刘小红　等，2011）。2003 年前入学的农村大学生都必须将户口迁往学校所在地，尽管 2003 年后入学与迁户口不再直接挂钩，但在政策宣传不到位、毕业后要在城市就业和购房，以及考学为进城的惯性思维等因素共同作用下，部分农村大学生仍选择将户口迁出。因此，农村大学生的成员权问题成为理论界争论的焦点。肯定者认为，成员权的认定不宜将户籍作为唯一依据，还应结合成员与集体组织的经济生活联系，以及是否与集体组织有特殊的约定等多种因素考虑（吴兴国，2006）。农村大学生自出生至考上大学以前户口都在集体经济组织内，且与集体经济组织建立了土地承包关系，应属于集体经济组织成员。农村学生上大学并没有得到城镇人口的基本生活保障，所以仍应该认定其为集体经济组织成员，具有农村集体经济组织成员资格（江腾蛟，2010）。同时，农村大学生入学将户口迁往城市，并不表明其脱离了农村集体经济组织，而只是基于一种学籍管理规定的行为。因此，农村大学生虽然失去了原集体经济组织所在地常住户口，但并不代表放弃原集体经济组织成员资格（周菊生，2006）。否定者认为，无论农村大学生由于强制还是自愿将户口迁往学校所在地，都不再享有村民资格及相应权利，即使毕业后重新将户口迁回农村的，也应自动转为非农户口，成为生活在农村的居民户，同时失去原集体经济组织成员所享有的权利（叶芬，2011）。折中者认为，原籍系农业户口的大、中专在校学生，因考学将户口迁至学校，在校期间或未就业期间，应享有原户籍所在地村民的同等待遇。为确保学生安心就学所必要的生活费用,学生原户籍所在地村委会,不得以学生户籍不在该村等事由阻碍学生应享有的村民同等待遇(李少学,2003)。大学生在校期间,仍然享有完整的集体经济组织成员权,虽然某些集体经济组织成员权他们无法亲自行使,但可以由其家庭成员代为行使,如表决权可以由学生授权其父母、兄弟姐妹代为行使;或者以户为单位共同行使,如土地承包权(史舒畅,2011)。还有学者认为,农村大学生的非农业户口具有暂时依附性质,在其被录用为国家公务员或其他事业单位编制内人员以前,仍属于该村村民(李新合,2008),也即农村大学生在城市暂未获得完整的社会保障之前,仍享有集体成员资格。李庆华、贾方彪(2008)认为,超生子女,服役军人,在校本科、大专、中专学生,户籍已经迁移而人还没走的外嫁女,入赘女婿,服刑人员,轮换工等特殊群体的成员资格问题,只能根据农村集体经济组织提供的意见做参考,以"尊重农村集体经济组织合法意见"为原则。

1.3.1.2 关于农村大学生土地承包经营权归属问题的研究

对于农村大学生土地承包经营权归属问题,理论界同样存在着"肯定说"、"否定说"和"折中说"三种观点。肯定者认为,土地承包经营权属于物权,物权最大的特性就是直接支配性,这种支配性不因为户口的转移、职业的变更而丧失。农村大学生户口的转移发生在获得土地承包经营权之后,因此农村大学生仍然享有对原有承包地的占有、使用、收益和处置的权利(瑞昌市农业局,2010)。农村大学生是否丧失土地承包经营权应以土地是否在承包期限内为标准(周洪亮,2008)。否定者认为,集体土地分配政策是针对农民的,大学生的户口既然已经脱离农村,自然也就不是农民,便谈不上什么土地承包权、收益权(王俊秀 等,2009),即使毕业后,农村大学生将户口迁回原籍,仍然是非农户口,也不能分配土地。王建友(2011)将农户退出土地承包经营权的途径分为三种,即被动性退出、制度性退出和准退出。农村大学生因升学或户口迁出而丧失土地经营权的情况,属于制度性退出。通过参军、进入高等院校、土地征用以及随亲属迁移等正式途径转移出去的农业人口转变为非农业人口后,就自动放弃了对农业土地的所有权,并且得不到任何补偿(张玲,2003)。李飞和杜云素(2013)认为,农村人口城镇化主要有三种形式:升学城镇化、就地城镇化和异地城镇化。其中,升学城镇化延续了改革开放前的"弃地"城镇化模式,农村学生一旦考取大学,就可获得城市户口,其在农村的土地(主要包括承包地和宅基地两种类型)也被相应地收回,且一般没有经济补偿。折中者认为,农村大学生是否享有土地承包经营权,应由入学时间、户口迁移、学业及工作、人地矛盾等情况综合决定:①户口未迁移则享有土地承包经营权,户口迁出则失去土地承包经营权。②农村大学生在学习期间仍依靠农村土地为基本生活保障,应当和其他村民一样平等地享有各项权利(谭小辉,2007),因此,大学生上学期间的承包地不得收回,毕业以后分两种情况,找到固定职业的不予保留,没有固定职业的仍然予以保留。只要没有找到正式工作,没有国家保障就应该为他们留下一亩三分地作为保障(贾春娟,2010)。③一些集体经济组织确定一个时间点,在此之前入学的,失去土地承包经营权,反之,则享有土地承包经营权。④农村大学生毕业后未落实工作,回原籍落户的,依法享有土地承包经营权。⑤由于国家征(占)用土地或者自然损毁,造成集体内人地矛盾突出的,经过相关程序,可以收回农村大学生的承包地。

1.3.1.3 关于农村大学生非农化土地资产盘活机制的研究

理论界提出的农村大学生土地资产盘活机制主要有三种：①土地流转：王俊秀和闵捷(2009)认为，应该改变过去考上大学就收回土地承包权的做法，承包权是一种财产权，就像住房所有权一样，不应该被随意剥夺，应该通过市场机制进行流转。闫坤和康晶晶(2015)认为，构建公平公正的农村大学生土地流转市场，完善相关政策法规，实现土地资源的合理、自愿、依法有偿流转，在宏观上能实现社会效用最大化，实现耕地资源的高效利用，更为重要的是，能保障处于劣势地位的农村籍大学生的切身利益，为这一群体的发展提供更为广阔的空间。刘灵辉(2013)分析了农村大学生非农化过程中土地承包经营权流转的政策基础，并对农村大学生土地流转意愿的影响因素进行了实证研究。②土地置换：需要创新土地承包经营权的抵押转让制度，尽早建立农村宅基地的退出机制，让农村大学生以"地票"换取城市公租房或经济适用房(石婷婷，2011)，鼓励有条件的农民放弃农村宅基地到城镇居住，在考虑其退出宅基地的区位、用途、建筑面积等因素的同时，将其原有住宅和宅基地进行估价，置换为相应面积或相应价值的城镇住房(张怡然 等，2011)。③土地退出：刘灵辉(2014)认为，农村大学生非农化过程中并不失去承包地、宅基地等原有身份利益，这些利益被视为财产权受到法律的严格保护。农村大学生及其家庭成员可根据家庭的人口、收入、未来生活安排等情况，自愿选择继续保留、退出部分或者全部承包地。丁玲和钟涨宝(2015)认为，农村大学生土地承包经营权退出，对于防止农村土地抛荒，实现农村土地规模经营，推动农村大学生市民化，统筹城乡发展，加快城镇化进程具有重要的现实意义。并基于武汉4所部属院校的调查，对农村大学生土地退出意愿进行了调查研究。④土地征收：为了公共利益需要，政府可以对农村大学生及其家庭成员的土地实施征收。土地征收可视为农村大学生土地资产的被动性盘活，但关于农村大学生是否仍享有承包地的征地补偿收益分配权，国家法律政策并没有统一、明确的规定，实践中争议较大，存在着四种截然不同的观点：完全补偿说：农村大学生属于集体经济组织的成员，因此，集体不能剥夺其参与分配土地补偿费的权利(周菊生，2006)。应摒弃成员资格与土地承包权完全挂钩的狭隘思想，减少集体经济组织管理者的自利行为，完全承认农村大学生的集体成员资格，给予其充分完整的征地补偿(王珍珍，2014)。暂迁出户口的大、中专在校学生是转移户口不转移依赖条件(地权)的特殊主体，因此必须按照其拥有地权看待，与村民等额分配土地补偿费(王越江 等，2007)。部分补偿说：农村大学生只能获得部分征地补偿费——土地收益补偿金。土地收益补偿金按剩余承包年限计算，具体标准由被征地集体根据实际情况确定(王锡明，2008)。无补偿说：农村大学生是否可以获得农村征地补偿，户籍关系是考虑的重点(叶璐璐，2016)。征地补偿的享有对象只能是村集体经济组织成员，农村大学生将户口迁出，已不属于集体成员，不能参与征地补偿收益分配，不能获得土地征用费中土地补偿费和劳力安置费(朱云峰 等，2011)。待定说：农村大学生是否参与分配土地补偿费，最终取决于村民大会讨论的结果。

1.3.2 研究现状简要评述及发展动态

1.3.2.1 从定性的角度看，理论研究少且零散不成体系

农村大学生非农化过程中的土地问题是一个涉及户籍政策、土地法律政策、高等教育政策与住房政策等众多宏观制度因素的复杂问题，具有涉及人数众多、利益关系复杂、影响波及面广等特征。然而，目前政府部门对该问题还未引起足够的重视，基本处于被动应对局面，国家层面的相关法律政策对该问题尚未体现，致使政府部门的协调功能和管理职能难以依法实施。同时，理论界关于农村大学生非农化过程中土地问题的观点，大多是个人参加学术活动演讲或者接受采访时发表的基于个人职业或立场的看法，不仅零乱不成体系，而且相互之间存在着严重的观点冲突。同时，现有研究鲜有对政府介入农村大学生土地问题的必要性以及相关应对策略的论述。因此，理论界亟待从政府管理角度对农村大学生土地问题进行全面和系统的研究，主要包括：①农村大学生非农化过程中土地问题的表现形式及深层次影响，阐明政府参与规范治理的必要性；②对农村大学生非农化过程中土地问题政府应对策略的现状进行归纳，根据现行法律政策及相关理论进行深入评述，发现政府现有应对策略需要修改完善的地方；③对政府应对策略体系构建的原则、筛选及理论进行分析，总结出针对农村大学生非农化过程中土地问题政府可以采用的应对策略；④政府在完善政策立法、制度创新方面需要付出的努力，提出政府在问题解决过程中配套的对策和建议。

1.3.2.2 从定量的角度看，实证研究基本处于空白阶段

现阶段不同地区政府、不同集体经济组织对农村大学生非农化过程中是否享有土地权利所持的态度大相径庭；同时，不同区域、不同家庭背景的农村大学生对农地的依赖程度呈现巨大的差异。因此，有计划地对高等院校农村大学生进行大范围调查，在获得第一手资料的基础上，对理论分析进行再验证、对政府应对策略进行实证研究，显得尤为重要。然而，现阶段农村大学生非农化过程中土地问题政府应对策略的实证研究尚处于空白阶段，甚至针对农村大学生土地问题的调查统计都很少，这对于了解农村大学生非农化过程中的土地问题现状及存在问题、有针对性地制定政府应对策略等都十分不利。定量研究内容主要包括以下几个方面：①农村大学生非农化过程中土地问题现状类型统计分析；②农村大学生非农化过程中对土地依赖程度的定量分析；③农村大学生非农化过程中障碍因素分析；④农村大学生非农化过程中政府应对策略（土地保留策略、土地流转策略和土地退出策略）的实证研究与分析。

1.4 相关概念的界定

1.4.1 农村大学生

1952 年 6 月，教育部印发《关于全国高等学校 1952 年暑期招收新生的规定》，这被公认为中国现代考试史上统一高考的发轫。"文化大革命"期间，高考制度也被迫中止，直至 1977 年才得以恢复并延续至今。农村大学生是相对于城市大学生而言的，是城乡二元结构在大学生身份上的体现，而城乡二元经济结构建立的标志性事件是 1958 年 1 月 9 日经全国人大常委会讨论通过颁布的新中国第一部户籍制度《中华人民共和国户口登记条例》，以法律的形式严格限制农民进入城市，也限制了城市间的人口流动，城市与农村之间的藩篱开始形成。也就是说，从 1958 年起，就存在着"农村大学生"这一概念和群体。然而，本书所指的"农村大学生"并非涵盖所有农村出身的大学生，而是一个有针对性的、有特定范围的群体。具体而言，本书从两个方面界定"农村大学生"的概念和范围：第一，高校扩招，1999 年后入学的农村大学生；第二，入学时具有农村户籍的大学生，排除出生在农村但是在入学前已通过户口挂靠等方式实现"农转非"的大学生。

1.4.2 非农化

"非农化"是个多义词，主要包括：①发展路径的含义，即"非农化"和现代化、工业化、城市化一样，代表着我国经济发展的一种路径(顾海兵，2002)；②职业转变的含义，即农民进入城市并转移就业，由农业转向第二产业和第三产业(王浩军，2011)；③土地用途转变的含义，即农村土地由农业用途向非农业用途转变，实现农地"非农化"；④资金用途转变的含义，即农业资金向城市建设、服务业等非农产业流动的现象(任旭峰，2010)；⑤社区的概念，专指在城镇规划建设用地范围内的(失地)农民集中居住区，既不同于传统农村社区，又异于城市社区的新型社区(黄恒振，2011)。本书的"非农化"与上述概念界定存在较大的区别，专指农村大学生城市化过程中的一系列转变，具体包括：户籍非农化、职业非农化、住房非农化、生活非农化、下一代非农化，是一个整体的概念。

1.5 研究思路、主要观点、方法与创新

1.5.1 研究思路

首先，从农村大学生融入城市的艰难性与农民身份利益凸显的对比，农村大学生非农化诱发成员资格瑕疵、承包经营权质疑与侵害以及征地补偿分配不公等方面，深入分

析农村大学生非农化过程中土地问题的形成原因；在此基础上，从农村大学生非农化过程中土地问题的现状入手，分析农村大学生非农化过程中土地问题的表现形式。构建博弈模型分析农村大学生非农化过程中土地问题不同权利主体的潜在矛盾，进而阐述农村大学生土地问题得不到妥善解决产生的深层次影响，阐明政府介入规范农村大学生土地问题的必要性。其次，通过农村大学生入学前土地权利归属的界定、农村大学生非农化现状及障碍因素分析、农村大学生非农化过程中土地依赖程度等内容研究，建立起政府应对策略的构建基础。根据相应的原则，经过理论分析、问卷预调查、合法性分析，构建农村大学生非农化过程中土地问题的三大政府应对策略——土地保留策略、土地流转策略和土地退出策略。再次，运用大范围高等院校抽样调查和典型区域〔一个县（区）或乡（镇）〕重点调查所建立的数据库，对三大政府应对策略进行全面系统的实证研究。然后，结合现行政策热点，提出农村大学生非农化过程中土地问题政府应对策略的创新机制。最后，提出配套的对策建议。研究思路流程如图 1-1 所示。

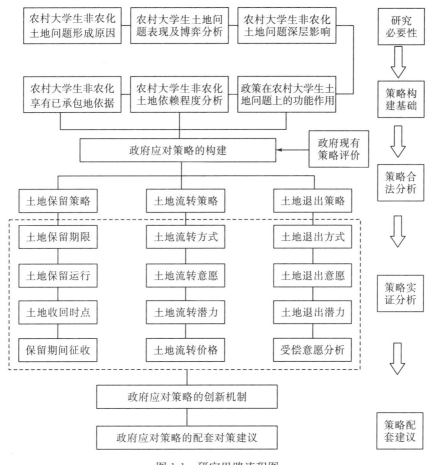

图 1-1　研究思路流程图

1.5.2　主要观点

（1）农村大学生非农化过程中的土地问题起始于户口非农化，根本原因在于户口非农化导致的承包资格瑕疵与土地承包经营权物权支配性之间的矛盾，管理失范归咎于国家宏观法律政策层面的衔接不畅以及相关规定的缺失。农村大学生非农化过程中土地问题容易诱发不同权利主体之间的利益冲突，如果该问题得不到妥善解决，将对国家城镇化战略、高等教育公平性、户籍制度和土地制度的完善等方面产生深远影响。

（2）农村大学生享有入学前承包土地的相关权利，是政府构建应对策略的法律基础。农村大学生非农化进程中面临着高学费、高竞争、高生活成本、高房价（租）、低工资等多重社会经济困境，以及初始农民身份蕴含的各项利益凸显，是政府构建应对策略的现实依据。农村大学生非农化所处的阶段差异和对土地的依赖程度各不相同，是政府构建应对策略体系的决策依据。政府管理功能的科学定位，是政府构建应对策略的核心方向。

（3）农村大学生非农化过程中土地问题政府应对策略，经过理论分析和筛选，主要有三大策略：土地保留、土地流转和土地退出。土地保留策略偏重于对农村大学生承包地的实体性保护，土地流转策略偏重于农村大学生在保留物权属性土地权利前提下的资产盘活，土地退出策略偏重于农村大学生承包地、宅基地及其附属物相关权利的一次性让渡。

（4）农村大学生非农化过程中土地问题政府应对策略的构建，对规范政府管理行为、盘活农村大学生土地资产、加速农村大学生城镇化进程、提高土地资源在不同区域间和不同群体间的合理优化配置等方面都具有重要作用。

1.5.3　研究方法

1.5.3.1　文献研究

通过对农村大学生非农化过程中土地问题方面的法律政策、学术论文、著作、法院判例、学者访谈、大学生网络咨询及政府回应等内容进行整理分析，系统了解农村大学生非农化过程中土地问题的研究现状，为本书提供文献支撑。

1.5.3.2　问卷调查与深度访谈

农村大学生非农化过程中土地问题不仅受高等教育政策、高校就业政策、户籍政策、农村土地政策、城市住房政策等宏观因素的影响，而且受农村大学生所在集体经济组织和家庭背景等中观因素以及个人特征等微观因素的影响。同时，农村大学生的个体异质性因素，更能反映个体实际需求，对政府应对策略的构建具有重要影响。因此，本书将设计调查问卷对典型区域［一个县（区）或乡（镇）］和部分高校的农村大学生进行实地调查，并选择部分农村大学生进行无结构的、直接的、一对一的深度访谈，深入了解农村大学生在非农化过程中对土地的认识、态度、想法及对政府部门管理的期望，总结出该问题蕴含的普遍性和特殊性。

1.5.3.3 博弈分析法

农村大学生非农化过程中的土地问题是在法律界定不明晰的情况下不同权利主体为实现利益最大化而进行的潜在角逐,因此,引入博弈模型对该问题进行分析,围绕农村大学生征地补偿收益分配和土地收回两种特殊情况,建立不同主体的策略空间与收益函数,解析预期社会效果成为均衡战略的前置条件及对策,进而了解问题产生的深层次原因,并为政府科学制定相关应对策略提供理论支撑。

1.5.3.4 计量分析和数学模型

土地依赖性分析部分运用有序 Probit 模型;土地流转意愿和土地退出意愿部分,将通过建立指标体系,运用主成分分析法和 Logistic 模型;在土地流转价格、土地退出补偿标准部分,将采用条件价值法(contingent valuation method,CVM)等方法进行实证研究。

1.5.4 研究创新

1.5.4.1 研究主体方面

农村大学生、农民工、农村妇女、失地农民(含水库移民)等特殊群体的土地问题,是农村土地管理的重点工作之一(表 1-1)。

表 1-1 农村特殊群体土地问题情况对比表

特殊群体	涉及人数/万人①	形成原因	土地问题主要表现
农村大学生	4933.30	升学将户口迁出农村、毕业后从事职业发生改变	①承包地被收回;②承包地被征收得不到合理的补偿
农村妇女	66 703	结婚嫁入另一集体经济组织	①原集体收回承包地;②在新集体内不能获得承包地;③新旧集体都配置土地如何协调
农民工	27 395	长期在外地从事其他职业	长期在外务工诱发的承包地抛荒、承包地效益低下
失地农民	5100~5525	承包地被国家依法征收	形成大量"三无农民",需要妥善解决征地补偿与失地农民安置问题
水库移民	2393.5	承包地因兴修水利水电工程被淹没	土地被征收形成大量的非自愿性移民,以及移民安置过程中与安置区原居民的土地共享冲突问题

通过表 1-1 对比可以发现,高校扩招以来农村大学生的人数约为 4933.3 万人,超过水库移民的人数,列第四位。同时,农民工、农村妇女、失地农民(含水库移民)的户口并不因长期外出打工、外嫁、土地征收而"非农化",与农村大学生相比,他们的"非农

---

① 数据来源:农村大学生人数来源于本课题的测算结论;农村妇女人数来源于《中国统计年鉴(2015)》;农民工人数来源于《2014 年我国农民工调查监测报告》;失地农民人数引自:钟骁勇. 2015. 新型城镇化背景下征地相关问题破解路径探析[J]. 中国国土资源经济,(3):25−28;水库移民人数引自荀晓鲲. 2015. 人口管理创新视角下的水库移民城镇融入问题及对策研究[J]. 水利发展研究,(4):11−15.

化"内在动力和自身基础也较为缺乏，基本还保留着农民身份。更为重要的是，农民工、农村妇女、失地农民（含水库移民）的土地权利保护在现行农村土地法律政策中可找到相应的依据，有专门的行政法规或在法律政策中专门做出体现。例如，农村妇女土地问题在《农村土地承包法》第六条、第三十条和五十四条中有专门的规定；失地农民问题在《中华人民共和国土地管理法》（以下简称《土地管理法》）、《物权法》等法律法规中均有专门的征地补偿与安置方面的保障性政策条款；水库移民作为失地农民的特殊组成部分，为保障其土地权益，国务院专门颁布了法规《大中型水利水电工程建设征地补偿和移民安置条例》（国务院 471 号令）；农民工即农民外出务工的群体，其享有承包地及征地补偿收益分配请求权并不会有任何妨碍，国家出台的所有土地法律政策均对其权益保护具有覆盖。故而，农村大学生非农化过程中的土地问题是唯一没有国家层面法律法规进行专门规范的社会问题。农村大学生土地问题涉及人数多、利益关系复杂、影响范围广、程度深，然而，政府部门对该问题还未引起足够重视，基本处于被动应对局面，这不利于农村大学生土地权利的维护。同时，相较对农民工、农村妇女、失地农民（含水库移民）的研究进展，理论界关于农村大学生土地问题方面的研究文献最少，截至 2016 年 3 月 25 日，在中国知网中输入关键词"农村大学生"和"土地"，搜索到的相关文献仅有 16 篇。

1.5.4.2 研究内容方面

创新性表现在：①本书从政府管理的视角，重点研究构建农村大学生非农化过程中土地问题的政府应对策略，并对三大政府应对策略（土地保留、土地流转和土地退出）进行实证研究；②探索构建三大创新机制：农村大学生宅基地退出与城市建设用地指标增加挂钩机制、农村大学生土地与失地农民安置结合机制、农村大学生宅基地退出与城市住房问题解决结合机制。

2 农村大学生非农化土地问题形成原因探析

2.1 农村大学生融入城市难度增大与农民身份利益凸显的倒逼

2.1.1 高校扩招背景下的农村大学生城市融入问题

在国家包分配时期，农村大学生是令人羡慕的"天之骄子"，毕业后就能有一份国家安排的稳定工作，享受城市身份带来的福利，然而，1995 年以后，大学毕业生不再包分配工作，高校毕业生就业分配制度由"计划经济"逐步向"双向选择""自主择业"的方式转变，大学生就业步入了以市场来配置人才资源的轨道(李春兰，2008)。1997 年 7 月开始的亚洲金融风暴波及中国经济，出口贸易额锐减，出现了通货紧缩的现象，消费市场不景气，经济发展缺乏原动力。为了解除这方面的压力，1998 年 11 月，亚洲开发银行驻北京代表处首席经济学家汤敏与其夫人左小蕾以个人名义向中央写信，提出《关于启动中国经济有效途径——扩大招生量一倍》的建议书，提议不仅要大学全面扩招，而且要向在校学生收取全额学费。由于高校"扩招"这一举措，既可以缓解国家面临的通货膨胀压力，实现经济"软着陆"，又可以解决政府长期被批评的教育经费投入不足问题，还可以促进高等教育的体制改革，突破高等教育长期徘徊不前的局面(王长乐，2010)，该建议很快被中央有关部门采纳。1999 年教育部颁发的《面向 21 世纪教育振兴行动计划》拉开了高校扩招的序幕。1999 年也被社会各界称为"扩招年"，当年扩招人数为 51.32 万人，招生总数达 159.68 万人，增长率达到 47.40%，招生比接近 1.8∶1 (路平，2013)。

高校扩招使得录取率增幅明显，1999 年高校扩招后第一年录取率大幅攀升至 55.56%，较上一年度增加 21.81 个百分点，突破恢复高考以来高校录取率最高值(1996 年的 40.25%)。与之同时，参加高考的人数也水涨船高，在 2007 年更是突破 1000 万人大关。根据图 2-1 所示，高校扩招前(1977~1998 年)，每年平均参加高考人数为 291 万人，实际平均录取人数 61.92 万人，平均录取率 21.28%。高校扩招后(1999~2014 年)，每年平均参加高考人数 783.25 万人，实际平均录取人数 502.56 万人，平均录取率 64.16%，分别是扩招前的 2.69 倍、8.12 倍和 3.02 倍。

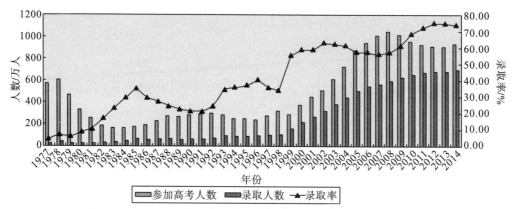

图 2-1　1977～2014 年参加高考人数、实际录取人数与录取率情况①

　　在高校扩招之前，尽管高校招生规模也在稳步增长，但高校招生规模年均增长只有 5.08％。自 1999 年高校扩招后，普通高等院校本、专科招生人数从 1998 年的 108.40 万人增加到 2014 年的 721.40 万人，年均增长率为 12.58％。与此同时，普通高校的毕业生人数从 1998 年的 83.00 万人增加到 2014 年的 659.40 万人，年均增长率为 13.83％（图 2-2）。大学毛入学率由 1998 年的 9.8％飞跃至 2014 年的 37.5％，远高于《面向 21 世纪教育振兴行动计划》提出的"到 2010 年，高等教育毛入学率将达到适龄青年的 15％"的目标。国际上通常认为，高等教育毛入学率在 15％以下属于精英阶段教育，在 15％～50％属于高等教育大众化阶段，在 50％以上属于高等教育普及化阶段。因此，我国高等教育完成了从"精英教育"到"大众化教育"的转变。

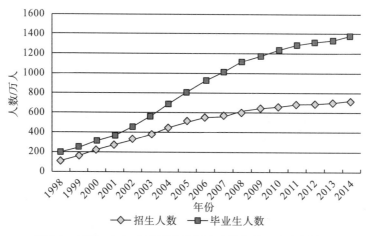

图 2-2　1998～2014 年普通高校招生人数与毕业生人数情况

　　高校扩招提高了高中毕业生升学率和高等教育的人群覆盖面，提高了劳动者素质，缩小了与国外人口受教育水平的差距，实现了教育发展的阶段性飞跃。同时，随着年轻劳动力接受教育年限的延长，相应地延缓了劳动者的初次就业时间，缓解了就业压力。高校招生规模的扩大与教育收费政策的实施，刺激了教育消费和投资，有利于实现"扩

　　①　数据来源：全国历年参加高考人数和录取人数统计（1977～2014 年），http：∥ganzhou.huatu.com/2015/0604/1241041.html

大内需、拉动经济增长"的目的。但是,高校扩招在不长的时间内急剧增加的大学新毕业生供给,给劳动力市场带来了冲击(吴要武 等,2010),也带来诸如高校教育水平参差不齐、生源质量普遍下降、人才培养与社会需求脱节等不可回避的现实问题,这些问题与我国人才市场的供需矛盾、大学生人群的被认同程度变化,以及大学生就业有限理性等原因叠加在一起,最终将导致一个我们看得见觉得着的结果,那就是大学毕业生的就业难(路万忠,2008)。就业压力大是中国一个长期存在的基本国情,中国宏观就业的基本态势中有高端的大学生就业和低端的农民工就业两大难点(孙启明 等,2009),尤以连年扩招背景下的大学毕业生群体最为突出(李具恒 等,2011),曾经被誉为"天之骄子"的大学生转眼间风光不再,成为就业的困难群体(肖富群 等,2015)。数据资料显示,大学生毕业即待业的人数从2001年的34万人上升到2013年的203万人,13年间平均每年大学生待业人数占毕业生总数的31.48%。美国多数学者认为自然失业率4%即为充分就业,而一些较为保守的学者则认为应将自然失业率降低到2%~3%(袁淑清 等,2012),可见我国大学生就业形势异常严峻(表2-1)。

表 2-1　2001~2013 年大学毕业生待业人数情况表

年份	待业人数/万人 [①]	毕业人数/万人	失业率/%
2001	34	103.60	32.82
2002	37	133.70	27.67
2003	52	187.70	27.70
2004	69	239.10	28.86
2005	79	306.80	25.75
2006	91	377.50	24.11
2007	145	447.80	32.38
2008	173	511.90	33.80
2009	196	531.10	36.90
2010	176	575.40	30.59
2011	204	608.20	33.54
2012	271	624.70	43.38
2013	203	638.70	31.78

随着我国高等教育规模的急速扩张,与以往来自知识精英或政治精英家庭、以都市户籍为主体的传统高校学生群体不同,来自农村、父母受教育水平相对较低的弱势群体子女开始进入高等院校,并且其数量正在逐步扩增(丁小浩 等,2010)。与城市户籍大学毕业生相比,农村户籍大学毕业生在城市的社会资本几乎是空白,在就业岗位的竞争与选择中明显处于不利地位,他们不能像城市户籍大学毕业生那样通过父母编织的关系网获得准确的就业信息,而且在和城市户籍大学毕业生进行同一岗位的竞争时也因缺乏通过关系资本的大力推荐而被非正常淘汰(钱正武 等,2014)。同时,农村大学生存在

① 张瑞. 2014. 现阶段我国大学生就业存在的问题与对策研究 [D]. 南京:南京工业大学硕士学位论文.

着综合素质能力较差、更容易被就业歧视等劣势，这直接导致农村大学生比城市户口大学生的就业更为困难(郭丽莹，2013)。中国社会科学院"中国大学生就业、生活及价值观追踪调查"显示，2013 年城市生源与农村生源毕业生的就业率有巨大的差异，来自城市家庭的普通本科院校毕业生的就业率为 87.72%，而农村家庭出身的毕业生的就业率只有 69.51%。如果农村大学生毕业后不能及时就业，就意味着大学生涯所学的书本知识并未给他们带来一份体面的工作，所学知识、技能就处于闲置状态甚至被荒废，这不仅给社会造成了巨大的人才智力资源浪费，而且使很多农村家庭陷入高投入、零回报或低回报的困境，加剧了农村家庭的贫困状况(刘娟，2008)。因为培养一个大学生不仅需要学生本人付出多年的时间和精力，而且国家和家庭同样需要投入极大的成本。同时，以往累积起来的待业大学生人群可能会重新加入新一轮的待业人群当中，造成大学生失业人群的数量不断上升(程灵芝，2015)，也可能会涌入就业市场去寻找机会，这进一步加剧了大学毕业生的就业难问题。

我国自 1997 起开始全面实施高等教育收费双轨制，之后几年高等教育学费快速增长(廖明静，2010)。同时，高等教育既具有消费品的特点，又具有投资品的特征，高等教育学费同样受市场供求因素的影响(崔世泉，2013)，因此，接受高等教育的人数大量增加势必会带动生均公共财政预算公用经费支出的增加，进而推动高等教育学杂费的提高。根据《中国统计年鉴(1999~2014)》和《中国教育经费统计年鉴(1999~2014)》的统计资料，我们分别获得 1998~2013 年普通高等学校的在校生人数和普通高等学校学杂费，进而换算出 1998~2013 年普通高校生均学杂费情况(表 2-2)。

表 2-2　1998~2013 年普通高校生均学杂费、农民人均纯收入和城市居民可支配收入情况表

年份	普通高等学校在校生数/万人	普通高等学校学杂费/万元	生均学杂费/元	农民人均纯收入/元	城市居民可支配收入/元
1998	340.90	731 134.00	2144.72	2162.00	5425.10
1999	413.40	1 207 835.50	2921.71	2210.30	5854.00
2000	556.10	1 926 108.90	3463.60	2253.00	6280.00
2001	719.10	2 824 417.10	3927.71	2366.00	6859.60
2002	903.40	3 906 525.70	4324.25	2476.00	7702.80
2003	1108.60	5 057 306.50	4561.89	2622.00	8472.20
2004	1333.50	6 476 921.30	4857.00	2936.00	9421.60
2005	1561.80	7 919 249.30	5070.59	3255.00	10 493.00
2006	1738.80	8 575 028.10	4931.58	3587.00	11 759.50
2007	1884.90	12 231 913.70	6489.42	4140.00	13 785.80
2008	2021.00	14 181 276.70	7016.96	4761.00	15 780.80
2009	2144.70	15 403 469.10	7182.11	5153.00	17 174.70
2010	2231.80	16 760 755.90	7509.97	5919.00	19 109.40
2011	2308.50	18 121 026.00	7849.70	6977.30	21 809.80
2013	2468.10	19 999 916.10	8103.37	8895.90	26 955.10

注：中国教育经费统计年鉴(2013)缺失，故无 2012 年学杂费数据

从表 2-2 可以看出，普通高校生均学杂费从 1998 年的 2144.72 元增长到 2013 年的 8103.37 元，年均增长率 9.27%，同期农村居民人均纯收入从 2162.00 元增长到 8895.90 元，年均增长率 8.76%，同期城镇居民人均可支配收入从 5425.1 元增长到 26955.1 元，年均增长率 11.06%。

在图 2-3 中，通过普通高校生均学杂费与农民人均纯收入、城镇居民人均可支配收入对比可以发现，除在 1998 年和 2013 年一个农民的年纯收入可以勉强供养一个大学生学杂费外，1999~2011 年普通高校生均学杂费均高出农民人均纯收入，据折算平均需要一个农民 1.44 倍的年纯收入才能供给一个大学生每年的学杂费。然而，1998~2013 年城镇居民人均可支配收入均大幅高出普通高校生均学杂费，据折算一个城镇居民的年可支配收入平均可以提供 2.33 个大学生的学杂费，可见农村家庭承受的高等教育支出压力要远远超过城镇居民家庭。同时，一个大学生在城市的支出除学杂费之外还包括住宿费、日常生活费、购置电脑和手机等电子产品花费、交通费等。据南京师范大学数学科学学院某老师测算，大学四年平均每个农村大学生的直接支出为 84 300 元，平均每天纯支出 131.7 元，如果算上四年打工的间接损失 96 000 元，四年大学成本总计为 180 300 元。成都某记者调查的结果为：每个大学生四年直接支出为 92 300 元，平均每天纯支出为 144.2 元[①]。据测算，中国教育花费占农村家庭收入的比例已超过 30%，跻身世界学费最昂贵的国家之列。中国社会科学院发布《2012 社会保障绿皮书》指出，从 1989 年至今，中国大学的学费增长了至少 25 倍，现在供养一个大学生需要一个城镇居民 4.2 年的纯收入，需要一个农民 13.6 年的纯收入。因此，供养一个大学生对于农村家庭的压力一目了然。2016 年 2 月，零点调查与"指标数据网"共同发布的《2015 年中国居民生活质量指数研究报告》结果表明："教育花费已成为城乡居民致贫的首要原因，特别是农村家庭，教育花费是他们的头号家庭开支。"部分农村家庭甚至出现"因教致贫或因教返贫"的现象。一项农业部门的抽样调查表明：甘肃省重新返回贫困线以下的农民中，因教育支出返贫的占 50%（叶伟民 等，2010）。

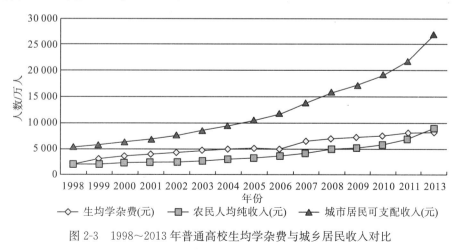

图 2-3 1998~2013 年普通高校生均学杂费与城乡居民收入对比

① http://jtjy.china.com.cn/2012-09/03/content_5300940.htm

　　然而，与高投入相伴随的是大学生就业满意度大幅下滑，《2015 年中国大学毕业生就业报告》显示，2014 年大学毕业生有 39％对自己的就业现状表示不满（本科为 38％，高职、高专为 41％）。工资水平是对劳动者就业质量状况的重要考察指标，由于劳动力市场根据供给变动进行调整需要时间，且在岗工人的工资存在向下调整的刚性，因此，高校扩招所导致的大学生就业市场总体呈现供大于求的"买方市场"局面，以及应届毕业生的大量增加，在短期内并不会导致劳动力市场中全体工人工资水平的显著下调，而首先表现为应届大学毕业生起薪的下降（何亦名，2009）。根据相关资料显示，大学生平均起薪水平从 1998 年的 988 元/月增加到 2014 年的 2443 元/月，16 年仅增加了 1455 元/月，年均增长率仅为 5.82％，处于低迷增长状态。另外，根据《中国统计年鉴（1999～2015）》获得 1998～2014 城镇单位就业人员平均工资水平，并将其年收入换算为月收入；根据相关资料[①]收集到 1998～2014 年农民工工资收入情况。将大学生平均起薪水平与城镇单位就业人员平均工资、农民工工资相对比，如图 2-4 所示。

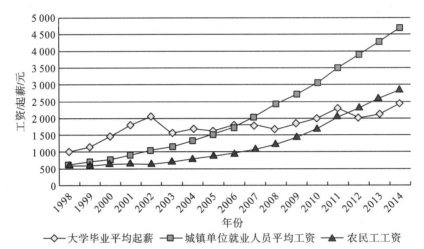

图 2-4　1998～2014 年大学生与城镇单位就业人员平均工资、农民工工资情况对照图

　　根据图 2-4 所示，从 1998～2011 年大学生平均起薪与城镇单位就业人员平均工资对比来看，2007 年之前大学生就业平均起薪均高出城镇单位就业人员平均工资水平，平均高出 52.57％，2007 年之后，城镇单位就业人员平均工资水平超过大学生平均起薪，并且两者之间的差距越来越大，"剪刀差"现象明显，2014 年城镇单位就业人员平均工资为 4696.67 元/月，而大学生平均起薪为 2443 元/月，前者为后者的 1.92 倍。同时，从农村走出来的另一大群体——农民工的工资收入从 1998 年的 587 元增加到 2014 年的 2864 元，年均增长率 10.41％，农民工工资与大学生起薪逐渐趋同（蔡昉，2011），2012 年农民工工资反超大学生起薪。随之"农民工 VS 农村大学生"、"大学生农民工"（郑风田，2010）等话题引起社会各群体的广泛热议。引起这一现象的原因主要有两个：第一，

　　①　1998 年、2001～2010 年农民工平均工资数据转引自卢锋. 2012. 中国农民工工资走势：1979—2010 [J]. 中国社会科学，（7）：47—66；1999～2000 年农民工平均工资数据转引自刘军胜. 2010. 中国农民工工资变动趋势及对策分析 [J]. 中国证券期货，2010，（10）：88—91；2011～2014 年农民工平均工资数据来源于国家统计局发布数据（http://finance. people. cn/GB/18019835. html）。

大学毕业生供给的增多和青年农民工数量减少，城市动力供求结构不平衡，"民工荒"现象频发；第二，农民工的工作经验和流动性，使得大学毕业生与农民工的人力资本水平的差距缩小(吴克明 等，2010)。与城市大学毕业生相比，农村大学毕业生的薪资水平处于劣势。2014 年 3~10 月，中国青少年研究中心在北京、上海、广东、湖北等 10 个省份，对未就业大学毕业生进行了调研。结果显示，城市大学毕业生的平均初职月薪(3443元)明显高于农村大学毕业生(2835 元)。这种差异主要表现在普通本科毕业生中，城市家庭出身的普通本科毕业生平均月薪(3505 元)，比农村家庭出身的毕业生(2851 元)高654 元。另外，想要进入较好的工作单位、获取较高的收入，农村大学生会遭遇比城市大学生更多的困难。城市大学毕业生进入公有部门的比例(47.8%)远高于农村大学毕业生(31.1%)，城市大学毕业生进入外资企业的比例(10.4%)也比农村大学毕业生(2.5%)高[1]。

我国高校扩招以来大学生人数不断激增，导致初入社会的大学生不仅要承受残酷的就业竞争压力，还要面对所居住城市的住房问题(李蔚，2011)。作为中低收入群体的农村大学生大多享受不到廉租房和经济适用房的政策覆盖，高额的商品房价格与他们个人经济能力有限性的矛盾日益凸显，使大部分农村大学生望而却步，成为其城市化进程中一道最难逾越的门槛。根据《中华统计年鉴(1999~2015)》数据显示，1998~2014 年，全国商品房平均销售价格从 2063 元/平方米上涨到 6324 元/平方米。如果按照大学生首次购房以小户型 90 平方米计算，根据 2014 年大学生毕业起薪水平，在不计算其他消费支出的情况下，需要连续工作 19.41 年，即使按照城镇职工平均工资水平计算，也需要连续工作 10.10 年(图 2-5)。

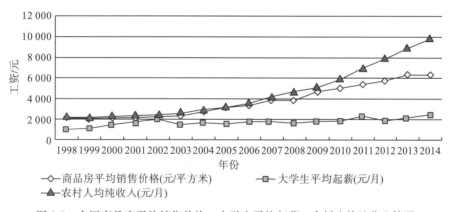

图 2-5　全国商品房平均销售价格、大学生平均起薪、农村人均纯收入情况

相对于城市大学生而言，农村大学生家庭收入普遍偏低，2014 年城镇人均可支配收入为 29 381 元，是农村人均纯收入的 2.97 倍，对于农村大学生家庭而言，每年负担大学生的学费及生活费等已是不小的负担，因此，农村大学生在城市购房时再获得家庭支持的可能性及力度都相对较小。同时，农村大学生毕业后再利用家中房屋的可能性极小，除非毕业后回家务农。故而，对于农村大学生而言，在城市购房是一种刚性需求。与农

---

[1]　http：//edu.sina.com.cn/l/2015-03-19/0818258407.shtml

村大学生相比，城市大学生解决住房问题可选途径多且难度不大，第一，石婷婷（2010）通过调查发现，城市户籍大学毕业生家庭中，省会城市 40.1% 的家庭有 2 套以上住房，地级市有 48.3% 的家庭有 2 套以上住房，县级市有 32.2% 的家庭有 2 套以上住房，因此，城市大学生毕业后可以选择回自己原户籍所在城市就业，继续居住父母的房屋，这样就可以暂时不用考虑购房的问题，而农村大学生原有的住房在农村，仅能起到"望梅止渴"的作用。第二，即使城市大学生毕业后不回原户籍所在城市就业，需要在其他城市购买首套住房，其获得家庭、亲友等资助的能力也远远超过农村大学生，也可以通过盘活家庭现有住房的途径获得大笔资金，而农村大学生家庭原有住房因政策限制不能盘活变现。

2.1.2　农村大学生初始身份利益凸显

在我国城乡二元经济体制下，城市户口和农村户口不仅是性质上的差异，更代表着不同的社会待遇。在计划经济时代，城市户口意味着"粮票"、"布票"、"肉票"等国家计划票，意味着在就业、医疗、教育、住房、养老等方面的福利待遇，"农转非"成为农村人的一种生活追求，大量的农村人为跨越这一道制度高墙而奋斗不已（孙修真　等，2012）。1978 年中国高考制度恢复，大量的农村年轻人通过努力考大学而进入城市，获得城市居民粮本进而改变农民身份。这种阶层上流渠道的畅通性和直接性使读书成为极具功用性的身份改变方式（李涛　等，2015）。因此，农村大学生通过升学获得城市户口被视为"鲤鱼跳龙门"，实现了与"农民身份"的分离和社会的分流（马道明，2015），是一件令人羡慕的事情。然而，现今农村大学生毕业后仅仅意味着户口非农化、从事职业类型及工作地点的改变，要想真正融入城市社会还需支付巨额的费用，大学生就业难、就业稳定性差、工资待遇低等现实情况，使得农村大学毕业生意识到自己与"真正意义上的市民"还有相当大的差距，"农转非"不仅没有给他们带来更多的利益保障，反而使之面临着巨大的生存发展压力。与之相反，随着城乡统筹发展战略的实施以及新农村建设，国家向农村的政策倾斜和巨大投入逐年增加，农村社会经济得到快速发展，城乡"二元结构"的经济鸿沟尤其是城乡公共服务差距不断缩小。农民从国家获取的社会福利以及凭借农民身份从集体获取的福利都大大增加（魏登峰，2011），农村大学生初始农民身份利益的"含金量"开始凸显，因此，大学生入学"转户口就是转身份"的象征意义已随着农村经济发展、农民各项待遇的改善而逐渐远去（张建，2012）。在部分地区出现了农村大学生"跳了龙门，不跳农门"的现象，甚至在浙江省义乌市有 94 名公务员将户口迁往农村，"两栖公务员"① 数量占该市公务员总数的 6%（鲁宁，2010）。农民身份利益主要体现在如下方面。

（1）分得承包地。土地承包经营权实际上是一个村级集体组织的成员权，具有物权性质又具有人身权性质，在我国现有的法律规定内土地承包经营权具有公平性及福利性（王建友，2011）。农民获得承包地的主要方式是家庭承包，是指对具有社会保障性质的耕

---

① 　两栖公务员是指在被政府机关录用为公务人员后，将自己的户口转回农村，在享受行政公务人员各项待遇的同时，享受农民身份利益所带来的各项福利。

地、林地、草地等农村土地采取农村集体经济组织内部的承包方式时，以该农村集体经济组织成员（农民）人人有份，内部家庭农户为经营单位的承包，是否具有集体经济组织成员的身份是获得承包经营权以及继续享有承包经营权的前提条件（丁关良，2007），因此，在集体土地发包时，农村大学生入学前可以凭借其身份获得一份承包地，并享有该承包地的各项衍生收益。

（2）分得宅基地。"一户一宅、面积法定、无偿分配及使用"是中国农村宅基地管理制度的基本特征（欧阳安蛟　等，2009），农村集体土地尤其是宅基地具有跟户籍挂钩的无偿分配与福利性质（张秀智　等，2009），在缴纳少量证书工本费和耕地占用税（涉及占用耕地的）后，农村居民每户可以分得一块宅基地，在家庭内部成员年满18周岁达到分户条件时，可以再次申请一块宅基地。农村宅基地已经接近一种完全的私权利，具有明显的社会福利性质（罗伟玲　等，2010），蕴含较大的经济价值。正如台州市椒江区村委会陶主任所言，农村大学生将户口迁回村里后，可以分到一块宅基地，如果结婚有了孩子就会分两块，而一块宅基地的市价在20万元左右（杨江，2007）。同时，农民在建造个人住房时享有较大自主权，这完全区别于城市居民购买商品房享有的土地使用权是"地皮高地价，使用有限期，规划受限制"。

（3）土地流转收益。农民可以将承包地的相关权利以出租、转包、入股、转让等多种方式让渡给他人，并获得相应收益。例如，在成都市龙泉驿区黄土镇，黑金果业公司向土地流转农户支付的年收益标准为800元/亩[①]，并且土地流转收益还根据市场情况进行动态提高，以保证农户在不投肥、不投力的情况下，每年获得稳定的收益。

（4）征地补偿收益。国家为了公共利益的需要，依照法定程序，可以对农民的土地实行征收，并给予相应的经济补偿。随着城镇化发展的加快，政府对农村土地特别是城乡接合部的土地征收利用情况不断增加，土地补偿、征地补偿、拆迁补偿等，补偿数额不菲（张建，2012）。根据《湖北省征地统一年产值标准和区片综合地价的通知》（鄂政发〔2009〕46号），武汉市第Ⅰ级征地补偿标准高达300 000元/亩，即使最低等级（Ⅶ级）的征地补偿标准也有72 000元/亩。农民可以凭借征地补偿获得可观的经济收益，甚至出现部分农民一夜暴富的现象。

（5）参与集体分红。部分经济发达地区或者城乡接合部地区，集体通过兴办企业，将集体土地、房屋出租，每年都可以获得较为丰厚的收益，由于分红的收益来源于集体共有资产，每个农民都享有其中的份额。例如，在北京市怀柔区桥梓镇沙峪口村，村里招商引资办起企业，村民每人每年有3000元分红[②]。台州市椒江区海门街道枫山村，全村现有村民986人，村集体资产在1.5亿元以上，如果资产摊到每个村民头上，数字也比较可观。枫山村村委会每月为每个村民发放600元基本生活费，还为村民缴纳社保费（杨江，2007）。

（6）享受各项补贴。农民还可以根据国家的各项政策获得各类补贴，包括粮食直补、农资综合补贴、农作物粮种补贴、农业保险保费补贴、农机具购置补贴、生猪补贴、生态补贴、渔船柴油价格补贴等。

---

① 1亩≈666.7平方米。
② http://cd.qq.com/a/20100702/003184.htm

农村大学生非农化过程中的土地问题可以很好地用"推拉理论"进行解释(图 2-6)，首先提出这个理论的巴格内认为，人口流动的目的是改善生活条件，流入地的那些有利于改善生活条件的因素就成为拉力，而流出地的不利的生活条件就是推力，人口流动就由这两股力量前拉后推决定的(徐丽娜，2012)。农村大学生融入城市面临着高学费、高竞争、高房价(租)、高生活成本、低待遇等现实困境，这种无形的"推力"阻碍着农村大学生的城镇化进程。农村对流出人口的"拉力"主要是我国现有的农村土地政策造成的(聂盛，2005)。由于现行法律政策没有对农村大学生在身份转化过程中的原有利益(承包地、宅基地等)补偿进行规定，农村大学生承担着初始农民身份利益丧失的巨大风险。因此，在农民身份利益不断高涨的情况下，农村集体土地的生存保障功能显然已被焦虑就业前景的农村学子看重(韩妹，2011)，这对于农村大学生而言又成为一种"拉力"。站在理性人的角度，农村大学生及其家人会通过各种方式维护自身的利益，这其中就包括农村大学生想方设法将户口重新迁回农村，从城市人重新变回农村人，或者在入学时农村大学生选择保留农村户口，形成了"户退人不退"、"人走地保留"的现象。

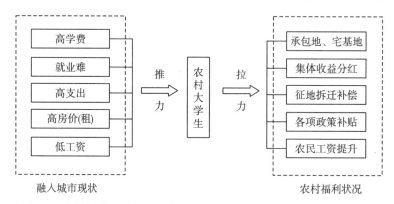

图 2-6　农村大学生城市居民身份利益和初始农民身份利益对比示意图

2.2　城乡二元体制下大学生非农化诱发成员权争议

2.2.1　成员权的概念及权利内容

农村集体经济组织成员是由农村集体经济组织派生出来的(郭天玉，2011)。从 20 世纪 50 年代初开始，国家开始对农村土地制度进行社会主义改造，在互助组和初级社时期，农村土地实行"农民所有，集体使用"，农民将土地、农具、牲畜等主要生产资料以入股的方式加入初级合作社，社员集体劳动并统一分配共同劳动成果。在高级合作社时期，社员私有的主要生产资料转变为集体所有，合作社组织集体劳动，社员按劳取酬，这可以说是集体土地所有制的开端。到人民公社时期，原属于各农业生产合作社的土地和社员的自留地、坟地、宅基地等一切土地，连同耕畜、农具等生产资料以及一切公共财产、公积金、公益金都无偿地收归公社所有，公社对土地实行统一规划、统一生产、统一管理，社员实行平均主义分配(戴红兵，2004)。农民由单一的个体转化为某个公社的成员，参加共同劳动，参与共同分配获得相应的收益，并同时享有社员在政治、文化等方面的权利。集体所有制和高度计划的经济体制正式确立，与农民社区身份紧密相连的成员权也便随之产生了(王瑞雪，2006)。

随着1958年《中华人民共和国户口登记条例》的颁布施行，城乡社会之间建立起一整套以农业户口和非农业户口为分界的城乡二元户籍管理制度。这种户籍制度严格限制农村人口向城市流动(刘荣材，2010)，户口制度承载的秩序系统，将中国人在城乡之间划分为两种社会利益分享不平等的群体(陆益龙，2002)。集体经济组织成员权是国家政策干预下形成的城乡二元经济体制的必然产物，集体经济组织的形成是基于农民个人财产权利的让渡以及自我管理权利的上移，同时，成员依靠集体经济组织获得经济和管理等权利。因此，成员权可概括为：具备农村集体经济组织成员资格的村民，对该集体经济组织内部各方面事务进行自主管理以及享受各项利益的权利。从权利性质来看，成员权兼具身份、财产和管理的性质，其中，财产属性是成员权的最主要特性之一，主要是指与土地方面权利相关的内容，包括土地承包权、土地经营权等，还包括对集体土地以外其他资源、基础设施和公共服务设施的共享权、加入集体兴办企业并获得收益的权利等财产内容。管理性主要体现在政治、经济、文化和社会等方面的自我管理及权利的实现，如农业生产经营的自主决策权、参与集体经济组织内部事务的讨论与决策、集体事项的知情权、行使选举权与被选举权等。其中身份权是财产权实现的前提，财产权和管理权是获取身份权的目的(金荣标，2008)。

2.2.2　成员权的获得与丧失途径

农村集体经济组织的产生和发展是在国家集体化时期通过行政强制力保障完成的，在高级合作社和人民公社初期，社员身份的取得或丧失与土地等财产相关联，这是出于尊重历史的一种考量。在这一时期，社员生活区域相对固化，以特定区域为界，以共同生活劳动为轴，以自然繁衍为基础，因此，"户籍"、"一定地域"和"共同劳动"的成员义务相结合，成为认定成员身份的事实要素。后来的集体成员则是以这些社员为基础，或者因与他们存在血缘、婚姻、收养等关系成为集体成员，或者由他们决议接纳为集体成员。改革开放以后，农村土地制度从人民公社"集体所有，集体使用"转变为"集体所有，农民承包"，家庭联产承包责任制的实施使集体的"共同劳动"被以农户为单位的分散经营取代，农民流动性的加强打破了原有的"地域"限制，唯有户籍仍为区分集体成员与否的标准。全国十一省的受访农户中，97％的受访者选择其所在的村将"有村集体所在地户籍的村民及其子女"视为集体经济组织成员，即以"户籍"作为成员资格确定的依据(戴威，2012)，然而，这种成员资格的认定方法依托于我国现行的户籍管理制度，将户口分为城镇和农村两大类，农村户口由于自然和历史的原因，以村、组为范围。该方法受计划经济和农业经济理论的影响，以农业为主业标准进行经济和人口二元的划分。随着社会的发展，特别是随着户籍制度改革的推进，这种制度性缺陷日益明显，成为实现城乡一体化的一种障碍。实际上，户籍管理是国家现行的人口登记管理制度，不能完全等同于集体经济组织成员资格，更不能单纯以此为标准来决定相关人口的切身利益(杨志宏　等，2010)。同时，户籍标准作为唯一衡量标准判定成员资格存在着漏洞，尤其对于一些特殊群体而言，如为了子女教育和工作便利等特殊需要产生的"寄挂户"、"空挂户"；没有迁移户籍而长期居住在婆家的外嫁女；入伍军人、大中专院校毕业生等特殊转户群体等。

农村集体经济组织成员资格的界定，是关系到农民群众能否依法获得农村土地承包经营权，能否参与集体土地征收补偿款与集体资产分配等合法权益的最重要的法律要件，事关农民群众的最直接利益，关系农村社会生活基础，对广大农民及农村而言具有极其重要的意义。然而，集体经济组织成员资格的确定标准问题，中国现有的法律法规如《农村土地承包法》、《物权法》、《中华人民共和国村民委员会组织法》及一些地方法规，包括《最高人民法院关于审理农业承包合同纠纷案件若干问题的规定、适用法律问题的解释》等，对"农村集体经济组织成员"都没有明确的认定标准，只是原则性规定："依照法定程序经本集体成员决定"(杜文骄　等，2011)，形成我国现行法律上是个空白点(谭小辉，2007)。各村一般通过村民自治章程、村规民约、村民会议(包括村民代表会议)以及"土政策""土办法"来规定村集体经济组织成员资格的认定办法(任丹丽，2008)。杨攀(2011)将该问题归因于农村集体经济组织的嬗变和农村集体经济组织相关立法的逻辑障碍。

根据理论界的研究成果，集体成员权的取得方式主要包括以下几种(魏文斌　等，2006)：第一，自然取得，也即本集体成员子女出生并落户于集体内部而自然成为集体成员。第二，法定取得，主要包括：①因婚姻取得，与本集体成员结婚并将户口迁入的成员，包括入赘女婿；②因收养而取得，本集体成员依照法律程序办理领养手续且户口迁入的子女；③因行政命令取得，主要指根据行政命令或国家政策进行的村组搬迁、撤并等原因，取得新集体经济组织成员资格的情形。第三，议定取得。除自然取得、法定取得之外的其他外来成员，经本集体经济组织村民会议三分之二以上成员或者三分之二以上村民代表的同意，接纳为本集体经济组织成员的。村民资格的丧失与村民资格的取得在一定层面上是相对应的，主要包括：①自然丧失，因集体成员自然死亡或法定死亡而丧失；②法定丧失，因婚姻关系终止或收养关系解除且户口迁出的，因法律或政策的特殊性规定迁出从事非农职业而丧失；③议定丧失，因协商加入别的集体经济组织后原集体经济组织成员资格丧失。然而，成员权的自然取得、法定取得以及议定取得，都以户籍为基本条件。

一些学者认为户籍并非判定成员权的唯一标准，还应结合成员与集体经济组织的经济生活联系以及是否与集体组织有特殊的约定等多种因素考虑。孟丽芝(2010)指出，农村集体经济组织成员资格的认定和对待，户籍是基本的判断标准，但不是唯一的标准，一般还要结合考量该人是否与本集体经济组织形成了较为稳定的生产、生活关系，同时，还要充分考虑土地补偿费的基本生活保障功能。代表性的观点主要有：第一，"户籍＋义务"说，凡是户籍在本集体经济组织，并对本集体经济组织尽到相应义务的，才能确定为本集体经济组织成员(李庆华　等，2008)。第二，"国家强制规定与村民自治相结合"说，法律明确规定或者依社会习惯和公平正义原则应当接纳为集体成员的，集体不得拒绝，除此之外的集体成员的加入，由集体自治决定(戴威，2012)，为了避免乡村逻辑与国家法律不符，成员权制度应是乡村习俗与国家意志耦合的结果，故而未来立法在明确规定成员资格丧失情形时，应为村民自治预留较大的运作空间，以发挥乡土逻辑在规范农村社会秩序方面不可替代的作用（郭继，2012）。第三，"综合说"，村民资格问题是一个历史的、自然的范畴。一个人是否享有集体成员权应根据其在该集体的自然状况（如是否在该集体出生；是常住，还是临时停留；何时因何种原因迁入该村；居住时间长短；是否承包经营土地等），在本村承担的义务等来综合决定。

2.2.3 农村大学生户籍非农化诱发的成员权争议

农村集体经济组织从农业合作社政社合一体制中继承了一个基本原则：农民集体成员身份的唯一性、封闭性、保障性。只要你是农民，则必定具有某一农村集体经济组织的成员身份，这种身份具有唯一性，非此即彼，既不能同时成为两个集体经济组织的成员，也不能同时兼有城市居民与农民两个身份（杨攀，2011），这种观念是城乡二元经济结构下城市利益和农村利益不可兼得的产物。农村大学生入学前无可非议属于集体经济组织成员，然而，在 2003 年 8 月以前，农村大学生入学根据规定必须将户口迁往学校所在地，2003 年 8 月以后，虽然农村大学生在入学时可以选择保留农村户口，但是在"升学入城"的惯性思维以及基于未来工作、生活方便的考虑，部分农村大学生仍选择将户口迁往学校所在城市。农村大学生的集体成员资格争议就源于升学而引起的身份、职业以及生活来源转变（农民转变为市民），争议起因归纳起来有以下几个方面：第一，户口性质的转变。农村大学生的最终归宿是城市，只要城乡二元经济体制不打破，随着农村大学生毕业后非农化程度的深入，即使入学时未迁户口的农村大学生也会逐步将户口迁往工作、生活所在地城市，身份终要经历由"农"向"非农"的转变。成员资格与集体经济组织户口存在的天然密切联系，这是农村大学生成员资格遭受质疑的首要因素。第二，职业及生活保障来源的转变。农村大学生入学前的主要经济生活来源是与土地相连的农业生产、与农民相连的务工收入、与农村相连的集体福利，具有深深的"三农"印记。到城市求学后，农村大学生逐步纳入城市社会保障体系，高校毕业以后，更是获得了非农职业的工作，主要经济来源已从第一产业转为第二产业、第三产业，土地对其社会保障功能逐渐减弱甚至丧失。另外，从身份上讲，全日制大学生毕业后属国家干部，要按村民的身份获得自留地必然涉及身份问题（丁亚鹏，2010）。第三，集体经济组织义务的履行。集体经济组织义务的履行有赖于全体成员的共同努力，比如政府各项税费的分摊、各项集体公益基础事业的投工投劳投资等，然而，农村大学生每年大部分时间都在城市度过，投工投劳义务基本难以履行，各项税费的公摊义务也可以户口迁出为由拒绝缴纳。第四，经常居住地不在本集体经济组织。农村大学生在学校学习期间，寒暑假还能定期地往返于城市和农村之间，在农村有两个月左右的居住时间；毕业后，农村大学生在城市工作，每年回家居住的时间仅限于春节等法定假日的短暂停留，城市"新家"相对于农村"老家"更应称为"经常居住地"。第五，集体经济组织的整体利益考量。农村大学生非农化后继续争取集体土地等村民利益，是基于个体利益最大化的一种考量，但集体经济组织的资源是有限的，每个成员享有资源的数量与集体成员的数量呈反比，同时，集体涉及全体村民利益的事项一般均由村民会议按少数服从多数的原则表决决定，通常情况下，农村大学生及其家庭成员在集体内部属于少数群体，集体经济组织主要着眼于整体利益，而非某一个或某一小部分成员利益，因此，村民自治所形成的决议往往会把农村大学生排除在集体成员范围之外，进而否定农村大学生初始农民身份所蕴含的各项利益。

2.3 农村大学生承包资格瑕疵与承包经营权物权权能冲突

2.3.1 土地承包经营权由"债权"向"物权"的转变

物权和债权是社会经济生活中最基本的财产权。物权反映静态的财产支配关系，其体现的经济利益，是通过对作为物权标的物的物质资料的支配(使用、收益、处分)，或者满足物权人生产、生活的需要(所有权和用益物权)，或者实现物权人的债权(担保物权)。债权反映动态的财产流转关系，其体现的经济利益，是债权人通过请求债务人履行债务，或者取得债务人给付的财产，或者获得债务人提供的劳务(李开国，2005)。在《农村土地承包法》颁布实行之前，土地承包经营权的债权性质明显，主要体现在如下方面：①它是基于承包合同而取得，联产承包合同属于债权性质。②承包合同是承包人与发包人之间的一种内部合同，其效力范围具有针对性，不具有物权的对世性。③承包人不能自主转让土地承包经营权。④经村民会议三分之二以上成员或者三分之二以上村民代表的同意，承包期内集体经济组织可以对承包地进行调整，发包人对作为承包经营的标的物的土地，仍有相当大的支配力(吴元波，2007)。⑤在土地转包关系中，转承包人所取得的对土地的使用权也是土地承包经营权，是否可以与原承包人设立物权性质的土地承包经营权具有相同性质，不无疑问(丁关良，2007)。《农村土地承包法》颁布实施之后，法律明确禁止承包期内发包方调整土地，承包方有权自主决定土地流转的方式、期限等内容，并且土地流转的收益归承包方所有，任何组织和个人不得擅自截留、扣缴。可见，土地承包经营权权能的逐渐扩张，承包人对土地的支配、控制和处置方面的权能得到强化，债权向物权转化的趋势明显。土地承包经营权物权化就是使土地承包经营权在性质和内容上靠近或接近所有权，使之成为一个独立的真正意义上的权利。2004年3月，第十届全国人民代表大会第二次会议通过的《中华人民共和国宪法修正案》第二十条规定："国家为了公共利益的需要，可以依照法律对土地实行征收或者征用并给予补偿。"给予补偿是承认土地权利的价值，这条规定意味着土地承包经营权的物权化、商品化有了宪法依据，2004年8月《土地管理法》据此做了修订。2007年10月《物权法》颁布实施，将土地承包经营权列入第三篇《用益物权》进行规定，土地承包经营权物权属性地位正式确立。党的十七届三中全会通过的《关于推进农村改革发展若干重大问题的决定》中提出"现有土地承包关系要保持稳定并长久不变的政策"，实现了承包经营权人对固定地块的长久支配和控制，彻底锁定了现有土地承包关系，取消了土地承包经营权的再分配、分割和调整(李洪波，2010)，消除了土地承包期届满诱发的权利归属不确定性风险，因此，"长久不变"使得土地承包经营权的物权性质得到进一步充分体现(刘灵辉，2015）。土地承包经营权属于物权，属于物权中的他物权，属于他物权中的用益物权，且是一种新型用益物权（丁关良，1999），这种用益物权是通过土地承包合同的方式设定的。

2.3.2 农村大学生承包资格瑕疵与物权支配性的冲突

成员权是农民在集体经济组织中所享有的一项重要的基础性权利，是一种身份性、资格性权利，既是农民在集体内获得生存和发展的前提，亦是其获得土地保障的依据（戴威，2012）。集体成员权是指在土地集体所有制下，村社内部的所有成员平等地享有村社所属土地的权利（叶剑平，2000），因此，土地承包经营权具有极强的身份性，表现在：①在我国传统的农村土地集体所有制条件下，能够取得集体土地使用、收益权的必须是农业集体经济组织的成员（李宴，2009），非本集体经济组织成员不能通过家庭承包获得承包经营权。②在集体内成员流转承包地时，或者集体以其他方式发包农村土地时，在同等条件下，本集体经济组织成员享有优先承包权。这均体现出土地承包经营权身份性的绝对性。同时，土地承包经营权可以进一步划分为承包权和经营权，承包权即集体经济组织的成员权，这项权利是由习俗逐渐成为法律的（王景新，2005），土地承包权实际上是集体成员经济、政治和社会权利的综合体现，据此，可以勾勒出农村土地家庭承包的逻辑关系链条为"集体成员—成员资格—土地承包权—土地经营权"。

农村大学生非农化使其享有成员权的必要条件出现瑕疵，进而影响到其承包资格，甚至部分集体经济组织以农村大学生户口转出为由建议剥夺其入学前已拥有的土地承包经营权。然而，从另一个角度考虑，物权作为财产权的一种，在本质上体现了对具体物的直接支配权，这种直接支配权有两方面的含义：一方面是指物权人依据自己的意志直接占有、使用、收益、处分其物，任何人非经物权人同意，不得侵害或加以干涉。另一方面是指物权人可以依自己的意志独立支配其物，无须征得他人的同意（王利明，2002）。因此，农村大学生通过对承包地的支配而享受相应的经济利益的权利，可以在法律规定的范围内以自己的意志和行为直接支配承包地（林刚，2005），这种支配性不因为户口的转移、职业的变更而丧失，同时，排除政府部门、集体经济组织等主体对其承包地权利的干涉，因此，农村大学生非农化虽然可能引起成员权的瑕疵或者丧失，但是农村大学生仍然可以以"非农"的身份享有对物权性质承包经营权的支配和控制。这就形成了农村大学生非农化导致其土地承包逻辑关系的断裂（权利丧失）与土地承包经营权物权支配性（权利保持）之间的矛盾冲突。成员资格界定法律规定缺失带来的政府干预以及集体经济组织以"村民自治"为旗号的干涉与物权效力之间的冲突，是农村大学生非农化过程中土地问题的根源所在。同时，这种矛盾冲突涵盖成员权所蕴含的所有权益，农村大学生户口迁出后原有的宅基地使用权、年度分红的权利、集体资源的共享和使用等权利状态如何？这也是诱发矛盾冲突的原因所在。

2.4　土地征收补偿费分配不公诱发对
农村大学生土地问题的关注

2.4.1　农村大学生非农化与征地补偿收益分配不公的内在关联

2.4.1.1　非农化导致的成员资格瑕疵与征地补偿收益分配的成员资格依赖

集体经济组织成员资格认定问题是土地征收补偿收益分配的核心。《最高人民法院关于审理涉及农村土地承包纠纷案件适用法律问题的解释》第二十四条规定："征地补偿安置方案确定时已经具有本集体经济组织成员资格的人，请求支付相应份额的，应予支持。"该项规定直接将作为征地补偿收益分配依据的成员资格认定时间限定在"征地补偿安置方案确定时"，由于确认农村集体经济成员资格的问题现在还处于无法可依的状态（李庆华　等，2008），户籍仍是大部分集体判断成员权的习惯性依据，因此，如果农村大学生户籍非农化的时间先于土地非农化，将使其集体成员资格存在瑕疵，进而影响到其征地补偿收益分配资格的存在性。同时，家庭承包的逻辑关系链条为"集体成员—成员资格—土地承包权—土地经营权"，很多学者和政府官员都认为，"农转非"成员不能得到集体分配使用的土地（郭虹，2004；雷寰，2005），村庄成员死亡或村庄成员的农业户口迁出村庄时，其村庄成员的身份无须得到补偿而自然丧失，只能空手离去，不再有分享村庄资源和福利的资格（靳相木，2005）。因此，农村大学生的成员资格瑕疵又成为其他利益集团否定其已承包土地相关权利的依据，使得农村大学生丧失征地补偿收益分配请求权的理由似乎显得更加充足。

2.4.1.2　现行征地补偿内容构成与农地权利体系的不对称性

在维持土地农业用途不变的情况下，通过对农村土地内部产权关系进行解构，可分为集体经济组织享有的土地所有权和农户享有的承包经营权，后者可细分为承包权和经营权两部分。现行《土地管理法》规定的征地补偿费用，包括土地补偿费、安置补助费以及地上附着物和青苗的补偿费，通过将征地补偿内容构成与农地产权体系相对比，可以发现，现行征地补偿内容没有单独规定承包经营权补偿这一项，而是利用安置补助费替代，用以补偿农户的承包权和经营权，把对土地承包经营权的补偿笼统地包括在安置补助费中，不仅存在着补偿水平低的问题，而且极不利于保障享有承包经营权的"农转非"群体的利益，因为《土地管理法》第四十七条中规定："征收耕地的安置补助费，按照需要安置的农业人口数计算。"将安置补助费的受偿主体限定在"农业人口"这个群体范围内，国家政策规定以土地为唯一生活来源的作为发放安置费的标准（杨新，2008）。因此，现行征地政策的本质是在"征人"，而不是在"征地"，主要是在解决人的安置问题，忽略了对用益物权的补偿（张晓梅，2010）。另外土地补偿费归农村集体经济组织所有，只有具备该集体经济组织成员资格的人，才能享有分配请求权。故而，在征地补偿收益分配时，享有承包经营权的"农转非"人员将只能得到地上附着物和青苗等属于私人财产的补偿费用。

2.4.1.3 征地补偿收益分配方案确定方式的模糊不清

征地补偿款分配方案一般是由被征收土地所属的农民集体成员集体讨论后形成的决议，属《村民委员会组织法》规定的村民自治范畴（刘宁，2006）。例如，仁寿县人民政府在答复所辖地区农村大学生征地补偿网络提问时明确指出："对于集体经济（土地补偿款等）的分配方案由各经济社按照'村民自治'、'一事一议'的原则，召开村民（代表）大会，与会村民（代表）三分之二以上同意的方案为准。"然而，农村征地补偿款分配纠纷的突出表现在于村委会或村民小组擅自决定分配事务（王燕，2006）。征地补偿收益分配方案须经村民（代表）会议民主投票表决，这种方式虽然能够最大限度地体现公益且符合程序正义，但是在一个集体内部"农转非"成员往往属于少数群体，且该群体在成员资格出现瑕疵的状况下，极易导致村民自治权的滥用，形成"多数人暴政"，成为占多数的未转户农民为攫取更多利益而剥夺已转户农民利益的工具。另外，也有部分村（组）干部考虑到3年1次的换届选举，在户主代表大会的表决中也会选择尊重大部分人的建议，忽视小部分群体利益（王松梅，2013）。"农转非"成员因村民自治下形成的决议遭受征地补偿利益受到侵害而诉至法院时，法官将陷入一个多重困境：究竟是应尊重和支持集体经济组织合法自治权，还是应依据《农村土地承包法》和《物权法》等法律赋予承包经营权的物权属性进行判决，抑或是根据从业经验判断"农转非"人员是否具有成员资格并作为定案依据。尊重村民自治决议将直接导致农村大学生诉求的驳回；认同农村大学生享有物权的土地承包经营权，将使法官的判决直接与村民自治所形成的决议相冲突；依据经验认定农村大学生的成员资格将使法官做出的判决无法可依，如若集体经济组织向法官提出以否定"农转非"人员成员资格进而剥夺其征地补偿收益分配权是否合理等问题时，法院便拿不出很具有说服力的解释和答复。

2.4.2 土地征收对农村大学生的福利影响

2.4.2.1 对农村大学生本人及其家庭成员土地产权的影响

随着城市化进程的加快，城市的扩张和蔓延会涉及征占农村土地或城郊土地，这不可避免地会波及农村大学生及其家庭成员的利益。我国农村土地的基本架构是：集体享有土地所有权，农民享有承包经营权，土地征收作为一种政府强制性行为，对集体经济组织和农民土地产权造成的影响是极不相同的，土地征收直接造成集体土地所有权向国家的不可逆性转移，然而，理论界关于土地征收对承包经营权的影响存在着两种观点：一些学者认为，土地征收不仅征收了土地的所有权，还连带征收了附着于土地之上的土地承包经营权（吴兴国，2008），农民的土地承包经营权因土地征收为国有而同时归于消灭（冯英，2006）。另一些学者认为，土地承包经营权是存在于土地所有权上的定限物权，同一块土地在既存土地所有权又存在土地承包经营权的情况下，国家通过征收土地所有权，不能消灭土地承包经营权。按照定限物权优先于所有权的原则，即使在土地征收之后，土地承包经营权人也可行使土地承包经营权，而国家无权干涉，但土地征收目的在于获得完整意义上对土地进行支配的权利，因此，必须对在土地所有权之上设立的土地承包经营权一并征收（胡家强，2008）。Nosal（2001）研究表明，任何权利被政府征用的个人应该获得完全体现市场价值的补偿，因此，土地承包经营权应作为一项独立征收客体而予以补偿（张先贵，2010）。两种观点的本质区别在于土地征收对承包经营权的影响认识上存在分歧，第一种观点认为土地征收造成设置于土地所有权之上的土地承包经营权同时归于消灭，意味着土地征收不必单独考虑对承包经营权的影响和补偿；第二种观点认为土地征收仅获得土地所有权，并不能直接消灭承包经营权。因此，国家在征收土地所有权的同时，征收土地承包经营权，消灭土地上现存的权利，取得了完全没有负担的土地所有权（郭平，2007）。两种观点的本质区别在于土地征收消灭土地承包经营权的时序和是否区分所有权和承包经营权的补偿问题。无论如何，土地征收都会造成农村大学生及其家庭成员本轮承包期内的承包经营权归于消灭，本书认为土地征收只是国家获得集体土地所有权的依据，然而用益物权依然属于农民。因此，国家还要通过单独的程序征收土地承包经营权，国家同时享有的所有权和用益物权发生混同后，国家最终获得没有用益物权的土地所有权（宋刚，2006）。

2.4.2.2 对农村大学生及其家庭成员经济生活的影响

承包地对农户具有以下经济功能：①种植农作物，能够获得种粮收益，并减少食品等生活支出；②可以将承包地流转，获得租金、入股分红等收益；③拥有承包地，能够获得政府的直接补贴、良种补贴、农机具购置补贴、农资综合补贴等。土地征收造成农村大学生家庭承包地面积减少或完全丧失，这无疑会对农村大学生家庭的经济收入造成一定的影响。根据卡尔多-希克斯效率，如果不对农村大学生及其家庭成员给予经济补偿，以弥补其因承包地被征收而造成的经济损失，那么其福利水平必然会受到负面影响，致使一方受益是建立在另一方利益受损的基础上，这是不公平、低效率的。

农村大学生土地征收补偿标准示意图如图 2-7 所示。

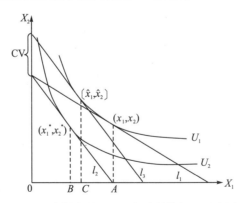

图 2-7　农村大学生土地征收补偿标准示意图

假设农村大学生及其家庭成员的福利水平可以用其购买力表示，农村大学生家庭土地征收前的收入为 M_1，对应的预算线为 l_1，此时，农村大学生家庭的最优消费品组合为 (x_1, x_2)，对应的效用曲线为 U_1，土地征收后，农村大学生家庭的收入降低为 M_2，

对应的预算线为 l_2，此时，农村大学生家庭的最优消费品组合变为 (x_1^*,x_2^*)，对应的效用曲线为 U_2，从图 2-7 中可以看出，U_1 的效用水平要高于 U_2。因此，为了使土地征收前后农村大学生家庭的福利水平不受影响，就要将预算线 l_2 向上平移直至与效用曲线 U_1 相切，得到一条新的预算线 l_3，对应的最优消费品组合为 $(\hat{x}_1,\hat{x}_2)$，此时，农村大学生家庭的效用水平仍保持在土地征收前的相同水平。而要实现预算线的平移，就必须增加农村大学生家庭的货币收入，即政府要给予农村大学生家庭相应的补偿（即 CV），才能弥补农村大学生家庭因征地而受到的福利损失。

2.4.2.3 对农村大学生及其家庭成员其他方面的影响

社会人无论从事何种类型的职业，其实都是一种生计，是一种建立在能力（capabilities）、资产（assets，包括储备物、资源、要求权和可获得途径）和活动（activities）基础上的谋生方式（Chamber et al，1992）。Ellis（2000）认为影响生计的资产包括自然资本、物质资本、人力资本、金融资本和社会资本，其中，自然资本指人们能够用来维持生计的自然资源，主要包括土地资源、水资源和生物资源等（周觅，2011）。土地征收对农村大学生及其家庭成员生计的直接影响表现在自然资本方面，即农地数量的减少；对其金融资本的影响主要表现在属于家庭不动产的部分农地财产权丧失，降低了农村大学生家庭通过借贷、抵押等筹集资金的融资能力。在社会资本影响方面，土地征收使农村大学生家庭丧失农村土地，在政府选择对失地农民采取分散方式安置或者农村大学生家庭成员选择"农转非"进城生活等情况下，会对其原有的社会关系网造成一定的冲击。

土地征收给农村大学生及其家庭带来的变化，不仅体现在经济收益方面，还体现在生存环境、社会机会等非经济方面（高进云，2010）。根据马斯洛社会需求理论，人的需求从低到高分为五个层次，分别为生存需求、安全需求、社会需求、尊重需求和自我实现的需求（表 2-3）。由于农村大学生本人与其家庭成员，在生活环境、教育背景、职业规划、价值取向等方面存在着明显的差异，因此，土地征收对农村大学生本人及其家庭成员的影响也差异明显。

表 2-3 马斯洛需求层次模型

阶段划分	需求层次	包含项目
温饱阶段	生存需求	呼吸、水、食物、睡眠、生理平衡、分泌等
	安全需求	人身安全、健康保障、资源所有性、财产所有性、道德保障、工作职位保障、家庭安全等
小康阶段	社会需求	友情、爱情等
	尊重需求	自我尊重、信心、成就、对他人尊重、被他人尊重等
富裕阶段	自我实现需求	道德、创造力、自觉性、问题解决能力、公正度、接受现实能力等

对农村大学生家庭成员而言，土地征收对其造成的影响主要表现在生存需求、安全需求两个方面：①承包地面积减少或丧失直接或间接影响到食物的来源；②为满足家庭基本生活，不得不通过更多地外出打工以弥补农业收入的损失，这导致其可自由支配的

闲暇时间减少，影响睡眠及生理的平衡；③承包地转为国家所有，使其丧失对土地资源的拥有权，也意味着一种稳定职业的终结，不得不从事临时性的非农职业；④相对非农职业而言，农业工作更能确保人身安全。

对于农村大学生而言，虽然土地征收也会对其生存需求和安全需求造成一定的影响，但是农村大学生凭借其文凭和知识优势，在城市维持基本生存和安全还是有保障的。因此，土地征收对其影响更多地表现在社会需求、尊重需求和自我实现需求三个方面，具体表现在：①农村高中毕业生走进城市、进入大学，面对全新的学习生活环境以及城市学生所表现出的优越感时，会有一种城乡反差大的感觉，这种感觉作用于他们的内心世界，进而形成自卑心理。主要包括特长自卑、消费自卑、交往自卑、学习自卑等（肖晓玛，2004），如果农村大学生的承包地资产价值量大且获得的补偿资金高，将有助于提升其自信心，相反，土地征收补偿资金将农村大学生排除在外或者不能弥补其家庭的承包地损失，家庭经济状况更加糟糕，这无疑将加重其自卑心理。②农村大学生出身农村，进入城市后，原有的亲人和朋友都距离较远，这造成其在城市缺乏友情和关爱，由于缺乏较强的经济能力，土地征收如若仅够维持温饱，不能用于解决住房问题，农村大学生在爱情和婚姻方面更将遭遇较大现实困境。③农村大学生属于从农村社会走出来的精英群体，有着远大的人生理想和抱负，然而，自我实现需求受制于政策制度、社会资源、经济条件、家庭环境等各个方面。由于在城市中缺乏稳定的工作、无力购买住房等，农村大学生不得不奔波于找工作、还贷款等日常琐碎事务，影响了其创造力和自我人生价值的实现。

2.4.3　土地征收收益分配过程中农村大学生的补偿收益分配冲突

农村户籍学生最关心的是农村的土地征收、房屋拆迁等潜在利益的损失（孙修真，2012），集体经济组织成员资格标准是集体分配征地补偿费等利益的依据，成员资格标准的法律缺失是农村集体经济组织内部征地补偿费等成员利益分配纠纷频发的主要原因。农村大学生土地承包经营权问题进入大众视野源于近年的征地热潮，直接诱因是农村土地征收补偿款分配。国家因公益事业的需要对农村集体经济组织的土地进行征用或征收，按照规定给予补偿，补偿费用包括土地补偿费、安置补助费、地上附着物补偿费等，国家在确定征地补偿数额时依据的是征地面积的多少以及被征土地面积可供养的人口数量。《〈中华人民共和国土地管理法〉实施条例》第二十六条规定："土地补偿费归农村集体经济组织所有"，但是没有涉及集体经济组织内部如何分配的问题。《国务院关于深化改革严格土地管理的决定》（国发〔2004〕28号）规定："省、自治区、直辖市人民政府应当根据土地补偿费主要用于被征地农户的原则，制定土地补偿费在农村集体经济组织内部的分配办法……"显然，此处是将制定该分配办法的职责赋予了省级人民政府（杨攀，2011），然而各省、自治区、直辖市少有对此问题进行详细界定，征地补偿收益分配仍处于集体经济组织内部自行解决的状态。集体经济组织进行分配的主要依据就是与户籍密切联系的成员权和各户实际拥有的承包地面积。征地补偿费相当于一次性替代了农民所能享受到的全部土地利益，因此，所代表的经济利益一般较高。承包地变现所带来的巨额经济利益，使得各方利益开始角逐以实现自身收益最大化。收益如何分配关系到每个人的切身利益，集体经济组织以及成员都会支持有利于自己的分配策略，进而诱发集体内部利益分化。由于村民自治中基层管理方式混乱，不少村民委员会及村民小组在村内分配征地补偿费的过程中，借"村民自治"滥用"自治权"，违背《中华人民共和国宪法》、《中华人民共和国妇女权益保障法》等有关法律、法规，随意剥夺部分村民获得征地补偿费的权利(李菁，2011)。由于户籍或集体身份认定等原因对农村大学生的权益认识不足，使得农村大学生在征地补偿分配中处于弱势地位(赵强 等，2013)。在实际操作中，对于农村大学生是否有权分配征地补偿款，存在着四种不同的态度。

第一，征地补偿费用不考虑在校或已毕业的大学生，农村大学生不能参与征地补偿费用的分配。实际上就是将农村大学生划入非农业户口，排除在集体经济组织之外，不再具有集体经济组织成员的资格，否认其在集体经济组织内原来享有的土地承包经营权，这样的案例在我国农村普遍存在。

第二，农村大学生是否参与征地补偿收益分配具有不确定性。这种处理方式实质上是将农村大学生征地补偿收益分配问题看做"村民自治"的范畴，是否享有征地补偿收益分配权要遵循村规民约或者取决于集体村民代表的讨论表决。例如，重庆市某大学生所在集体经济组织就大学生土地被征(占)问题出台内部规定，表明 2008 年 12 月起已毕业的学生不能参与征地补偿收益分配[①]。

第三，征地补偿费用只发给在校或已毕业的大学生一部分。某些集体经济组织在征地补偿费用分配时，对农村大学生与现有的集体组织成员实行区别对待的政策。例如，江西省新余市仰天岗管委会认为，集体征地补偿款分配属于村民自治事务，反映问题的农村大学生按正常农村人口每人份额 50% 的标准参与村小组集体征地补偿费的分配[②]。山东省济南市市中区七贤庄村四名户口回迁的农村大学生在集体征地拆迁补偿过程中，并未像其他村民一样享受到生活粮食补助费、土地补偿费和经营房认购资格。在上诉至法院后，一审判决认为"他们大学毕业后，已具有国家干部身份，不再是其所在村的集体组织成员，不应享有土地补偿费等分配权，依法驳回其诉讼请求"(卢金增 等，2007)。在检察院提出抗诉后，二审法院判决也仅支持了农村大学生生活粮食补助费的请求。虽然这种处理方法承认了农村大学生原先在集体经济组织内所享有的土地承包经营权，但是没有给予同等对待，致使权益缩水。

第四，征地补偿款全额发放给在校或已毕业的大学生。在少数地区的集体经济组织，按照规定的标准，征地补偿费用全部兑现给农村大学生，给予农村大学生现有集体经济组织成员同样的待遇。

在第一批和第二批外业问卷调查受访的 1538 名农村大学生中，承包地被征收的共 23人，其中没有获得征地补偿款的有 7 人，占 30.43%，获得征地补偿款的有 16 人，占 69.57%。同时，在获得征地补偿款的农村大学生之间也存在着巨大的差异(图 2-8)。获得最高征地补偿的是华中农业大学的一名农村大学生(生源地浙江省台州市)，标准为 30 000元/亩；中国矿业大学的一名农村大学生(生源地河北省唐山市)获得补偿费用最低，为 700 元/亩，仅相当于农地的一年经济产值。

---

①   http：//china. findlaw. cn/ask/question _ 19275537. html

②   http：//www. xinyu. gov. cn/message/index. php? InfoID=9824&do=ldxx _ C

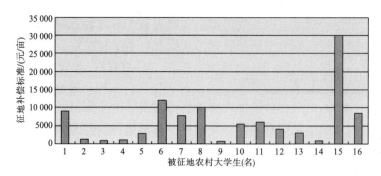

图 2-8   农村大学生土地征收获得补偿收益情况图

农村大学生获得征地补偿无法律政策依据，导致其征地补偿分配权被剥夺或者不能获得合理的货币补偿，使得农村大学生家庭经济状况因征地而变差，进而影响到农村大学生的城镇化进程。征地补偿费用的获得与否与是否享有土地承包经营权具有内在一致性，认为农村大学生不享有或者部分享有获得征地补偿款的，就是从补偿利益的角度完全或者部分否定农村大学生对承包地的物权权利，会引起农村大学生本人及其家庭成员的不满，进而引发集体内部矛盾冲突甚至诉讼，使得农村大学生非农化过程中的土地利益冲突由隐性向显性转化。

2.5   本章小结

（1）高校扩招后大学生人数逐年大幅增加，大学生就业市场步入"买方市场"，以及高校就业政策由"包分配"转为"自主择业"等原因，导致大学生就业难、就业质量低、稳定性差局面的形成。不断攀升的城市住房价格，使得农村大学生的城市化进程变得更加艰难。与之相反，农村社会经济的快速发展，农民身份所蕴含的承包地、宅基地、年终分红和各项补贴等利益开始凸显，这使得越来越多的农村大学生不甘心因非农化而丧失自己原有的相关权利。

（2）我国城乡二元经济体系是集体成员资格形成的温床，成员资格兼具身份、财产和管理属性，关系到农民的土地承包与宅基地分配资格、集体其他资源的共享、征地补偿款的分配等内容，其中户口是判断成员资格的最主要因素，农村大学生非农化直接导致其成员资格的瑕疵，进而导致其家庭承包逻辑关系链（集体户口—成员资格—土地承包资格—土地经营权）的断裂，这就形成了农村大学生非农化过程中"户口转出导致成员资格瑕疵进而丧失承包地"与"物权支配性不因户口转移而丧失"之间的矛盾。

（3）征地补偿收益分配的不公是导致农村大学生非农化过程中土地问题出现的直接原因。由于土地征收对农村大学生及其家庭成员的土地权利、经济收入等方面造成了负面影响，根据"卡尔多－希克斯"效率，应给予被征地农村大学生及其家庭成员相应的经济补偿以弥补其所遭受的福利损失，然而，对于农村大学生是否参与征地补偿款分配，集体经济组织存在着四种截然不同的看法：完全补偿、部分补偿、没有补偿以及视情况而定。征地补偿费用的获得与否与是否享有土地承包经营权具有内在一致性，因此，农村大学生获得的征地补偿不充分或者得不到补偿必然会诱发集体内部利益冲突。

3 农村大学生非农化土地问题表现形式及深层次影响

3.1 外业调研情况

农村大学生非农化过程中的土地问题是一个极具中国特色的社会问题,该问题起源于农村大学生非农化,进而使户籍政策、土地法律政策、高等教育政策、城市住房政策等众多宏观政策制度间衔接不畅的问题开始暴露,加上我国农村土地的集体所有性、土地承包经营权与农村户籍的紧密关联性,以及承包经营权的物权属性确立、农村大学生非农化的艰难性与农地的强烈社会保障功能等问题交织在一起,使农村大学生非农化过程中的土地问题变得异常复杂。为了深入了解农村大学生非农化过程中承包地权利的现状,课题组分三阶段采用面对面问卷调查、网络问卷调查、深度访谈等多种方式,对一百余所大专院校的 1983 名农村大学生进行了调查。第一阶段(2009 年 4 月~2009 年 8 月):第一份调查问卷(附录 1)设计完成后,对 386 名农村大学生进行了调查,回收有效调查问卷 319 份,有效率 82.64%。第一次问卷调查主要针对农村大学生入学后的承包地现状及流转意愿。第二阶段(2012 年 10 月~2013 年 7 月):第二份调查问卷(附录 2)设计完成后,对 1421 名农村大学生进行了调查,回收有效问卷 1219 份,有效率 85.78%。第二次问卷调查主要针对农村大学生入学后承包地现状、土地处理(包含土地保留、土地流转和土地退出)的基本情况。第三阶段(2014 年 12 月~2015 年 3 月):第三份调查问卷(附录 3)设计完成后,对 501 名农村大学生进行了调查,收回问卷 464 份,问卷回收率92.61%,剔除一些未填写和真实性不足的问卷,同时采用序列均值对少量题目未填写的问卷做缺失值处理,最终得到有效问卷 445 份,占收回问卷的 95.91%。第三次问卷调查主要是针对农村大学生入学后宅地基换房的基本情况。这三次问卷调查获得的数据具有一定的代表性,主要体现在以下几个方面。

3.1.1 生源地区域分布广泛

外业调研受访农村大学生的生源地范围很广,范围涵盖全国 32 个省(自治区、直辖市)中的 29 个,其中,东部地区共涉及 11 个省(直辖市、自治区),501 名农村大学生,占 25.26%;中部地区共涉及 9 个省(直辖市、自治区),904 名农村大学生,占 45.59%;西部地区共涉及 9 个省(直辖市、自治区),578 名农村大学生,占 29.15%(表 3-1)。

表 3-1 受访农村大学生的地区分布表

东部地区

地区	北京	河北	江苏	浙江	福建	山东	广东	广西	辽宁	天津	海南	合计
人数/人	2	71	51	124	24	116	21	22	7	44	19	501
比例/%	0.10	3.58	2.57	6.25	1.21	5.85	1.06	1.11	0.35	2.22	0.96	25.26

中部地区

地区	山西	内蒙古	吉林	黑龙江	安徽	江西	河南	湖北	湖南	合计
人数/人	46	9	18	4	83	113	356	230	45	904
比例/%	2.32	0.45	0.91	0.20	4.19	5.70	17.95	11.60	2.27	45.59

西部地区

地区	重庆	四川	贵州	云南	宁夏	陕西	甘肃	青海	新疆	合计
人数/人	46	383	79	16	3	21	17	3	10	578
比例/%	2.32	19.31	3.98	0.81	0.15	1.06	0.86	0.15	0.50	29.14

3.1.2 学生类别覆盖面广

受访的农村大学生学校类型分布全面,涵盖了一本院校(985、211)、二本院校、三本院校和高职高专;文化程度涵盖大专、本科、硕士研究生、博士研究生四个层次;专业类型包括文史和理工两大类;入学时户口情况分为迁往学校所在地和保留在农村(表 3-2)。

表 3-2 受访农村大学生的基本情况表

变量	频数	比例/%	变量	频数	比例/%
①学校类型	1983	100.00	②文化程度	1983	100.00
一本院校	776	39.13	专科	357	18.00
二本院校	710	35.81	本科	1399	70.55
三本院校	190	9.58	硕士研究生	210	10.59
高职高专	307	15.48	博士研究生	17	0.86
③专业类型①	1664	100.00	④户口迁移	1983	100.00
文史类	845	50.78	迁到学校	597	30.11
理工类	819	49.22	留在农村	1386	69.89

3.1.3 所处非农化阶段多样

农村大学生融入城市社会需要经历户口非农化、职业非农化和住房非农化等多个阶

---

① 统计数据中之和为 1664 人的,皆以第二次和第三次调研样本为统计对象,下同;统计数据中之和为 1219 人的,皆以第二次调研样本为统计对象,下同。

段，并非户口农转非就一蹴而就。受访农村大学生按照学业及工作情况，分为仍在校读书、找工作或待业中、已有工作(表 3-3)。

表 3-3　受访农村大学生所处非农化阶段

非农化状态	在校读书	找工作或待业中	已有工作	合计
人数/人	1539	90	354	1983
比例/%	77.61	4.54	17.85	100.00

3.1.4　家庭经济层次全面

受访农村大学生家庭所处位置、家庭人口、家庭收入结构及家庭年总收入等情况分布较为广泛，可以全面测试及反映农村大学生家庭背景情况对其土地权利处置意愿的影响(表 3-4)。

表 3-4　受访农村大学生家庭背景情况

调查指标	频数	比例/%	调查指标	频数	比例/%
①家庭距县区中心的距离	1664	100.00	②家庭总人口	1664	100.00
10 千米以内	506	30.41	3 人及以下	330	19.83
10~20 千米	434	26.08	4~5 人	1028	61.78
20~30 千米	302	18.15	6~7 人	269	16.17
30 千米以上	422	25.36	8 人及以上	37	2.22
③家庭的收入结构	1664	100.00	④家庭年总收入	1664	100.00
以农业为主	456	27.40	2 万元以内	576	34.62
农业和非农业各占一半	330	19.83	2 万~4 万元	445	26.74
农业为辅，非农业为主	423	25.42	4 万~6 万元	275	16.53%
完全依靠非农业	455	27.34%	6 万元以上	368	22.12%

3.2　农村大学生非农化过程中承包地现状

根据入学阶段划分，1983 名农村大学生的承包地基本情况如下。在升入大学以前，农村大学生的承包地情况分为两种情形：第一，没有分到承包地，共 988 人，占 49.82%。第二，分到承包地，共 995 人，占 50.18%。在升入大学后，农村大学生的承包地情况分为四种情形：第一，分得的承包地继续保留在户内，共 932 人，占 93.67%。第二，分得的承包地被集体经济组织收回，共 28 人，占 2.81%。第三，分得的承包地被政府征收，共 27 人，占 2.71%。第四，其他情况，共 8 人，占 0.81%，其他情况主要包括土地被集体经济组织统一出租、土地流转给他人使用、土地被退耕还林等(图 3-1、图 3-2)。

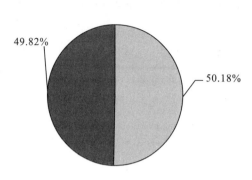

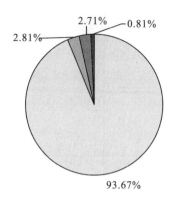

图 3-1　入学前农村大学生土地情况　　　　图 3-2　入学后农村大学生土地情况

从图 3-1 和 3-2 可以看出，农村大学生入学前获得承包地的占一半以上，入学后集体经济组织保留其承包地的情况占绝大多数。20 世纪 80 年代初，家庭联产承包责任制开始普遍在中国农村推行，以 1984 年中共中央《关于 1984 年农村工作的通知》为标志，全国农村第一轮土地发包工作开展，土地承包期一般应在 15 年以上。在第一轮土地承包期到期之前，1993 年 11 月，中共中央、国务院发布《关于当前农业和农村经济发展的若干政策措施》(中发〔1993〕11 号)，1997 年 6 月，中共中央办公厅、国务院发布《关于进一步稳定和完善农村土地承包关系的通知》(中办发〔1997〕16 号)，这两个文件中均明确指出，在原定的耕地承包期到期之后，土地承包期再延长 30 年不变。因此，根据推算各地应从 1999 年左右开始进行第二轮土地发包工作。所调查的 1983 名农村大学生平均年龄为 23 岁，年龄最小的 17 岁(1996 年出生)，因此，从理论上讲，调查所涉及的全部农村大学生都应在第二轮土地发包中分得了相应的承包地，988 名受访农村大学生没有分得承包地的具体原因主要包括四个方面。

第一，各地区执行中央第二轮土地延包政策的时间有差异，在本课题调查时不排除以下两种可能性：①受访农村大学生所在集体经济组织还没有开始第二轮土地发包；②受访农村大学生所在集体经济组织基于多方面原因考量，直接在第一轮土地发包的基础上进行了第二轮土地延包，没有打乱土地进行重新分配，使得受访农村大学生没有机会参与分配土地。

第二，部分地区在延长承包期的问题上，对农村大学生实行了区别对待，政策执行不到位，续签的合同期限短。例如，山东省农业厅《关于转发农办经〔2008〕4 号文件做好村级会计委托代理工作的意见》(鲁农经管字〔2008〕7 号)文件规定，对于中高等专业学校在校学生，承包土地期限可长可短，暂不发给"土地承包经营权证"。这与一般村民土地承包期是 30 年，必须发放"土地承包经营权证"是有区别的。因此，这些地区的农村大学生的土地承包经营权可能已经到期。

第三，农村大学生分得承包地数量与年龄相关。运用 SPSS 软件对受访的 1983 名农村大学生分得承包地情况(分到=1，没有=0)与大学生年龄、家乡区位(东部=3，中部=2，西部=1)进行 Logistic 模型回归(表 3-5)。

表 3-5　农村大学生年龄、家庭区位与分得承包地情况 Logistic 回归分析结果

项目		回归系数	标准误差	卡方值	自由度	P 值	优势比	优势比的 95% 置信区间	
								低值	高值
Step 1ª	年龄	0.155	0.017	79.687	1	0.000	1.167	1.128	1.208
	家乡区位	0.090	0.076	1.400	1	0.237	1.095	0.942	1.272
	常数	−3.476	0.416	69.771	1	0.000	0.031		

注：a 变值年龄家乡区位在 step 进入

根据模型运行结果，在 0.05 检验水平下，农村大学生分得承包地情况与家乡区位之间无统计学意义，表明各地执行二轮土地延包政策情况没有太大差异。农村大学生分得承包地情况与年龄阶段有统计学意义，其 OR 估计值 Exp(B)=1.167，表明年龄阶段每增加 1 岁，分得承包地的概率相应提高 16.70%，这主要是由于年龄越小没有赶上家乡所在地第二轮土地延包的可能性越大。

第四，由于农村大学生长期在外求学、工作，直接参与农地生产活动的机会相对较少，因此，对自己是否享有承包地可能不甚了解，或者第二轮土地发包时分得了土地，但被集体收回或者被国家征收，农村大学生本人并不掌握该具体情况，造成了理解的混乱，致使其认为自己没有分得土地。

3.3　农村大学生非农化过程中土地问题的表现形式

农村大学生非农化过程中的土地问题在法律法规层面的规范基本处于缺失状态，在农地价值凸显、农村大学生融入城市难度增大的双重作用下，规模庞大的农村大学生群体开始日益关注并想方设法维护自己初始农民身份所蕴含的各项权益。然而，政府部门、集体经济组织面对农村大学生的土地维权行为基本束手无策，普遍只能采取被动应对的策略，这既不利于农村大学生土地权利的维护，也容易诱发各利益主体之间的激烈矛盾冲突。

3.3.1　与政府之间的利益冲突

（1）高校扩招后每年会有数以百万计的农村大学生涌向城市，这些学生大学毕业后，绝大多数会留在城市工作生活，逐步完成由"农民"向"市民"的过渡。一般而言，受城市环境容量限制，规划期内上级政府批准的新增建设用地指标是有限且比较紧张的。农村大学生作为迁入城市的机械增长人口，会有住房、基础设施和公共服务设施等方面的需求，这势必会消耗迁入城市大量的建设用地指标，给城市的土地供应带来压力。同时，农村大学生原有的承包地和宅基地无论采取何种措施盘活利用，都局限在其生源所在地范围内，与迁入城市没有多大关系。

（2）在政府征收集体经济组织土地时，需要对被征土地上承载的农业人口进行安置，如果农村大学生享有入学前承包地的相关权利，并计入原集体经济组织人口，将增加政府需要安置人口数量,提高政府征地的成本。因此,政府更倾向于将农村大学生排除在安置人口之外,而农村大学生会不遗余力地维护自己的征地补偿权益。

(3)在政府旧城改造及人口安置过程中,对于农村大学生是否应列入拆迁安置对象存在着以下几种情况:①四川省眉山市仁寿县,在校大学生无论户口迁出与否都享受安置政策,户口已迁出的大学毕业生除被录为公务员、国家编制的事业单位人员外,都享受安置政策。②四川省遂宁市射洪县,对于因读书将户口迁往学校成为集体户的,目前是在校生的,视为拆迁对象;如果已经毕业的,不视为拆迁对象①。③安徽省叶集改革发展试验区,在校大学生、尚未就业的大中专毕业生应确定为房屋安置人口②。④福建省厦门市,农村大学生属于被拆迁房屋所在地的集体经济组织成员,且是 1988 年国家取消大中专毕业生统一分配,实行自主择业后毕业的全日制大中专生,可以计入被拆迁人口③。⑤西安高新区,属于户籍由本村迁出的在校大学生,同时具有本村宅基地使用权和土地承包经营权并参与本村集体经济分配,没有享受过拆迁安置待遇,可以享受拆迁安置补偿④。房屋拆迁安置所代表的利益一般比较巨大,由于缺乏统一且具有说服力的法律政策依据,各地出台的政策文件因无法律依据且缺乏公平极容易引发政府和农村大学生群体之间的利益冲突。

(4)随着高校扩招力度的不断增大,劳动力就业市场形势发生变化,农村大学生已经沦为"高学历但低收入"群体,"费用高、性价比低""投资与回报不成正比"等成为其代名词,不能就业的农村大学生,更存在被社会边缘化、沦为新的弱势群体的风险。农民投资高等教育由低投入高回报的"旱涝保收田"转变为一场成本高昂的"赌博游戏",一旦赌输了需要许多年甚至一辈子去还债,这会让农村大学生本人及家庭成员对政府推动高等教育改革的动机和目标产生质疑,不仅影响政府的公信力和形象,而且使得农村大学生获得理由对抗地方政府不利于自身利益的土地政策。

(5)由于政策强制和在城市工作生活方便等各种原因,部分户口转出的农村大学生想将户口重新迁回原籍农村,然而,不同地方政府对该问题的政策不尽相同,如浙江省温州市龙湾区、乐清市、永嘉县和苍南县,台州市所有区县,金华市的市区、义乌市、东阳市、永康市和武义县,湖州市的长兴、安吉等地区,都有条件地允许农村籍大中专毕业生"非转农"。然而,在未出台农村大学生"非转农"政策的地区,农村大学生"非转农"潜在和现实需求会被堵死。不同地区政府"非转农"政策上的差异,会引起农村大学生之间的横向对比,造成部分有"非转农"需求的农村大学生对政府不满。

(6)受国家法律政策的限制,集体土地所有权权能残缺且受政府控制的性质明显。在资源环境容量越来越紧张、失地农民(水库移民)安置难度增大的情况下,部分地方政府出于政治任务及自身利益考量,会以行政命令的方式调出农村大学生的土地,安置失地农民,如在瀑布沟水电站三村移民安置区,政府承诺在 10 年内给予转出耕地的安置区居民相等数量耕地的补偿,手段是将集体内农村大学生等户口迁出人员、死亡人员的承包

---

①　http://www.shehong.gov.cn/zmhd/sjxx/201206/t20120628_26767.html

②　http://oa.ahxf.gov.cn/village/content.asp?class_id=119502&id=190334&webid=29314

③　http://news.qq.com/a/20070613/000069.htm

④　http://news.idoican.com.cn/kfqbd/html/2013-04/22/content_4853975.htm?div=-1

地分配给转出耕地的农户使用，虽然政府采用该方式将土地配置给了最需要的人群，提高了土地利用效益，但却侵犯了农村大学生等相关主体的土地权利。

（7）对于一个城市而言，大量农村大学生外出求学相当于资金和人力资源的外输。在资金方面，以陕西省渭南市合阳县为例，该县每年向外输送至少 3000 名大学生，全县每年在外上学的大学生约有 12 000 人，按照生均每年花费 1.2 万元计算，他们将从家乡带走 1.44 亿元（吉建军，2010），同时，农村家庭为供养大学生会缩减住房、食品、衣服等方面的支出，影响到居民消费对本地区经济发展的拉动力。在人力资源方面，农村家庭走出一个大学生，相当于家庭少了一个成年劳动力，对于一个城市而言，本地输出的大学生毕业后会有相当一部分留在外地工作，不能为家乡所在城市创造财富，因此，农村大学生毕业后在城市就业是农村人力资本流失的原因之一（叶香丽，2007）。

3.3.2 与集体经济组织的利益冲突

（1）在实际操作中，不同集体经济组织对待农村大学生入学前承包土地的权利存在巨大差异，至少包括以下六种情形：①承认农村大学生享有对土地的相关权利。②户口未迁出则享有土地承包经营权，反之，则丧失土地承包经营权。③上学期间的承包地不得收回，毕业后如果在城市工作，其承包地应收回。④在某一时间点之前入学的，丧失土地承包经营权，反之，则享有土地承包经营权。⑤农村大学生毕业后未落实工作，回原籍落户的，依法享有土地承包经营权。⑥由于国家征（占）用土地或者自然损毁，造成集体内人地矛盾突出的，经过相关程序，可以收回农村大学生的承包地。不同集体之间的政策差异容易使农村大学生之间形成相互对比，进而诱发与集体经济组织之间的利益冲突。

（2）农村户口是大部分集体经济组织判断成员资格的主要依据，成员资格又是通过家庭承包获得土地承包经营权的前提条件。然而，按照现行法律规定，土地承包经营权属于物权，集体经济组织不得随意调整或收回，这当然也应包括农村大学生承包到的土地权利。这不仅削弱了集体经济组织的土地所有者地位及其对农村大学生特殊群体土地的管理职能，而且集体经济组织遵守的"村规民约"与政府的"法律政策"、法院的判决之间的不一致，更激发了农村大学生与集体经济组织之间的矛盾冲突。

（3）在经济发达地区或者城乡接合部地区，集体经济组织会有一些自办企业，或者集体将土地、房屋等出租给企业（或个人），这样集体每年都会有部分收益，并按照各户的人口数量给予分红，然而，转出户口的农村大学生却很难再享受到集体分红这项福利。河南省信阳市上天梯非金属矿管理区火石山村刘冲组村民张华，2001 年 7 月考入湖北省公安高等专科学校郑州分校，并将户口迁往学校所在地，2002 年 1 月，刘冲组以张华户口转走为由扣发了其 2001 年的分红款 600 元，并从 2002 年元月起停发张华应分配的矿石累计 135 吨，张华随后将刘冲组告上法庭（张涛 等，2003）。同样，四川省成都市成华区也有农村大学生因不能参与收益分配将集体告上法庭的案例发生[①]。

---

① 成都市成华区圣灯乡圣灯村九组以徐倩已不属于该组村民为由停止向徐倩分配 2002 年、2003 年年终收益款 3400 元，徐倩将该组告上法庭，最终二审徐倩胜诉。

（4）2003 年前农村大学生入学时必须将户口迁往学校所在地，2003 年后，农村大学生入学时则可以选择保留农村户口，以维护自己的承包地等利益。随着土地承包经营权物权地位确立，在农村大学生的土地权利受到侵害时，2003 年以前入学的农村大学生难免会向集体经济组织主张土地权利。然而，户口迁出的农村大学生对集体经济组织的投工投劳、集资、费用负担等义务很难履行。农村大学生主张权利与未履行集体各项义务之间形成强烈对比，容易引发集体经济组织、集体经济组织内其他成员与农村大学生及其家庭成员之间的利益冲突。

（5）在集体土地被征收时，政府按照征地面积将补偿资金下拨到集体经济组织，站在集体自身利益的角度，在征地面积、安置人口和补偿标准一定的情况下，对拥有承包地的农村大学生实行差别化的不分或者少分征地补偿款，不仅是集体经济组织实施内部经济管理职能的体现，而且会提高集体经济组织征地补偿费用的留存数额。部分集体经济组织确定的征地补偿分配方案是经过村民大会讨论通过的，如果为农村大学生而修改补偿分配方案，不仅与村民自治政策冲突，而且势必会影响村、生产队的工作积极性。但是这又会引起补偿利益受损的大学生的强烈不满，在山东莱芜市、云南省石林县等众多地区，都有农村大学生因征地补偿款状告集体经济组织的案例①。

（6）在外业调查时发现，出于种种原因，部分集体经济组织未严格遵守国家法律政策，在二轮承包期尚未届满时进行了土地重新发包。在具体操作过程中，集体经济组织以农村大学生户口迁出为由收回其原有承包地，并拒绝其参与土地分配，致使农村大学生的利益受损。

3.3.3　与集体内其他成员之间的利益冲突

（1）集体经济组织内的资源和利益总量是有限的，多一个人分配，自然就降低了其他成员的应得份额。因此，在一些集体经济组织成员看来，农村大学生积极争取维护承包地权利的做法，是一种"与民争利"的行为。特别是在发达地区的郊区或者城中村，集体经济组织土地资源已经演化成为"寸土必争"的局面。围绕农村大学生土地权益问题，集体经济组织内部家庭会分化成"有农村大学生家庭"和"无农村大学生家庭"两大阵营，不同阵营之间为维护各自群体的利益，容易引发社会矛盾和冲突。同时，由于部分集体经济组织是以村规民约的形式决定农村大学生是否享有承包地或征地补偿收益分配权的，这需要三分之二以上村民或村民代表的赞成，不同阵营之间难免相互拉票、攻击，不利于集体内部的和谐。

（2）由于法律政策明确禁止承包期内发包方进行土地调整，在土地发包后，各农户的土地面积、位置等均处于相对稳定状态。因此，在集体经济组织再次土地发包前，未承包到土地的农民享有的承包权虽是一种客观权利，但只具有可能性而不具有客观现实性，可谓一种期待权（丁关良，2007）。当集体土地全部被征收或者征收面积过大时，使得本

---

①　莱芜市某村村委会以村民投票表决不过半数为由，拒绝给付土地补偿款，该村 20 名大学生将村委会告上法庭，最终农村大学生胜诉（http://www.jiaodong.net/2005/1/207840.htm）；云南省石林县某集体以户口不在集体为由，拒绝给付该大学生姜林生的土地补偿费（http://www.rmdbw.gov.cn/2010/0603/23627.html）。

轮土地发包未获得承包地村民的期待权转化为既得权的可能性降低甚至丧失，他们会将土地征收视为自己期待权提前成立的条件，将参与征地补偿收益分配视为未来可分得承包地份额的补偿，而农村大学生在下轮土地发包时的承包资格业已丧失，因此，集体内部未承包到土地的成员也会选择抵制农村大学生参与征地补偿收益分配。

（3）虽然《农村土地承包法》禁止承包期内集体经济组织调整土地，但是集体内部调整土地的原始需求并没有消失。因为"增人不增地，减人不减地"这一靠人口自然变动调节户内土地平衡的举措，可能导致集体内部家庭与家庭之间人均耕地的不均（朱冬亮，2006），因此，部分集体经济组织通过村民大会或者以村规民约的形式，将农村大学生、出嫁女等人员的土地调出，发包给因出生、婚娶、入赘等原因新增的集体人口。如果农村大学生事后通过主张权利，索回已经调出的土地，将使农村大学生与已实际占有土地的农户之间的矛盾激化。同时，如果让农村大学生继续享有承包地，那么对于那些既没有考上大学又没有分到承包地的农村人口而言更加的不公（何文俊，2010）。

（4）由于土地法律政策对本轮承包期结束后如何进行土地延包没有进行明确规定，存在着"维持承包地现状，单纯延长承包期"和"打乱再重新分配"两种可能性。在本轮土地承包期届满时，不同的群体会为维护自身利益而持不同的看法，"无农村大学生家庭"愿意采取"打乱再重新分配"的方法，收回农村大学生土地，剥夺农村大学生参与土地分配的权利，以减少集体的人口数量，增加自己户内人均耕地面积。而"有农村大学生家庭"则更愿意采取"维持承包地现状，单纯延长承包期"的方式，以使家庭对现有承包地继续享有权利，避免耕地面积因重分而减少。

3.3.4　与家庭其他成员的潜在矛盾

（1）农村大学生在城市缺乏根基，家庭经济条件也相对贫穷，求学期间的学费、生活费、住宿费以及找工作期间的费用等开支，对于普通农民家庭来说，已经是一笔不小的支出。一般而言，普通农户家庭将对子女高等教育的支出视为资本投资而非消费，然而，许多大学生毕业之后找工作不易，可能连自己谋生都有困难，家庭付出的巨额投资得不到合理补偿（史方情，2011）。不仅如此，农村大学生毕业后直接面临着结婚、买房、生儿育女等巨额开支，常常出现"一人购房全家致贫"的现象，因此，在立足未稳之前，不少农村大学生需要继续"啃老"，呈现出"经济与教育的反比原理"[①]，这种高投入、低回报的"高等教育大众化"模式严重影响了农民家庭的幸福指数。由于家庭总收入的预算约束，其他家庭成员的就业、求学、就医甚至婚姻行为都可能因此受到影响（晁倩娜，2012），这与普通农民对子女求学进行投资出于交易动机[②]的目的是相背离的。

（2）农村大学生的工作单位往往离家较远，不能经常陪伴照料日益年迈的父母，仅能在过年或者平时偶尔闲暇回家做短暂停留，被村里人戏称为"走亲戚似的"。农村父母与大学生子女之间似乎有了"乡下人"和"城里人"的区别，血浓于水的亲情在现实面前

---

①　经济与教育的反比原理：农村家庭经济状况与该家庭供养的大学生人数呈反比，读大学的越多，家庭越贫困，甚至出现"由盛而衰"。

②　交易动机是指父母对子女的教育投资是为了未来能够取得物质方面或者服务方面的回报。

产生了碎裂和隔膜(邱良君,2009)。同时,受计划生育政策的影响,生育有"80后"和"90后"农村大学生子女的家庭数量普遍偏少,因此,这些父母平时得到其他子女关心照顾的机会变得很少。另外,农村大学生的困难经济状况使父母更加看不到希望,"养儿防老"的传统观念受到剧烈冲击,加之农村大学生因住房难等原因形成的继续"啃老"与父母的养老储备资金形成的矛盾,不仅影响他们自己的工作生活,也影响着他们父母的养老生活(李艳华,2010),极易引起家庭内部的不和睦。

(3)农村大学生毕业后大多已经超过国家法定结婚年龄,毕业后需要找工作为未来生活继续打拼,有的农村大学生选择继续读研深造,甚至读到博士后,这无疑会使其结婚时间大大推迟。另外,农村大学生身在城市社会,受城市生育政策、经济生活压力以及周围朋友的影响,无论第一胎是男孩还是女孩,普遍只愿意生育一个孩子。然而,受传统观念的影响以及国家在农村计划生育政策方面的倾斜,在农村讲究"多子多福"的观念仍没有衰退,这无疑使农村大学生父母"含饴弄孙、安享晚年"的梦想大大推迟甚至破灭。

(4)农村大学生与家庭其他成员在文化上也存在着诸多不协调之处,面对城市全然不同的生活方式和文化习惯,农村大学生踏入城市社会面临着城市适应的问题,这本质上是农村和城市两种文化的冲突与变革问题,农村大学生要真正走出二律背反的困境,就必须从被动"适应"城市文化转向主动"整合"城市和农村两种文化(余秀兰,2010)。然而,农村大学生的家庭成员的生活环境并没有太多的变化,仍是原来乡村文化,在这个过程中,农村大学生表现出的对原有农村文化的不认同或者排斥就有可能引发家庭内部的不和谐,在乡村流传的俗语"一年土,二年洋,三年不认爹和娘",就非常形象地印证了这一点。

3.4 农村大学生非农化过程中土地问题的博弈分析

农村大学生非农化过程中土地问题涉及的利益冲突主体主要有四个:地方政府、集体经济组织、农村大学生及其家庭成员、集体经济组织内其他成员。农村大学生非农化过程中的土地问题实质上就是不同权利主体之间的博弈过程,因此,运用博弈模型对不同利益主体的行为策略进行解读,有助于化解不同权利主体之间的潜在矛盾,弄清实现利益均衡的方法和途径,有助于政府制定的农村大学生土地问题应对策略的针对性和有效性。农村大学生非农化过程中土地问题的利益冲突焦点主要表现在两个方面:征地补偿收益分配和集体收回土地。因此,本书主要围绕这两个问题进行博弈分析。

3.4.1 征地补偿款在集体经济组织内部分配过程中各主体博弈分析

3.4.1.1 前提假设与博弈模型的建立

1)前提假设

集体经济组织是土地所有者,政府拨付的征地补偿款的发放规则主要由集体经济组织制定。农村大学生非农化导致其是否继续拥有土地权利存在分歧,因此,在征地补偿款的分配过程中，农村大学生处于劣势的被动地位，两者之间的博弈为非均衡博弈。为构建集体经济组织和农村大学生在征地补偿款分配过程中的博弈模型，本书提出以下假设条件。

假设一：征地补偿款的分配过程中参与主体有两个：集体经济组织和农村大学生，其中，农村大学生是整个家庭利益的代表。

假设二：参与者满足"经济人"假设。集体经济组织主要关心可预留征地补偿收益的最大化，具体表现为善于利用法律政策漏洞，谋求额外的经济利益。农村大学生在征地过程中主要维护自己的合法权益，争取获得的补偿收益最大化。

假设三：征地补偿标准依据国家法律政策制定，符合完全补偿的原则，体现了被征农地的全部价值，不存在征地补偿标准被行政压低的情况。

假设四：博弈过程存在先后次序。政府征地补偿款发放到集体经济组织后，先由集体选择采取是合法分配还是非法分配，农村大学生再选择采取相应的策略。

假设五：集体经济组织内部土地是均质的、无差异的，因此，每个农村大学生获得的土地面积在数量和质量上是完全相同的。

假设六：集体经济组织获得拨付的征地补偿款为 S，享有征地补偿款分配权的成员人数为 R，其中，农村大学生人数为 r。集体经济组织作为土地所有者应分得的补偿款比例为 q，剩余征地补偿款在成员之间按人数平均分配。

2. 模型建立

根据以上六个假设条件，构建其集体经济组织与农村大学生征地补偿收益分配博弈模型(图 3-3)。

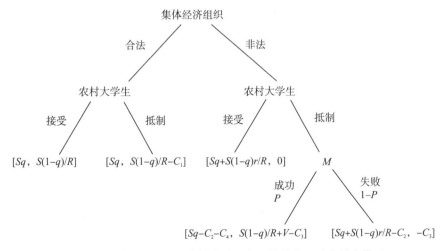

图 3-3 集体经济组织与农村大学生征地补偿分配动态博弈模型

从图 3-3 可以看出，集体经济组织在征地补偿收益分配过程中存在着"合法"和"非法"两种策略，其中，"合法"策略即完全承认农村大学生的征地补偿分配权，"非法"策略即完全否定农村大学生的征地补偿分配权。农村大学生从自身利益出发，可以选择"接受"集体经济组织的分配规则，也可以选择"抵制"集体经济组织的分配规则。具体各方的收益情况可以通过以下四个支付函数解释。

支付函数 1＝〔合法，接受〕，集体经济组织承认农村大学生的征地补偿分配权，农村大学生接受集体经济组织的分配规则，此时，集体经济组织获得法律政策规定的收益 Sq，农村大学生获得剩余征地补偿款的平均分配收益额 $S(1-q)/R$。

支付函数 2＝〔合法，抵制〕，集体经济组织承认农村大学生参与征地补偿分配的权利，但是农村大学生认为政府征地补偿标准低或个人获得的补偿款较少等原因，抵制集体经济组织的分配规则。然而，集体经济组织征地补偿的分配规则依法制定且得到大多数成员的认可，因此，集体经济组织为避免任何经济支出，对于农村大学生的抵制行为可以完全采取消极态度。此时，集体经济组织获得法律政策规定的收益 Sq，而农村大学生即使采取上访、诉讼等方式进行抵制也终将失败，假设在这个抵制过程中需要支出的成本为 C_1，农村大学生的收益将减少到 $S(1-q)/R-C_1$。

支付函数 3＝〔不合法，接受〕，鉴于农村大学生非农化使得其成员资格在集体内普遍受到质疑的情况，集体经济组织完全否定农村大学生参与征地补偿收益分配的权利，而农村大学生由于法律知识欠缺或考虑到分配规则已在集体内部通过等原因，选择接受这种分配模式。此时，集体经济组织截留农村大学生全部应得征地补偿款，收益达到 $Sq+S(1-q)r/R$，而农村大学生的收益为 0。

支付函数 4＝〔不合法，抵制〕，在这种情况下，集体经济组织和农村大学生之间的利益冲突最为激烈。对于集体经济组织否定自己参与征地补偿收益分配的情况，农村大学生可以采取在集体内部找村干部协商、到政府部门上访或到法院起诉等途径维护自己的合法权益。然而，由于农村大学生非农化过程中的土地问题尚无法可依，因此，农村大学生抵制成功的概率为 $P(0\leqslant P\leqslant1)$，失败的概率为 $1-P$，在抵制失败的情况下，集体经济组织不需要改变初始的分配规则，但集体经济组织和农村大学生需要各自支出的成本为 C_2 和 C_3，此时，集体的收益为 $Sq+S(1-q)r/R-C_2$，农村大学生的收益为 $-C_3$。在抵制成功的情况下，集体经济组织不仅需要支付成本 C_2，还要承担地方政府在政治和经济上相应的惩罚成本 C_4，收益为 $Sq-C_2-C_4$，农村大学生不仅维护了自己应得的补偿收益，同时获得了相应的社会收益 V，这部分价值主要表现在：第一，自己对分配规则的抵制成功，帮助集体内其他农村大学生也获得了补偿收益，并使这部分农村大学生减免了抵制所耗费的经济支出。第二，农村大学生抵制分配规则获得成功，表明其行为得到政府部门的认可，自身价值得到体现，同时，也为政府进行相应的改革提供了样板，具有相应的社会效益。此时，农村大学生的收益为 $S(1-q)/R+V-C_3$。

3.4.1.2　征地补偿分配过程中的均衡策略分析

在集体经济组织选择"合法"确定征地补偿收益分配规则时，农村大学生无论抵制与否，集体经济组织的收益和分配规则均不会发生任何改变，农村大学生为避免盲目抵制而承担的无谓经济损失 C_1，最佳策略为"接受"，两者的收益分别为 Sq 和 $S(1-q)/R$。在集体经济组织制定征地补偿收益分配规则选择"非法"策略时，如果农村大学生选择"接受"，此时，集体经济组织将所有农村大学生应分得的征地补偿收益据为己有，农村大学生获得的收益为 0，严格劣于在〔合法，接受〕时获得的收益 $S(1-q)/R$，当农村大学生选择"抵制"策略时，设在 M 点集体经济组织的预期收益为 U_1，农村大学生的预期收益为 U_2，则：

$$U_1 = P \times (Sq - C_2 - C_4) + (1 - P) \times [Sq + S(1-q)r/R - C_2]$$
$$U_2 = P \times [S(1-q)/R + V - C_3] - (1 - P) \times C_3$$

那么，要使集体经济组织和农村大学生两者的最终均衡战略稳定在｛合法，接受｝，则必须满足以下两个条件。

第一，在农村大学生选择"抵制"策略时，其在 M 点的收益 U_2 要大于｛非法，接受｝时获得的收益，即 $U_2 = P \times [S(1-q)/R + V - C_3] - (1-P) \times C_3 > 0$，解此方程获得的结果为 $P[S(1-q)/R + V] > C_3$　　　　　　　　　　　　　　　　(3-1)

如果式(3-1)不成立，在集体经济组织选择"非法"策略时，农村大学生选择"抵制"时获得的预期收益 $U_2 = P \times [S(1-q)/R + V - C_3] - (1-P) \times C_3 < 0$，即 $P[S(1-q)/R + V] < C_3$。此时，农村大学生选择"抵制"策略获得的收益要小于在"抵制"过程中所要承担的成本 C_3，因此，站在理性人的角度，农村大学生会选择"接受"策略，集体经济组织将截留农村大学生的征地补偿收益，获得的收益 $Sq + S(1-q)r/R$ 严格大于选择"合法"策略时的收益 Sq，这时的均衡策略即为｛不合法，接受｝，农村大学生土地权益没有得到相应的保护。

第二，农村大学生选择"抵制"策略时，集体经济组织和农村大学生获得的预期收益 $[U_1, U_2]$ 要严格劣于｛合法，接受｝双方获得的收益 $[Sq, S(1-q)/R]$，即要同时满足以下两个条件。

$$U_1 = P \times (Sq - C_2 - C_4) + (1-P) \times [Sq + S(1-q)r/R - C_2] < Sq \quad (3\text{-}2)$$
$$U_2 = P \times [S(1-q)/R + V - C_3] - (1-P) \times C_3 < S(1-q)/R \quad (3\text{-}3)$$

解式(3-2)可得：$\dfrac{(1-P)(1-q)Sr}{R} < PC_4 + C_2$　　　　　　　　　　(3-4)

解式(3-3)可得：$PV - C_3 < \dfrac{(1-P)(1-q)S}{R}$　　　　　　　　　(3-5)

如果在式(3-1)成立但式(3-4)不成立时，即 $\dfrac{(1-P)(1-q)Sr}{R} > PC_4 + C_2$ 时，集体经济组织即使承担农村大学生选择"抵制"策略时的固定成本 C_2 和政府对其的经济、政治惩罚成本 C_4，集体经济组织获得的预期收益仍然高于选择"合法"策略时获得的收益 Sq，因此，集体经济组织仍有偏离最佳均衡策略的｛合法，接受｝的利益诱惑。如果在式(3-1)成立但式(3-5)不成立时，即 $PV - C_3 > \dfrac{(1-P)(1-q)S}{R}$ 时，农村大学生由于非常看重自已通过"抵制"集体经济组织"非法"分配策略成功时获得的社会效益 V，且这个社会效益 V 要大于选择"抵制"所需要支付固定成本 C_3，此时，农村大学生反而更希望集体经济组织选择"非法"策略，来满足自己成功时的满足感，虽然这种情况较少见，但也是政府制定应对策略时需要规避的。

3.4.2　集体收回土地过程中各主体博弈分析

3.4.2.1　前提假设与博弈模型的建立

为构建集体经济组织和农村大学生在土地收回过程中的博弈模型，本书提出以下五个假设条件。

假设一：集体收回农村大学生土地过程中参与者有两个：集体经济组织和农村大学生，其中农村大学生是整个家庭利益的代表。

假设二：参与者满足经济人假设。集体经济组织是全体成员的代表，关注集体内部整体利益的最大化和土地资源的最佳配置，农村大学生非农化过程中也致力于维护自己初始身份利益的最大化。

假设三：博弈过程存在先后次序。集体经济组织是土地所有者，先主动选择采取"收回"或"保留"策略，然后，农村大学生再选择采取相应的策略。

假设四：集体内部土地是均质的、无差异的，因此，每个农村大学生获得的土地面积在数量上和质量上都是相同的。

假设五：集体内部有农村大学生 n 人，每个农村大学生拥有的土地面积均为 Q，价值为 F，集体收回农村大学生土地可获得更多可供分配的土地资源 nQ，集体资产相应增加 nF。

根据假设以上五个条件构建其集体经济组织与农村大学生的土地收回博弈模型（图 3-4）。

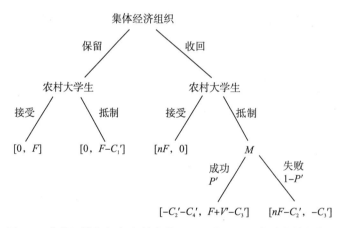

图 3-4　集体经济组织与农村大学生土地收回过程中动态博弈模型

从图 3-4 可以看出，集体经济组织和农村大学生在土地收回过程中各方的收益情况可以通过以下四个支付函数进行解释。

支付函数 1＝｛保留，接受｝，集体经济组织承认农村大学生的土地权利，农村大学生选择接受，两者的收益集合为 $[0，F]$。

支付函数 2＝｛保留，抵制｝，集体经济组织保留农村大学生的承包地，而少数农村大学生选择"抵制"策略，虽然这种情形较少，但是在实际情况下还是可能出现的，如集体经济组织选择保留农村大学生土地意味着内部土地承包关系保持稳定，如果农村大学生户内人口在承包期内大幅增加，收回农村大学生土地再重新分配将使其户内获得更多的土地，此时，农村大学生会毫不犹豫地选择"抵制"策略。这种情况下，农村大学生的抵制行为得不到法律政策的支持，同时还将付出相应的抵制成本 C_1'，两者的收益集合为 $[0，F-C_1']$。

支付函数 3＝｛收回，接受｝，集体经济组织作为整体利益的代表，基于农村大学生户口迁出或脱离农业生产的事实,收回农村大学生的土地以增加集体可控的机动地,并提供给集体新出生或新嫁入的未承包地人口。而农村大学生对这种收回选择了"接受",此时,集体经济组织将全部农村大学生的土地收回,获得的收益为nF,农村大学生丧失承包地,收益为0。

支付函数4=﹛收回,抵制﹜,农村大学生对于集体收回其承包地的行为,选择了积极的抵制,通过找村干部、到政府部门反映,甚至到法院起诉。由于农村大学生非农化过程中的土地问题尚无法可依,不同地区政府或法院对该问题的认识存在很大差异,故而农村大学生抵制获得成功的概率为$P'(0 \leqslant P' \leqslant 1)$,失败的概率为$1-P'$。在抵制失败时,农村大学生不仅要不回自己的承包地,反而要支付相应的努力成本C_3',集体经济组织获得了农村大学生的全部土地,同时也要付出相应的应付成本C_2'。在抵制成功时,集体经济组织不仅收回土地的策略宣告失败,而且要支出应付成本C_2'和地方政府相应政治上的警告或经济上的处罚成本C_4',农村大学生不仅维护了自己的土地权利不受侵害,而且自己的行为还使整个社会受益,相应的效益为V',但同时仍要支付相应的应付成本C_3'。

3.4.2.2　集体收回土地过程中的均衡策略分析

在集体经济组织采取保留策略时,是出于对土地法律政策的维护,集体获得的收益为0,如果农村大学生基于个人家庭利益选择的"抵制"行为,由于土地调整已经被法律禁止,故而得不到最终的支持,农村大学生将为盲目的抵制行为付出相应的代价C_1',由于$F-C_1'<F$,因此,对于农村大学生而言,是没有积极性偏离"接受"策略的。在集体经济组织选择收回策略时,如果农村大学生选择接受,其获得的收益绝对小于﹛保留,接受﹜时的F,因此,农村大学生十分有积极性对集体的土地收回行为进行抵制,设在M点集体经济组织的预期收益为U_1',农村大学生的预期收益为U_2',则

$$U_1' = -P' \times (C_2' + C_4') + (1-P') \times (nF - C_2') = (1-P')nF - P'C_4' - C_2' \quad (3\text{-}6)$$

$$U_2' = P' \times (F + V' - C_3') - (1-P') \times C_3' = P'(F + V') - C_3' \quad (3\text{-}7)$$

因此,要维护农村大学生的土地权利,就要确保集体经济组织没有积极性偏离﹛保留,接受﹜这个均衡策略,那就要满足以下条件

$$U_1' = (1-P')nF - P'C_4' - C_2' < 0, \text{即}(1-P')nF < P'C_4' + C_2' \quad (3\text{-}8)$$

要使﹛保留,接受﹜成为双方的纳什均衡,还需要使农村大学生在﹛保留,接受﹜时的收益大于U_2',即

$$U_2' = P'(F + V') = C_3' < F \text{ 或 } P'V' - (1-P')F < C_3' \quad (3\text{-}9)$$

3.4.3　博弈分析结果引申出的政策建议

1. 组建农村大学生土地权益维护团体

如果农村大学生选择"抵制"策略获得的预期收益较少,而承担的误工、交通和诉讼等各项成本较高,以至于$P[S(1-q)/R + V] < C_3$或$P'(F+V') < C_3'$时,农村大学生与其选择"抵制"获得负收益,不如选择"接受"集体经济组织的"非法"征地补偿收益分配策略或土地收回策略。同时,国家征地面对的是集体而不是农户,农户不能直

接参与征地补偿的谈判(刘昭吟和赵燕菁，2007)，集体经济组织内大学生数量越多，对集体经济组织选择"非法"策略反而是一种变相激励，因此，为避免某些农村大学生选择"坐收渔翁之利"的"搭便车"行为，以及防止农村大学生"原子化"分布不利于集体行动，一个集体经济组织或者一个县域范围内的农村大学生可以着手组建"土地权益维护联盟"，相互之间结成利益共同体，实现"信息互通，费用分摊，利益共享"，这样做可以实现两个方面的效用：①大幅度降低农村大学生选择"抵制"策略时的成本 C_3 或 C_3'。②"抵制"行为的参与者由少到多、由分散变为统一，有利于改变农村大学生的弱势地位，进而提高农村大学生"抵制"策略的成功概率 P 或 P'。

2. 对集体经济组织的违法、违规行为实施重罚

承包地是农村大学生非农化过程中的重要财产支撑，因此，政府部门应该切实维护农村大学生的土地财产权益，对集体经济组织非法剥夺其土地权利和补偿收益的行为，政府部门应通过以下途径予以解决：①收回集体经济组织的非法收益并返还给农村大学生。②对于某些村干部为追求个人利益最大化而对农村大学生土地权利实施侵害行为的，政府部门应根据相关法律法规通过适当途径对其实施罢免或者降级处分，使其承担沉重的政治成本。通过这两种途径可以有效地提高集体经济组织选择"非法"策略时的成本 C_2、C_4 或 C_2'、C_4'，使其忌惮于采取违法、违规策略时面临的损失，而自觉选择合法的分配策略。

3. 政府部门积极应对并支持农村大学生土地维权行为

农村大学生征地补偿权益受到侵害的根源在于国家宏观法律政策的漏洞或不衔接，因此，农村大学生选择通过上访、诉讼等途径维护土地权益具有社会合理性。政府部门在面对农村大学生土地问题时，应变消极的应付为积极的应对，具体策略为：①当本地区没有农村大学生因征地和土地收回问题的维权行为时，应及时关注本省其他地区或外省已经发生的相关案例，根据国家法律政策并参考其他地区的政策着手制定本地区的应对办法。②当本地区出现农村大学生因征地补偿收益分配问题的维权行为时，应该引起高度重视以避免事态的扩大化，并按照法律政策给予及时妥善的解决，尤其是对没有承包到土地的农村大学生应给予耐心的解释，同时，及时下发政府相关文件至各集体经济组织，在集体内部宣传有关农村大学生的土地权利和征地补偿等方面的相关法律政策情况，这样不仅能给农村大学生吃下一颗"定心丸"，还可以降低农村大学生选择"抵制"的社会经济成本消耗。

3.5 农村大学生非农化过程中土地问题的深层次影响

3.5.1 国家城镇化进程的巩固与推进

中国城镇化进程不仅对我国城镇化的健康发展、引导人口的合理流动具有重要意义，而且将对调整经济结构、扩大内需产生重要影响(辜胜阻，2011)。城镇化的顺利推进，既承载着扩大内需的经济转型要求，也面临着农民工市民化的社会转型难题，更担负着突破

城乡二元制度改革的制度转型任务(马晓河,2010)。因此,"十二五"规划建议明确提出:"积极稳妥推进城镇化,坚持走中国特色城镇化道路""把城镇化发展战略放在经济结构战略性调整的重要位置上"。根据《中国统计年鉴2015》数据显示,2014年,中国城镇化率达到54.77%,较1978年提高了36.85%,年均增长1.02%,城镇人口由1.72亿人增加到7.49亿人,净增5.77亿人。通过查阅1999～2015年《中国统计年鉴》,得到1998～2014年[①]全国总人口、城镇人口、乡村人口、城镇化率的数值(表3-6)。

表3-6 1998～2014年全国总人口构成及城市化率情况统计表 （单位：人）

年份	总人口	城镇人口	乡村人口	城镇化率/%
1998	124 761	41 608	83 153	33.35
1999	125 786	43 748	82 038	34.78
2000	126 743	45 906	80 837	36.22
2001	127 627	48 064	79 563	37.66
2002	128 453	50 212	78 241	39.09
2003	129 227	52 376	76 851	40.53
2004	129 988	54 283	75 705	41.76
2005	130 756	56 212	74 544	42.99
2006	131 448	58 288	73 160	44.34
2007	132 129	60 633	71 496	45.89
2008	132 802	62 403	70 399	46.99
2009	133 450	64 512	68 938	48.34
2010	134 091	66 978	67 113	49.95
2011	134 735	69 079	65 656	51.27
2012	135 404	71 182	64 222	52.57
2013	136 072	73 111	62 961	53.73
2014	136 782	74 916	61 866	54.77

通过查阅2000～2015年《中国统计年鉴》,获得1999～2014年县(镇)高中毕业生数、农村高中毕业生数、高中升学率的数值,然后通过计算获得1999～2014年农村高中生升学人数情况(表3-7)。

表3-7 1999～2014年高中毕业生及升学情况统计表 （单位：万人）

年份	县(镇) 高中毕业生数	农村高中 毕业生数	高中升学率/%	农村高中生 升学人数[②]
1999	128.22	35.79	63.80	104.64

---

① 自1999年起,高校开始扩招,本书选择统计数据一般从1999年开始,个别为换算需要从1998年开始。

② 受统计口径的限制,不能将高中毕业生完全按照城市和农村进行剥离,考虑到县(镇)高中的生源基本来源于农村的现状,将农村高中毕业生和县(镇)高中毕业生之和作为农村毕业生人数;然后将农村高中毕业生人数乘以每年的高中升学率,得到每年农村高中毕业生的升学人数。

续表

年份	县(镇)高中毕业生数	农村高中毕业生数	高中升学率/%	农村高中生升学人数
2000	145.85	39.20	73.20	135.46
2001	176.02	37.40	78.80	168.17
2002	198.99	39.80	83.50	199.39
2003	241.16	47.79	83.40	240.98
2004	287.58	62.12	82.50	288.50
2005	363.67	65.74	76.30	327.64
2006	417.98	67.56	75.10	364.64
2007	437.39	66.69	70.30	354.37
2008	469.54	66.93	72.70	390.01
2009	470.62	62.72	77.60	413.87
2010	460.78	56.26	83.30	430.70
2011	401.08	33.58	86.50	375.98
2012	404.48	26.39	87.00	374.86
2013	406.80	26.04	87.60	379.17
2014	401.55	25.19	90.20	384.92

通过表 3-6 和表 3-7 换算可以得到 1999～2014 年城镇人口增加量、乡村人口减少量、农村高中生升学人数占城镇人口增加量的比例、农村高中生升学人数占乡村人口减少量的比率四个指标的数值情况(表 3-8)。

表 3-8　1999～2014 年农村高中毕业生升学人数与城镇人口增加量、乡村人口减少量关系情况统计表

(单位：万人)

年份	城镇人口增加量	农村高中生升学人数占城镇人口增加量的比率/%	乡村人口减少量	农村高中生升学人数占乡村人口减少量的比率/%
1999	2140	4.89	1115	9.38
2000	2158	6.28	1201	11.28
2001	2158	7.79	1274	13.20
2002	2148	9.28	1322	15.08
2003	2164	11.14	1390	17.34
2004	1907	15.13	1146	25.17
2005	1929	16.98	1161	28.22
2006	2076	17.56	1384	26.35
2007	2345	15.11	1664	21.30
2008	1770	22.03	1097	35.55
2009	2109	19.62	1461	28.33

年份	城镇人口增加量	农村高中生升学人数占城镇人口增加量的比率/%	乡村人口减少量	农村高中生升学人数占乡村人口减少量的比率/%
2010	2466	17.47	1825	23.60
2011	2101	17.90	1457	25.81
2012	2103	17.82	1434	26.14
2013	1929	19.66	1261	30.07
2014	1805	21.33	1095	35.15

在中国目前物质资本相对充裕、人力资本明显不足的条件下，高等教育的扩招能有力地推动城市化进程和支撑经济高速增长（朱镜德，2003），尤其是大量农村高中毕业生升学非农化所带动的农村人口素质的整体提高以及城乡间的人口流动。从表3-8可看出，1999～2014年农村高中生升学人数占城镇人口增加量的平均比率为15.00%，最高比率为22.03%（2008年），农村高中生升学人数占乡村人口减少量的平均比率为23.25%，最高比率为35.55%（2008年）。可见，高校扩招对加速农村人口向城市转移有不可低估的作用（叶香丽，2007）。因此，可以得出这样一个结论：农村高中毕业生进入大学深造是农村人口向城市转移的重要渠道，农村大学生是推进城市化进程的主力军之一。我国城镇化质量低主要表现为土地的城市化快于人口的城市化、常住人口的城市化高于户籍人口的城市化（王习明　等，2015）。据统计，现在的城镇化率2013年年底已经到了53.7%左右，但是按照公安部门的城市户籍人口统计，城市化率只有35%（华生，2015），前后相差18.7%，这意味着有二三亿进城农民群体（包括农民工和农村大学生）不能与城市居民享有同等待遇、不能真正融入城市社会（孙莹，2010），"人的城镇化"进程严重滞后。如果农村大学生非农化过程中的土地问题不能得到妥善解决，将从三个方面对我国城镇化战略产生负面影响。

第一，农村通过升学实现城市化的人数减少。在高中时期，农村高中毕业生就会考虑到自己农民身份所蕴含的农地利益及衍生福利，他们也会通过网络等途径认识到大学毕业生的就业难、就业待遇低、住房难等问题。加上"读书无用论"的影响，农村高中毕业生升学的热情将受到很大影响，进而导致高校生源中来自农村的人数减少。目前我国城镇化率刚过50%，那么理论上高校里的农村大学生和城市大学生比例应该为1∶1。然而，从全国范围来看，目前城乡大学生的比例分别是82.3%和17.7%，而在20世纪80年代，高校中农村生源占30%以上，几乎下降了近一半。

第二，农村大学生的"逆城市化"问题。"逆城市化"是指城市人口向乡村居民点和小城镇回流的现象，在国外主要是市民为躲避城市快速发展带来的"大城市病"等一系列问题，追求郊区或乡村的田园生活，而国内农村大学生的逆城市化主要是为了维护自己初始农民身份所蕴含的各项实际利益。逆城市化主要有两种表现：①入学时保留农村户口。根据第一批和第二批外业问卷调查的1538名农村大学生入学时迁户情况统计数据显示，农村大学生在入学的同时办理户口迁移的人数为535人，占总样本的34.79%。将入学年份、入学人数和迁户人数统计后发现，在2003年8月公安部出台大学生入学自愿办理户口迁移政策以后，大学生迁户人数占总样本的比例大幅下降，从2003年政策实施第一年的 92.59％下降到 2010～2012 年的 16.74％（三年均值）。随着惠农政策的增多、农村土地使用权取代集体所有权的趋势越来越明显、城市的住房价格越来越高，越来越多的农村大学生选择了保留农村户籍和农村土地，即使在城市里就业和安家，甚至成为公务员、国有企事业单位正式职工并享受了保障房和养老等其他社会保障（王习明 等，2015）。虽然造成农村大学生入学户口迁移比例下降的原因是政策变动，但相对于强制性的户口迁移，自愿的户口迁移选择更能体现出农村大学生及其家庭成员的理性思考。在对受访农村大学生进行访谈时发现，担心户口迁出后农村的土地、宅基地以及福利待遇受影响是重要原因之一（图 3-5）。

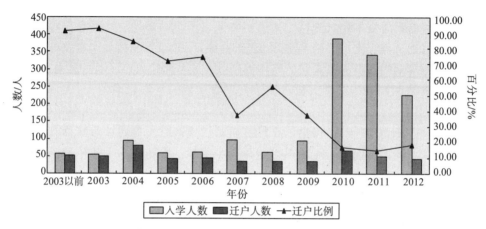

图 3-5　历年农村大学生入学人数、迁户人数及迁户比例统计图

②农村大学生想重新将户口迁回农村，或放弃城市的不稳定工作而选择在农村发展。在向第二批受访农村大学生中已迁户的人员问及"您有没有考虑过将户口重新迁回农村以便继续享受村民的各项福利待遇"时，回答"想过"的人数占第一位（41.30％），如果将回答"不清楚"、处于摇摆不定的人数统计在内的话，想将户口重新迁回的农村大学生人数可能会更多（图 3-6）。

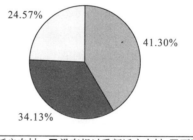

图 3-6　迁户农村大学生户口回迁意愿调查

第三，农村大学生的城市扎根及融合问题。购买城市住房是农村大学生城市化道路上不可回避的需要解决的现实问题，可以说是其由农村向城市转移的最大一笔投资。然而，高房价对农村大学生"第一代市民"的挤压效应，会无情地打击其城市化的信心和勇气，住房问题得不到妥善解决将影响农村大学生在城市的长远发展。同时，农村大学

生在解决这个难题时很难从家庭获得更多的支持和帮助,其拥有的土地承包经营权和宅基地不仅因法律政策限制不能抵押变现,为农村大学生购房提供"第一桶金",反而可能成为其城市化进程中需要支付的机会成本,这使得农村大学生非农化过程呈现出与农民工相类似的"候鸟"型转移模式,形成"离土不离乡"的现象,不利于农村大学生快速融入城市社会,也不利于已有城市化水平的巩固。

3.5.2 高等教育的公平与发展

由于历史原因和国家城乡经济差别的影响,我国经济和社会发展存在着严重的不协调,城乡差距明显(李晋蓉,2011),反映在高等教育上问题尤为突出。据统计,国际平均教育投入占 GDP 的比例为 5.1%,其中,发达国家为 5.3%,发展中国家为 4.0%。根据《中国统计年鉴》数据资料显示,1999~2013 年,我国财政教育支出占同期 GDP 的比例为 3.20%,这种低投入必然导致优质教育资源集中在城市(程胜,2010),致使农村高中生与城市高中生相比具有天然的劣势,比如学校质量、学习环境、学习氛围、师资力量、家庭营养条件等,即使部分农村高中生学习成绩优于城市学生,但是在知识面、才艺特长、阅历眼界等方面仍表现出较大短板,综合素质远不及城市学生。同时,无论是考试扩招、自主招生还是保送生制度,乃至高考加分,其选拔的标准和机会都对农村学生不利,他们通过这些特殊的高考政策实现社会流动的过程显然存在着教育和社会的某种不平等(马道明,2015)。因此,从学界研究可以发现,农村学生主要集中在地方普通院校与专科院校,近年来重点大学农村户籍学生的比例呈明显逐年下降的趋势(索文斌和宋欣,2015)。罗立祝(2011)通过研究发现,以高校层次为分类标准,城市籍学生在重点大学、一般本科、专科高校中获得的入学机会分别是农村籍学生的 3.1 倍、1.4 倍、0.67 倍。以招生方式为分类标准,城市籍学生在高考招生制度中获得的入学机会是农村籍学生的 1.1 倍,在艺术院校招生与独立学院招生中分别为 3.3 倍、3.4 倍,在高考加分制度、自主招生制度中为 7.3 倍、8.2 倍,在保送招生中则为 17.2 倍。据斯坦福大学"农村教育行动项目"(rural education action program)的统计,在京津沪地区,每 1000 个小学一年级学生中,最终有 470 人能够上大学,而在中国的贫困农村地区,这个数字只有 13 人[①]。因此,农村高中生与城市高中生相比具有以下特征:入学机会低、进入重点院校的机会少、更容易受家庭经济条件的影响。导致该现象的根本原因是我国二元教育背景下的城乡教育差距(金成林,2010)。

2009 年 1 月 4 日,温家宝总理在国家科教领导小组会议上的重要讲话《百年大计 教育为本》中指出:"过去我们上大学的时候,班里农村的孩子几乎占到 80%,甚至还要高,现在不同了,农村学生的比重下降了。这是我常想的一件事情。"可见,农村大学生在校生比例下降引起的城乡教育不公平加剧问题已经引起中央领导的高度重视。高校扩招虽然提高了高中毕业生的升学机会,但是并不必然会使教育朝着更加公平公正的方向发展,因为增加的入学人数上更多地来源于城市。据中国青少年发展基金会调查,60%以上的农村学生在接受完义务教育之后,不能接受高中和大学教育而回乡务农或外出打

---

① http://news.163.com/16/0405/07/BJSCFFGQ00014MTN.html

工(杨枫,2009)。高校农村大学生比例的下降,意味着高等教育机会在城乡间分配的不公平日益加剧(吴克明 等,2013)。城乡高等教育差距的扩大,无疑会对我国高等教育的可持续发展产生重大影响,进而影响未来社会发展的整体速度和效率(常素巧 等,2006)。根据人民网的结果可知,导致高校农村大学生比例下降的原因:"农村教师人才流失"、"学校投入少,教学环境差"、"大学招生的区域不公平"占投票总数的94.20%,"农村家庭在教育上投入少"仅占5.80%(表3-9)。

表3-9　人民网关于农村大学生比例下降原因调查结果

农村大学生比例下降的原因	票数	比例/%
农村教师人才流失,导致农村教育水平下降	5544	50.40
农村学校投入少,教学环境差,影响教育质量	2220	20.18
大学招生倾向本地生源,农村孩子吃亏	2599	23.62
农村家庭在教育方面的投入相对较少	638	5.80

北京大学中国社会科学调查中心完成的《中国民生发展报告2012》调查数据表明,全国家庭支出中,用于孩子教育的支出平均值为1803.90元。其中,城市家庭教育年支出为3458.20元,农村家庭为1367.80元,城市是农村的2.53倍。因此,高等教育不断增加的开支无疑已成为农村家庭的沉重负担,并对农村大学生的升学造成影响。姚进凤等(2010)对中部地区某县的298名在校农村学生研究发现,有53.60%的学生认为高校收费会非常大或比较大地影响其考大学的动机,40.00%左右的学生认为高校收费会对其择校(45.30%)、择专业(37.90%)和择就学地域(42.30%)产生影响。如果农村大学生非农化面临着丧失承包地及衍生福利的风险,这将从两个方面加剧城乡高等教育上的不公平。

第一,在当前大学教育大众化、教育成本节节攀升、就业压力日益增大的情况下,如果收回农村大学生土地承包经营权或者不给、少给农村大学生征地补偿款,将导致农村大学生家庭农地数量减少、经济收入减少,更加难以负担高昂的学费和城市生活成本,这不仅会大大影响高中毕业生的求学积极性,而且会迫使更多的农村大学生不得不因经济问题而放弃继续学习,进而导致农村学生占高校总人数的比例降低、农村学生硕士及以上高学历的人数减少。同时,农村学生在重点高校中的比例逐年下降,大量通过高考的农村学生只能进入高职、大专院校读书(蒋平 等,2009)。2006年1月,国家教育科学"十五"规划课题"我国高等教育公平问题的研究"课题组发布的一项调查研究结果表明,随着学历的增加,城乡之间的差距逐渐拉大,在城市,高中、中专、大专、本科、研究生学历人口的比例分别是农村的3.5倍、16.5倍、55.5倍、281.55倍、323倍。农村大学生比例的逐年下降,其潜在的危机会影响我国今后数十年农村的经济建设和发展,影响社会主义新农村建设的推进,甚至影响整个中华民族的繁荣富强和小康社会的实现(张晓明,2010)。

第二,农地价值的不断攀升、征地补偿费用的提高,使农村大学生在升学时就开始担心自己会丧失农地的这些潜在收益,另外,高校大学毕业生的就业难、就业稳定性差、就业待遇低与农村劳动力就业易、工资待遇提升以及"进可攻,退可守"的优越性形成鲜明对比,加上部分未就业农村大学生返乡后享受不到村民应有待遇,这些因素综合在一起在农村造成"读书无用，留在农村比读大学更好"的错觉，往日大学生头顶上"天之骄子"的光环逐渐褪去，动摇了农村原本的重教风气，农村居民过去那种"再穷不能穷教育""砸锅卖铁也要供孩子上大学"的热情已不复存在，对"知识改变命运"的认可程度也在逐渐降低（张晓明，2010），甚至出现了"不要鼓励农村孩子读大学"的论调（马晓倩，2014）。2012 年度《中国主要城市公众教育公平感调查报告》显示，有 24.3% 的公众不相信教育能够改变命运[1]，收入不高的农村家庭更看重货币性收益来改善家庭经济状况，忽略高等教育的社会效用收益（潘晓路　等，2013）。这不仅影响农村家庭在教育方面的投资热情，而且会导致农村地区辍学率升高，我国的农村尤其是中西部农村地区，高中生退学、弃考情况非常严重（付婷　等，2010）。危机在 2009 年总爆发，"84 万应届毕业高中生退出高考"使中国 1977 年恢复高考以来考生总量首次出现下降（叶伟民等，2010）。根据教育部公布的数据显示，2008～2012 年高考报名人数已经连续 5 年下降，从 1050 万人下降到 915 万人，有专家测算，2009～2012 年，高考报名人数下降了 105 万人，弃考人数超过 300 万人，占毕业生总人数的 10%，其中弃考学生中，农村高中生占绝大多数[2]。这一方面反映出农村学子对大学教育的不自信，另一方面也反映出当下民众对大学教育的集体忧虑[3]。

3.5.3　农村土地制度的改革与完善

农村大学生、农民工、农村妇女和失地农民（含水库移民）等特殊群体的土地问题，是我国农村土地管理的重点内容之一。目前，农民工、农村妇女和失地农民（含水库移民）土地问题的研究已比较深入和完善，对农村妇女和失地农民（水库移民）的土地权利保护更是上升到国家法律法规的层面[4]。然而，政府部门对农村大学生土地问题还未引起足够的重视，造成国家法律政策对该群体非农化过程中土地问题的应对策略直接缺失，进而导致该问题反映出的农村土地制度缺陷得不到及时的完善和解决。农村大学生非农化过程中所反映出的土地问题，至少暴露出农村土地制度需要从以下六个方面完善和改革：第一，集体成员资格的认定问题。这是决定个人是否享有土地承包资格及分享集体收益的关键，现实中因成员资格问题引起的农地产权纠纷占有相当比例，但由于受立法权限的限制，该问题迟迟没有法律政策规范，农村大学生非农化过程中的土地问题与该问题直接相关。第二，非农化与成员权、承包权、经营权之间的关系问题。由于户口是认定成员权的最直观标准，也获得了大部分集体经济组织的认可。然而，户口转出是否就丧失成员权？户口转出是否就丧失通过家庭承包获得承包地的资格？丧失农地承包资格是否就意味着要失去已经获得的土地权利？这些问题仍需要法律政策的进一步细化给出答

---

① http://gd.qq.com/a/20130320/000163.htm

② http://news.sohu.com/20130607/n378251502.shtml

③ http://jswm.newssc.org/system/2011/06/29/013216184.shtml

④ 《中华人民共和国农村土地承包法》第六条、第三十条、第五十四条对农村妇女的土地承包经营权问题进行了专门的规定；失地农民的土地问题受《中华人民共和国土地管理法》的保护，并规定有征地补偿和安置等措施，对于失地农民的特殊组成部分水库移民的土地问题，2006 年，国务院专门颁布了新的《大中型水利水电工程建设征地补偿和移民安置条例》（国务院 471 号令）。

案。第三，在农户土地产权认定及收益分配过程中，村民自治与土地法律政策的冲突与协调，以及如何协调村民自治条款引发的农村内部矛盾问题。第四，农户与户内成员之间的承包经营权关系问题，如何使农村土地制度的主体从农户细化到农民个体？使个体代替农户这一宽泛的概念。第五，农地使用制度的不确定性问题，这能解决承包经营权的期限性与农户对承包地的长久依赖性如何衔接的问题，即本轮承包期结束，是采取单纯延长承包期的方法，还是采取打乱再重新分配的方法。这对于农村大学生本轮承包期届满后的土地权利认定十分关键和重要。第六，农村大学生非农化过程中的土地问题受高等教育政策、户籍政策、农村土地政策、城市住房政策等宏观因素的共同影响，暴露出各项制度之间的衔接不畅等问题，因此，如何消除各项其他制度之间的相互矛盾冲突，也是需要政府部门深入考虑的问题。

3.6　本　章　小　结

（1）在农村大学生非农化过程中，集体经济组织内部农村大学生的承包地状态呈现四种情况：没有分到承包地、分到的承包地被集体收回、分到的承包地被政府征收、分到的承包地保留在户内并继续经营。

（2）农村大学生非农化过程中土地问题法律法规的缺失，诱发其与众多产权主体之间的利益冲突，主要包括政府部门、集体经济组织、集体经济组织内部其他成员、家庭内部其他成员等。

（3）集体经济组织在决定是否收回农村大学生土地，以及是否给农村大学生全额发放征地补偿款时，两者之间实际上存在着动态的博弈。若要使处于强势地位的集体经济组织不侵害农村大学生的土地权益，首先，要提高集体经济组织选择"非法"策略时的成本 C_2、C_4 或 C_2'、C_4'；其次，要组建农村大学生"土地权益维护联盟"，提高农村大学生维权成功的概率 P 和 P'，并降低维权成本 C_3 或 C_3'。

（4）农村大学生非农化过程中土地问题得不到妥善解决，将影响到国家城市化战略的巩固与推进、高等教育的公平与发展以及农村土地制度的改革与完善，因此，政府介入并制定应对策略，规范农村大学生土地权利保护十分必要。

4 农村大学生非农化土地问题政府应对策略现状评价

农村大学生非农化过程中的土地问题，涉及众多农村大学生及其家庭成员的利益，且牵扯的利益标的特殊、权属状态模糊，更为重要的是，诱发农村大学生非农化过程中土地问题的直接原因是国家户籍制度、土地制度、高等教育制度等宏观层面的衔接不畅与政策漏洞，故而，在农地价值凸显的背景下，越来越多的农村大学生群体开始通过上访、诉讼等途径维护自己的农地利益，这不仅影响了城市化进程的巩固与推进、高等教育的公平与发展以及农村土地制度的改革与完善，而且影响到了社会和谐与稳定。为了消除农村大学生非农化过程中的土地问题带来的负面影响，在国家法律法规层面未明确应对策略的情况下，一些地方政府开始探索应对农村大学生非农化过程中土地问题的策略，通过政策梳理后发现，主要应对策略包括：户口回迁、成员权保留和土地退出。

4.1 户口回迁策略现状及评价

4.1.1 户口回迁策略概况

《国务院办公厅转发教育部关于进一步深化普通高等学校毕业生就业制度改革有关问题意见的通知》（国办发〔2002〕19号）第七点指出：学校可根据本人意愿，将其户口转至入学前户籍所在地或两年内继续保留在原就读的高校，待落实工作单位后，将户口迁至工作单位所在地。超过两年仍未落实工作单位的高校毕业生，学校和档案管理机构将其在校户口及档案迁回其入学前户籍所在地。2002年，浙江省临海市和温岭市率先规范大中专毕业生"非转农"手续，2005年9月4日，台州市路桥区出台了《关于印发台州市路桥区大中专院校毕业生回原籍农村落户实施办法的通知》（路政发〔2005〕47号），首次以政府文件的形式明确了农村大学生户口回迁的条件、所需资料、办理程序等内容。随之，2005年11月台州市黄岩区、2006年5月台州市椒江区先后出台农村大学生回原籍农村落户实施办法，到2006年12月10日，台州市路桥区、黄岩区、椒江区已有近5000名大中专毕业生办结"非转农"手续，跳进"农门"，2009年6月，台州市所属全部区域都出台了农村大学生"非转农"政策。在政策示范作用的带动下，浙江省金华市、湖州市、温州市、丽水市、衢州市的部分县（市、区）也相继出台类似政策，大学生"非转农"之风席卷整个浙江大地。除浙江省之外，2003年1月，四川省发布《四川省人民政府办公厅转发省公安厅关于推进城市户籍管理制度改革意见的通知》(川办发〔2003〕4 号),对普通大中专院校学生户口迁移政策进行了调整和改革,未落实工作单位的毕业生,其户口可以迁回原籍,也可在原就读院校保留两年。对其中入学前系农村户口,本人自愿迁返原籍农村,且从事农业生产①、居住在农村家中满一年以上的(含一年),经原籍村民委员会、村民小组同意,户口登记机关调查核实后,可将其户口迁回原籍落农村户口。2008 年 11 月,山东省发布《关于未落实工作单位普通大中专院校农村生源毕业生回原籍落户有关问题的通知》(鲁公发〔2008〕269 号),明确规定未就业的农村大学毕业生可以办理"非转农",回原籍落户的农村生源毕业生仍属于原农村集体经济组织成员,依法享有农村土地承包经营权和村民的各项权利,履行各项村民义务。2009 年 5 月,江西省公安厅出台《关于进一步规范大中专院校毕业生户口迁移工作的通知》(赣公治网〔2009〕145 号),对于未就业毕业生户口的办理指出,入学前属农业户口,毕业后在农村生活或创业的,可根据本人意愿办理"非转农"手续。2009 年 12 月,安徽省向公安机关下发了《关于印发〈安徽省公安机关户政管理工作规范(修订)〉的通知》(皖公通〔2009〕54 号),其中第三大条"进一步放宽大中专毕业生户口迁移政策"第三款规定:"凡我省籍大中专院校毕业生(指应届和历届的未婚毕业生),毕业后要求将户口迁回原籍地(父母所在地)的,一律准予办理,凭毕业证书、户口迁移证办理落户手续。对回原籍地不在同一派出所落户的,还需提供原迁出派出所出具的迁出注销证明。"第四大条规定:"对毕业多年无法办理改派手续持证未落户的高校毕业生,凡不符合现就业城市落户条件的,可根据本人申请将户口迁回原籍地,凭过期的报到证、户口迁移证办理。"2010 年 4 月 30 日,公安部在答复人民网网友关于如何转回农业户口的问题中指出:对于虽已毕业,但仍未实现就业、不具备生活基础的,可在征得村委会(全体村民)或村集体经济组织的同意后,按照户口迁移有关程序规定,将本人户口由就读学校所在地、原工作所在地或人才市场(中心)所在地派出所迁回原籍并转为农业户口。

4.1.2　户口回迁策略评价

从浙江省、四川省、山东省、江西省、安徽省等公布的政策文件可以看出,这些地区政府部门针对农村大学生非农化过程中土地问题的主要应对策略是"户口回迁",即允许符合条件的农村大学生将迁到城市的户口重新迁回农村。该应对策略的出发点是将农村大学生"非转农"现实需求从潜在、隐性的操作转变为公开的、程序的制度,依靠恢复农村大学生的初始农民身份来保护其原有承包地。

4.1.2.1　户口回迁策略的意义

1. 是户籍制度的一大改革和突破

在我国城乡二元户籍制度下,公安机关只办理"农转非",而对于"非转农"没有明确的规定,所以一般不予受理。因此,农村户口与城市户口之间基本呈单向流动的特征,不能双向自由迁徙,即农村户口可以转为城市户口,而城市户口再转为农村户口则受到

---

① 从事农业生产是指:有土地耕种,并实际从事农业生产劳动。

诸多限制，呈现出"跳出农门易，返回农门难"的状况。这虽然达到了"扩大城镇化率，转移农村人口"的目的，但却限制了人力资源的双向自由流动，侵犯了公民的居住自由和迁徙自由，强化了城市和农村之间的壁垒和分割。因此，部分地区有条件地放开大中专毕业生"非转农"，是基层政府在户籍制度改革上一种"自下而上"的大胆突破，为公民迁徙自由打开了一扇窗，其政策示范效应可能引发更大范围的户籍制度改革，进而使户籍制度更加完善和科学。

2. 维护了部分农村大学生的身份利益

农村大学生的非农化进程间接地影响到其在农村的土地权利及相关利益，尤其在经济较为发达的农村、城乡接合部或者正在进行征地拆迁的农村，农村大学生原始农民身份所蕴藏的价值可能更高。义务市江东街道青口村主任吴汉忠表示："我们村最穷的都是百万富翁。"[①] 足见部分地区农民身份的巨大价值。杨兴平(2009)认为，对于原籍农村的大学生，毕业后仍回原籍待业或从事农业生产的，以及在城市打工、没有稳定工作和收入等条件的，应当允许其取得农村户口，进而按照一定程序取得土地承包等权利。因此，"非转农"政策填补了农村大学生非农化过程中初始农民身份利益保护的制度空白。

3. 有利于城乡社会稳定和发展

农村大学生"非转农"政策对于城乡而言都是一种利好。对于城市而言，有利于缓和城市就业压力，避免了农村大学生融入城市难、退出城市无门的尴尬局面。农村大学生返乡有利于减少城市的住房、交通等基础设施供给，进而减轻由于农村大学生大量非农化带来的城市建设用地指标需求压力。同时，农村大学生的土地利益得到维护，破解了该群体因土地利益受损经常性到政府部门上访的问题。对于农村而言，"非转农"政策有利于统一集体经济组织内不同群体对农村大学生是否享有村民待遇的认识，化解"有大学生家庭"和"无大学生家庭"的分歧，消除了政策模糊赋予村委会在"非转农"问题上的权力寻租空间，避免潜在的利益冲突。尤为重要的是，"非转农"政策有利于合理配置城乡人力资源，实现城乡人才的双向流动，吸引部分大学生回归农村，充实到民营企业，有利于弥补新农村建设过程中的农村精英人才不足问题，对农村而言是一种智力引进(杨江，2007)。

4.1.2.2 户口回迁策略存在的问题

1. 政策制定缺乏依据，人为意志明显

我国有些地方是允许办理农村大学生"非转农"的，但几乎都是属于当地临时性的政策照顾，从国家政策层面找不到这类户口迁移的任何政策依据(何永丽，2013)。因此，不可避免不同地区制定政策的依据存在很大的差异。例如，四川省的依据是《国务院办公厅转发国务院西部开发办关于西部大开发若干政策措施实施意见的通知》(国办发〔2001〕73号)，山东省的依据是《山东省实施〈中华人民共和国农村土地承包法〉办法》等法律法规和政策，浙江省的依据是《浙江省公安厅关于进一步解决有关户口问题的通知》(浙公办〔2000〕46号)。从中可以看出，不同地区"非转农"政策出台的依据不仅层级偏低，而且极其不统一、差异较大。例如，浙江省未实施"非转农"的地方政

---

① 舒泰峰. 大学毕业生"非转农"背后 [J]. 决策探索，2010，(12)：78-81.

府在答复大学生的网络提问"为什么本地区没有放开'非转农'政策"时，出现的竟然是"根据《浙江省公安厅关于进一步解决有关户口问题的通知》精神，公安机关原则上不予办理'非转农'手续。可以看出，一项上级政府部门的政策既能作为下级政府实施"非转农"的依据，也能作为下级政府否定"非转农"的依据，彰显出政策依据的混乱。另外，可见领导的个人意志对政策的制定存在着巨大影响。曾任台州市椒江区、黄岩区区委书记的黄志平，在椒江区、黄岩区任职期间推行了"非转农"政策，在转任义乌市市委书记后，尽管义乌市因旧城改造等原因，实施大学生"非转农"政策问题更复杂、矛盾更尖锐，但是在其任期内，仍然沿着自己在台州市时的执政思路，在义乌市放开大学生"非转农"政策。

2. 不同地区之间的对比问题

四川省、山东省和江西省制定的农村大学生"非转农"政策属于省内政策，因此，不存在省内地区之间的政策差异，而浙江省没有出台统一的农村大学生"非转农"政策，政策制定权下放到县（市、区）级政府，由当地政府根据实际情况自行决定，这就造成不同地级市之间以及地级市范围内不同县（市、区）之间的"非转农"政策存在巨大的差异（表 4-1）。

表 4-1   浙江省各地区农村大学生"非转农"政策实施情况一览表

实施情况	各地区		
全部出台	温州市、湖州市、金华市、衢州市、舟山市、台州市、丽水市		
没有出台	杭州市、宁波市、嘉兴市		
部分出台	绍兴市	允许地区	诸暨市、上虞市
		不允许地区	越城区、绍兴县*、嵊州市、新昌县

注："*"代表农村大学生非转农政策已经制定出并在审查，以 2013 年 9 月 20 日前网络上公布政策文件为准

浙江省地方政府内部在农村大学生"非转农"政策出台与否上的巨大差异，使得不同地区的农村大学生在该问题上形成了强烈的对比，在实行"非转农"政策的地区，众多农村大学生将户口重新迁回原籍的案例，一经网络宣传和媒体报道，更是刺痛了没有放开"非转农"地区农村大学生及其家庭成员那根脆弱的、敏感的神经，他们通过网络展示放开"非转农"地区的政策模板、给地方领导写信、制作媒体短片、集体上访[1]等途径表达自己的不满和抗议，以期通过行动来推动自己家乡城市尽快出台"非转农"政策。同时，省际的对比同样存在，但没有省内不同地区之间的对比那么强烈。江苏省、湖南省、重庆市等地区的农村大学生也存在通过各种方式呼吁本省放开农村大学生"非转农"政策的现象。

————————————

① 以宁波市为例，2010 年 3 月 15 日，部分农村大学生到宁波市政府上访，得到答复"宁波市已开始调研，市领导相当重视，请不要去上访"；2010 年 6 月 24 日，部分农村大学生到宁波市公安局上访，得到答复"政策已经上交给市委，等着市委通过"；2010 年 8 月 16 日，部分农村大学生到宁波市信访局上访，得到答复"省里将会统一出文件，宁波地区也在等省里的统一文件"；2010 年 9 月 14 日，部分农村大学生到浙江省信访局上访，得到答复"会联系相关人员处理，继续等待"；2010 年 9 月 16 日，部分农村大学生再次到宁波市信访局上访，得到答复"继续等待政策出台"。

3. 户口回迁对象上的问题

浙江省允许"非转农"的地区，对回迁对象的条件进行了严格的限定，然而，这些限制条件不仅各地区之间不一致，而且缺乏科学的标准和依据。

首先，在入学或毕业时间限定上，主要有以下几种情况：①1995年及以后毕业；②1995年以后毕业且在2003年年底前入学的大中专院校毕业生；③1995～2003年入学或毕业的大中专院校毕业生；④1995～2011年入学或毕业；⑤2007年12月31日前大中专院校毕业的学生；⑥2010年12月31日以前入学的大中专院校学生。可以看出，各地区在"非转农"的入学或毕业时间认定标准方面存在巨大差异。同时，以地方政府认可最多的"1995年以后毕业且在2003年年底前入学的大中专院校毕业生"为例，该标准的两个时间点1995年和2003年，虽然都有一定的代表性，但也值得推敲。首先，各地方选"1995年"作为时间点是基于这一年国家对大学毕业生不再"包分配"，然而，在1993年国家就开始对高等学校毕业生统包统分的就业制度进行改革，实行少数毕业生由国家安排就业，多数毕业生"自主择业"的制度。故而，1993～1995年也存在部分大学毕业生没有享受到"包分配"的待遇，因此，以1995年为界限存在一定的问题。其次，各地方选"2003年"为时间点是基于这一年公安部不再强制农村大学生入学迁户，因此，大学生自愿将户口转出就丧失了"非转农"的理由。然而，农村大学生对迁户自愿的政策并非都十分了解，对户口"农转非"后能否再"非转农"也不清楚，对户口迁出所带来的影响也并非都有充分的考虑和预测。更为重要的是，在城乡二元经济体制下，为了未来工作和生活，农村大学生即使入学时未将户口迁入城市，在毕业工作后迁户口也是早晚的事，因此，这一时间点的设定也缺乏科学性。

其次，由于学校、家庭、个人等多方面的原因，农村大学生进入大中专院校学习，并非都能正常毕业，存在着肄业、结业以及退学等情况。然而，各地区"非转农"政策对正常毕业以外的农村大学生的涵盖程度并不完全相同。以温州市为例，瓯海区、龙湾区和永嘉县仅涵盖肄业，乐清市仅涵盖肄业和结业，苍南县则覆盖了肄业、结业、退学三种情况。虽然不能正常毕业的农村大学生占极少数，但是他们曾经也是因升学将户口迁出的，与正常毕业的农村大学生面临的问题在本质上是相同的，法律政策的制定不能因人数少就忽略对这部分群体利益的保护，如果肄业、结业和退学的农村大学生在入学时将户口转到了学校所在地，也应享有"非转农"政策带来的便利和机会。同时，肄业、结业、退学的农村大学生相对于正常毕业的大学生而言，在城市找到稳定满意工作的可能性大幅降低，他们更应是"非转农"政策的重点保护对象。

4. 附加条件的苛刻与不科学

各地方"非转农"政策不仅对回迁对象上有限定，而且还附加有一些额外条件，这些额外条件中有一些属于合理的，如为防止已经在城市有稳定职业、生活来源以及享受城市各方面福利政策的农村大学生"非转农"，规定"未曾被行政机关、事业单位、国有企业(含国有控股企业)、县属以上集体企业正式录用"。为了防止除升学之外的"农转非"人员再进行"非转农"，规定"被大中专院校招生录取迁出时属本市农业户口"。因地方政府对户口的属地管理，规定"申请'非转农'时户籍在本县(市、区)"。为了体现集体经济组织的地位，规定"经原籍地村民委员会确认为该村迁出并同意迁入"。然而，"非转农"政策中不合理或不科学的条款限制，不仅使政府出台的政策缺乏说服力，而且给农村大学生制造了诸多障碍。

第一，大部分地区都有农村大学生申请"非转农"时"生活在原籍农村"的附加条件。该附加条件在逻辑上就有问题，"非转农"政策的出发点是解决农村大学生在城市就业难、待遇低、城市生活困难、不能完全享受到城市福利，同时农村的原有利益受损等问题，而非解决回原籍居住的农村大学生的困难问题。另外，即使农村大学生没有在行政机关、事业单位、国有企业等单位工作，凭借自己的专业知识，仍然会找到城市的私营、个体等单位实现就业，而非必须选择回家待业甚至务农，因此，这项限制性条款无疑增加了农村大学生"非转农"的难度。农村大学生要想"非转农"，要么直接辞职在原籍农村生活，要么选择将户口先挂在本地人才市场或者非农业户口的亲戚朋友家里，等达到规定的时间后，这除了增加了农村大学生的成本支出，毫无其他实际意义。

第二，金华市的义乌市、东阳市、武义县等地区规定农村大学生"非转农"必须"未享受城镇居民房改政策"，这个额外条件也存在概念不清的问题，"享受城镇居民房改政策"具体是指原单位职工以优惠的价格购买公房，产权由公房变为私房，还是职工所在单位进行了集资建房？还是单位没有公房可售，给职工缴纳的住房公积金及发放的购房补贴？还是实行房改住房实行商品化，居民可以自由选择市场提供的各类商品住宅，提高了自己的住房选择空间等？另外，房改政策实施以来，住房商品化带来的房价大幅上涨，使得农村大学生不得不"蜗居"或成为"蚁族"，这又算不算享受了房改政策待遇？

第三，提供入学学校要求随迁证明。金华市婺城区、金东区、永康市、东阳市和武义县等部分地区，规定2004年以后入学的农村大学生办理"非转农"手续，需要提供入学学校要求户口随迁的证明材料，否则，视为自愿将户口迁出，不予办理"非转农"手续。此时农村大学生就要承担搜集材料的举证责任，即使高等学校要求将户口随迁，但是否愿意承认要求大学生入学时户口随迁的内部规定（因与公安部的政策相违背）是不得而知的，这存在一个道德风险问题。

第四，与农村大学生的父母或配偶户口状态相关联。台州市路桥区政府出台的"非转农"条件第三点规定："父母还在原籍农村"，这个条件有多种理解，①父母双方户籍都在农村；②父母一方户籍在农村。同样，临海市政府出台的"非转农"政策第三点规定："父母一方或配偶系农业户口"，又将农村大学生"非转农"与配偶的户口状态联系在一起。将农村大学生享有的"非转农"待遇与父母、配偶的户口现状相关联，将农村大学生的利益保护归结于他人的户口存在状态，这是极不科学与不合理的。与之相反，义乌市、东阳市、永康市的"非转农"政策就规定："已整体'农转非'的村（居），符合'非转农'落户条件的大中专院校毕业生，其权益按前款执行。"即使户内全部成员都"农转非"，只要农村大学生符合政策条件，仍可以将其本人的户口迁回原籍，并未与父母或配偶的户口状态相关联。

第五，迁入原籍不会产生连锁反应。衢州市开化县的"非转农"政策将"不会产生连锁反应"作为必备条件之一，然而，什么属于"连锁反应"却没有进一步解释。那么，在农村大学生申请"非转农"时，集体经济组织内部有部分居民反对，或者存在部分大学生效仿等情况，属不属于"连锁反应"？如果该条件界定不清，地方政府和集体经济组织可以以此为借口将全部农村大学生"非转农"拒之门外。

第六，限制"非转农"大学生再转为城市户口。金华市武义县规定，农村大学生享受"非转农"政策后，不能再申请将本人的农业户口转为非农业户口，这条规定是非常不合理的。首先，限制了农村大学生的户口选择自由，使"非转农"政策在户籍制度上的突破大打折扣。其次，农村大学生办理"非转农"后，如果有被国家政府机关、事业单位、国有企业等录用，按照规定仍要办理"农转非"手续。因此，武义县的这条规定无疑是与现行户籍制度相矛盾的。

5. 配偶、子女随迁与户口性质问题

四川省、山东省和江西省的农村大学生"非转农"政策具有区域全局性，没有进一步细化到农村大学生配偶及子女的户口随迁问题，因此，配偶及子女的随迁问题全靠基层部门来权衡考虑。安徽省的农村大学生"非转农"政策虽然也在全省实施，但是却把条件限定为"应届和历届的未婚毕业生"，那么已结婚的大学生本人、配偶及子女无疑将被拦在政策范围之外。与之不同，浙江省实行"非转农"政策的县(市、区)都制定了相应的实施细则，对农村大学生配偶及子女的户口迁移也做出了明确的规定，虽然这使得政策更加丰富和完善，但是政策制定时缺乏科学严密的论证，使部分农村大学生的配偶和子女的相应权利得不到保护，如温州市苍南县的"非转农"政策中规定"与符合条件的大中专院校毕业生共同居住生活的配偶，户口可以随迁，但户口性质不变"，这意味着农村大学生配偶如果同属于"农转非"的类型，随迁时也只能保留已有的城镇户口，剥夺了其"非转农"的权利。再如，义乌市的"非转农"政策中对已婚女性大学生分三种类型进行了规定：①配偶①系义乌市内农业户口的，迁往男方户口所在地；②配偶系义乌市外农业户口的，户口迁往市外男方户口所在地；③配偶系非农业户口的，可以迁回原籍农村。前两种情况直接否定了女性农村大学生将户口迁回原籍的可能性，如果女方农村户口包含利益高于配偶所在地农村户口所代表的利益，那么女大学生就不愿意丧失嫁出地集体的经济利益，进而通过"假离婚"等方式，将户口迁回原籍。再如，临海市规定"其②1997年6月10日以后出生的小孩，可办理投靠'非转农'手续"，这就意味着在此之前出生的子女不能随父母将户口迁往原籍，剥夺了孩子"非转农"的权利。

6. 户口回迁机制脱离了城市化的实际

国外学者在研究了发达国家城市化进程后，将城市化发展进程分为集中型城市化、郊区化和逆城市化三个阶段。其中，当一个国家或地区城市人口比例达到75%的时候，城市化发展速度将进入相对稳定的发展阶段，此时发展型城市化阶段已经基本完成，城市化进入集中趋势与扩散趋势并存、以扩散趋势为主的发展时期(廖筠，2003)，即进入"逆城市化"阶段。欧美等西方发达国家的逆城市化，大多发生在城市化率高达70%~80%的背景下，是交通拥挤、犯罪率增长以及污染严重等"城市病"所触发的，城市人口外流的迁移现象(沈东，2016)。以农村大学生"非转农"最活跃、矛盾最突出、2014年经济总量居全国第四的浙江省为例，查阅《浙江省统计年鉴(2015)》得到各地区的城市化率(表4-2)。

---

① 配偶指男方。
② "其"指农村大学生。

表 4-2　2014 年浙江省及下辖地级市的城市化水平情况表

区域	总人口/人	农业人口/人	非农业人口/人	城镇化率/%
浙江省	5508.00	1933.31	3574.69	64.90
杭州市	889.20	221.41	667.79	75.10
宁波市	781.10	231.99	549.11	70.30
温州市	906.80	297.43	609.37	67.20
嘉兴市	457.00	186.46	270.54	59.20
湖州市	293.00	124.82	168.18	57.40
绍兴市	495.60	187.83	307.77	62.10
金华市	543.70	199.54	344.16	63.30
衢州市	212.40	108.32	104.08	49.00
舟山市	114.60	38.62	75.98	66.30
台州市	601.50	243.61	357.89	59.50
丽水市	213.10	95.47	117.63	55.20

从表 4-2 可以看出，在放开"非转农"的六个地级市中，城镇化率最高的为杭州市（75.10%），最低的衢州市仅为 49.00%，只有杭州市刚刚进入"逆城市化"阶段，其余城市与进入"逆城市化"阶段所要求的城镇化标准还存在一定差距。

农民向市民的转变并在城市定居是城市化的重要途径和表现，但是，由于我国实行城乡二元体制，农民向市民的身份转变存在诸多壁垒，同时房价高涨以及购房的限制，使得农民在城市落户变得更为困难，造成我国城市化率长期滞后于经济发展水平和工业化率。那么，允许已经进城落户的农村大学生"非转农"，无疑是与国家提高城镇化水平的发展方向相背离的。由于农村大学生涉及的人数众多，稍有不慎极有可能影响到社会稳定和城乡一体化进程。但是这些地方政府仍坚持放开大学生"非转农"政策，其最终原因可归结为：①农村大学生要求"非转农"有其现实合理性存在，比如融入城市的更加困难、没有稳定职业和经济来源、土地承包经营权物权属性确立等。②农村大学生上访等给当地社会和谐稳定带来的巨大压力，同时影响当地的对外形象。③放开"非转农"政策将吸引更多户口迁出的本地生源将户口迁回，对地方经济发展来说是一种智力支持。

从全国来看，"非转农"处于一种非同步的状态。有些地方，"非转农"已经转化为个体的社会实践；有些地方，"非转农"正处于各方的利益博弈过程中；有些地方，"非转农"的利益诉求正处于滋长阶段（沈东，2016）。放开农村大学生"非转农"的地区还局限在个别省份或地区，对城市化的冲击还不明显，如果该项政策在全国进行推广的话，将吸引更多之前"农转非"的农村大学生加入主动"非转农"的行列，同时，顾虑到户口转出后未来想要再转回需要经历的复杂过程，大部分考上大学的学生也将放弃"农转非"。在浙江省的很多地区，保留农民身份成了当下大学生的"共识"，2009 年，浙江省"农转非"数量从 2004 年时的 57.7 万人降到 18.9 万人，降幅高达 67%（马岳君，2010）。同时，一些过去转为城市户口而失去土地的人，在目前依靠城市户口生存困难的情况下，就希望通过户口变迁，重新获得在农村包括土地在内的资源，他们纷纷把户口转到农村，以期实现个人利益的最大化(林江枰，2006)，这无疑将对我国城市化进程的巩固与推进产生较大的冲击。然而，我国的"逆城市化"现象并非建立在"人们经济基础牢固，对自然生活由衷地向往上"的基础上，而是建立在我国特殊的户籍制度上(张立，2011)，是出于理性的经济利益衡量，维护自身物质利益的一种策略选择，可以说是一种"伪逆城市化"。因此，政府出台政策允许农村大学生"非转农"，虽然顺应了民意值得肯定，但没有进一步探究造成这种情况的深层次原因，是由于宏观政策之间的衔接不畅导致的"在城市化进程中忽略了这部分农村大学生的利益"(王世宇，2010)，致使政府政策缺乏针对深层问题进行大刀阔斧改革的勇气。

4.2　成员权保留策略现状及评价

4.2.1　成员权保留策略概况

农村大学生非农化所引发的土地问题的根源在于成员权认定标准方面法律的缺失。因此，成员权保留策略是政府部门采取政策文件的形式，保留符合条件的农村大学生的成员资格，以维护其在集体经济组织内的各项合法权益。从立法权限来说，全国人大常委会有权制定关于农村集体经济组织成员资格标准的法律规范文件，然而，鉴于农村集体经济组织的很多关系还没有理顺等原因，目前全国人大还没有出台成员资格认定方面的法律。《农村土地承包法》也没有涉及农村集体经济组织成员资格的认定问题，虽然部分省市制定的"《农村土地承包法》实施办法"中有个别条文涉及农村集体经济组织成员资格标准的认定，但这一两条简单的原则性条文规定，无法解决成员资格认定过程中出现的大量具体问题(杨攀，2011)，比如农村大学生、农民工、农村妇女、入赘女婿、服刑人员等特殊群体的成员资格问题。在国家层面成员资格认定标准缺失的情况下，部分省市及司法部门已开始出台条例、规章、解释等对成员资格问题进行界定。2005年3月1日开始实行的《江苏省农村土地承包经营权保护条例》第十条规定："家庭承包经营的承包方是本集体经济组织的农户。下列人员在集体经济组织按照国家和省人民政府的规定统一组织承包时，依法平等地行使承包土地的权利。"其中"下列成员"包括"原户口在本集体经济组织的现役义务兵、符合国家有关规定的士官以及高等院校、中等职业技术学校的在校学生"。2007年3月，天津市高级人民法院发布的《关于农村集体经济组织成员资格确认问题的意见》(津高法民一字〔2007〕3号)第五条规定："已取得本集体经济组织成员资格的下列人员，不因户口迁出而丧失成员资格：①高等院校、中等职业学校的在校学生(研究生在学的除外)；②现服役的义务兵和初级士官；③服刑期的劳改、劳教人员。"2009年2月，天津市静海县人民政府关于《农村集体经济组织成员资格确认的意见》(静海政发〔2009〕4号)中指出，农村集体经济组织成员一般是指依法取得本村常住户口，在本村生产、生活的人。不符合或不完全符合上述条件，但以本村的土地为基本生活保障的人，也应具有本村集体经济组织成员资格。在"农村集体经济组织成员的资格确认"第七条中规定下列人员应具有集体成员资格："原户口在本村的现役士兵、符合复员条件的现役士官和高等院校、中等职业技术学校在校生、毕业生(被国家行政、事业单位录用聘用和已纳入城镇企业职工社会保障体系的人员除外)以及在押服刑人员。"2009年重庆市高级人民法院《关于农村集体经济组织成员资格认定问题的会议纪要》(渝高法〔2009〕160号)指出:"外出就学的农村集体经济组织成员,毕业后在城市形成较为固定的生产生活基本条件,不依赖于农村集体土地之前,不应认定其丧失集体经济组织成员资格。"

4.2.2 成员权保留策略评价

4.2.2.1 成员权保留策略的意义

1. 有利于推动国家层面关于成员资格认定方面法律的尽快完善

成员资格的认定是农民参与集体经济组织土地等资源分享、征地补偿收益分配、企业分红、政治权利行使等事项的前提。成员资格认定标准的缺失会诱发集体经济组织内部的利益冲突,影响村民团结和农村社会稳定。因此,在国家法律层面有关集体成员资格认定标准缺失的情况下,地方人大、政府或司法机构等以条例、规章、文件等形式对成员资格的认定做出规定,可以起到规范由于集体成员资格认定缺失引发的资源共享、利益分配等一系列问题。同时,基层人大、政府或司法机构制定的成员资格认定标准能够为未来全国人大常委会制定集体成员资格认定方面的法律提供参考和借鉴,并且各地纷纷出台成员资格认定问题方面的规范文件,说明该问题的解决已经迫在眉睫,能够推进全国人大常委会针对该问题的立法进程。

2. 保护了部分农村大学生的身份利益

农村大学生入学后没有稳定的收入来源,学费、生活费等支出仍依靠承包地,各地成员权保留策略主要针对以下几种类型的农村大学生:①在校读书期间的大学生;②未被国家行政、事业单位录用聘用和未纳入城镇企业职工社会保障体系的大学生;③毕业后在城市没有固定生产生活条件且仍依赖农村土地为生的大学生;④未考上研究生的大学生。因此,成员权保留政策的实施能够让这部分大学生继续享有初始农民身份利益,这对于缓解其学习生活压力,帮助其融入城市社会具有一定作用。

3. 统一集体内部认识,消除利益冲突

虽然大多数集体经济组织都以户口作为判断某人是否享有成员权的标准,但是在没有征地补偿分配等实质性经济利益时,农村大学生的成员权问题往往沉淀在集体内部不被提及,因为在没有现实利益追求的情况下,在乡村"熟人社会"某人直接质疑或否定其他农户家庭大学生的成员权问题,不仅质疑者会缺乏外人的支持,而且自己也要背负"无事生非"的责难。然而,当集体经济组织内部涉及征地补偿收益分配、企业分红时,农村大学生的成员权问题由潜在的土地共享演化为货币分享,在利己动机的驱动下,一部分人将会抱团否定农村大学生的成员资格,拒绝其参与村集体内部的利益分配,进而在集体内部诱发利益冲突。因此,地方出台政策有条件地保留农村大学生成员资格,能够使大学生的成员资格认定有规可依,统一集体经济组织内部不同主体对该问题的认识,避免潜在的利益冲突。

4.2.2.2 成员权保留策略存在的问题

1. 政出多门、越权立"法"诱发政策冲突

从我国立法体制来看，只有全国、省（自治区、直辖市）人大及其常委会有权对成员资格的认定问题做出规定。然而，各地实践中制定成员资格认定政策的有省人大、高级人民法院和县级地方政府等多种机构。首先，高级人民法院不适合做出成员资格认定方面的规定，最高人民法院在解释《最高人民法院关于审理涉及农村土地承包纠纷案件适用法律问题的解释》（法释〔2005〕6号）中，没有涉及集体成员资格认定问题时的记者招待会上说："由于农村集体经济组织成员资格问题事关广大农民的基本民事权利，属于《立法法》第42条第1项规定的情形，其法律解释权在全国人大常委会，宜通过司法解释对此重大事项进行规定。"其次，政府作为法律的执行机关，仅有权严格根据法律的规定制定相应的行政法规和规章等，不享有对现行法律中的漏洞做出弥补性规定的权力。因此，天津市和重庆市高级人民法院、静海县人民政府存在越权立"法"或者解释的嫌疑。同时，由于出台成员资格认定的部门多样，造成不同地区甚至同一地区内部的认定标准存在冲突。例如，天津市高院对农村大学生保留成员资格的标准为："高等院校、中等职业学校的在校学生（研究生在学的除外）。"然而，天津市静海县人民政府的认定标准则为："高等院校、中等职业技术学校在校生、毕业生（被国家行政、事业单位录用聘用和已纳入城镇企业职工社会保障体系的人员除外）。"就同一事项在天津市的司法系统和市辖县政府出现了两个并不完全一致的规定，这必然会在实践中带来矛盾冲突。静海县人民政府及其下级在实际工作中肯定要按照政府文件执行，而当这些纠纷政府无法解决，诉诸人民法院时，法院又按照天津市高院的意见解决，冲突由此产生（杨攀，2011）。

2. 保留农村大学生成员权的依据标准缺乏科学性

保留农村大学生成员权最需要回答的两个问题是：①什么样的大学生可以保留成员权？②保留大学生成员权的期限为多久？关于第一个问题在已经出台的政策文件中存在着如下几种解释：第一，在校学生；第二，在校学生（研究生在学的除外）；第三，在校学生或毕业生（未被国家行政、事业单位录用聘用和已纳入城镇企业职工社会保障体系的人员除外）；第四，没有较为固定的生产生活条件，仍依赖农村集体土地。这些认定标准存在如下问题：①天津高院将研究生排除在保留成员资格群体之外并不妥当，首先，研究生未毕业之前也属于在校生，只是学历档次不同而已；其次，研究生不一定能找到好工作，不一定可以取得城市社会保障，研究生的学费和生活费可能还需要农村的土地收益作为支持（刘京甫，2005）。②被国家行政、事业单位录用聘用和已纳入城镇企业职工社会保障体系的大学生丧失集体成员资格，这项规定单从直观判断而言，可以避免个人享受城乡双重身份利益、增加社会负担。然而，农村大学生入学前享有的土地承包经营权属于物权，物权最大的特性即直接支配性，权利人对承包地的支配性不因身份、职业的变更而丧失。③"没有较为固定的生产生活条件""依赖农村集体土地"等认定标准极为模糊，人为控制和操作的空间巨大，这为政府官员和村干部"权力寻租"以及大学生本人及其家庭成员"走后门"创造了条件。同时，各地制定的政策缺乏保留农村大学生成员权的起止时间节点方面的规定，这也使政策的执行缺乏可控性。

3. 缺乏"法律界定"和"村民自治"认定冲突时的协调机制

关于农村集体成员资格的认定存在着"法律界定"和"村民自治"两种原则，并且这两种原则均在政府部门出台的政策中有所体现。天津市汉沽区人民政府法制办公室李景锟(2011)认为，农村集体经济组织成员资格认定与否决定着当事人能否享有该集体经济组织资产权益的分配，农村集体经济组织成员资格认定应属村民自治范畴。例如，2006年8月正式发布的《广东省农村集体经济组织管理规定》第十五条第三款规定："实行以家庭承包经营为基础、统分结合的双层经营体制时起，户口迁入、迁出集体经济组织所在地的公民，按照组织章程规定，经社委会或者理事会审查和成员大会表决确定其成员资格。"全国人大代表、江苏省泰兴市邮政局江平支局局长何健忠专门调研后提出建议，认为"对农村集体经济组织成员资格认定标准应在法律上进行界定"。江苏省、天津市人民高级法院、天津市静海县、重庆市人民高级法院等颁布的成员资格方面的条例、文件或解释，虽然不属于成员资格认定的法定标准，但至少否定了成员资格认定标准依赖于村民自治。

4.3　土地退出策略现状与评价

4.3.1　土地退出策略概况

随着我国城镇化、工业化的快速推进，大量农民进入城市务工，2014年中国农民工人数为2.69亿人，占国家人口总数的19.67%，成为仅次于农民而多于工人的社会第二大群体。受传统观念、户籍制度、经济实力等因素的影响，农民工外出务工多以临时就业贴补家用为主，而非以完全融入城市为目标，因此，大量农民工游离于城市和农村之间，呈现"亦工亦农、亦城亦乡"的"候鸟式"流动(张怡然，2011)，外出务工农民宅基地权利的私有产权属性与农村新增人口对宅基地的刚性需求交织在一起，造成农村内部已有宅基地的闲置与新增宅基地向外围扩展相伴生的现象。同时，大量农民工的城市转移使城市人口密度大幅提高，城市政府启动住房、商业、广场、道路等方面建设以满足农村务工人员的生产生活需求成为必然。城乡建设用地双增长的局面，对耕地保护和粮食安全带来了巨大的压力。另外，外出务工的农民多属于青壮年劳动力，留守在家的多为"老弱病妇幼"，这些留守人员进行农地耕作经营，极可能因年龄、体力、知识等原因，造成耕地的闲置抛荒或者利用效益低下。在这种背景下，政府出台政策吸引有条件、有意愿的农民进城落户，给予进城农民相应的经济补偿，引导他们自愿退出原有承包地、宅基地及其附属物等，显得尤为重要。

2004年10月，国土资源部印发《关于加强农村宅基地管理的意见》的通知(国土资发〔2004〕234号)中规定，对"一户多宅"和空置住宅，各地要制定激励措施，鼓励农民腾退多余宅基地。2008年10月召开的十七届三中全会，通过了《中共中央关于推进农村改革发展若干重大问题的决定》，要求"按照服务农民、进退自由、权利平等、管理民主的要求，扶持农民专业合作社加快发展；使之成为引领农民参与国内外市场竞争的现代农业经营组织"(文贯中，2008)。2008 年，成都市开始试行"三保障、两放弃"的土地流转模式，所谓"三保障"就是"就业、居住和其他公共服务"，"两放弃"即"农民自愿放弃土地承包经营权和宅基地"(侯志军，2011)。2009 年，无锡市在惠山区开展"双置换"试点工作，2010 年这项工作在无锡市全面展开，所谓"双置换"即以土地承包经营权置换城市社会保障，以宅基地使用权置换城镇住房(周建，2011)。2009 年 11 月，河南省通过的《关于修改〈河南省实施土地管理法办法〉的决定(第二次修正)》第五十六条规定："对退回宅基地的，当地人民政府和农村集体经济组织应当给予奖励。退回宅基地并符合住房保障条件的，可以优先安排廉租住房或者购买经济适用住房。"2010 年 7 月，《重庆市人民政府关于统筹城乡户籍制度改革的意见》(渝府发〔2010〕78 号)中规定"鼓励转户居民退出农村土地承包经营权、宅基地使用权及农房。对自愿退出宅基地使用权及农房的，参照同时期区县(自治县)征地政策对农村住房及其附着物给予一次性补偿，并参照地票价款政策一次性给予宅基地使用权补偿及购房补助，今后征地时不再享有补偿权利。对自愿退出承包地的，按本轮土地承包期内剩余年限和同类土地的平均流转收益给予补偿"。2010 年 9 月，陕西省颁布的《关于加大力度推进有条件的农村居民进城落户的意见》(陕政发〔2010〕26 号)中规定，农民可自由选择落户城市，"对举家迁入城镇并自愿退出原有宅基地和承包地的给予一次性经济补助"。2010 年 12 月，《国务院关于严格规范城乡建设用地增减挂钩试点切实做好农村土地整治工作的通知》(国发〔2010〕47 号)中要求"严格宅基地管理。合理确定农村居民点数量、布局、范围和用地规模，抓紧修订宅基地标准。完善宅基地使用制度，探索宅基地退出机制"。《国土资源部关于进一步完善农村宅基地管理制度切实维护农民权益的通知》(国土资发〔2010〕28 号)中要求"加大盘活存量建设用地力度，对一户多宅和空置住宅，各地要制定激励措施，鼓励农民腾退多余宅基地"。

4.3.2 土地退出策略评价

4.3.2.1 土地退出策略的意义

1. 户籍制度改革与土地制度改革的一大突破

自 1958 年以来，我国一直实行限制农民从农村退出的政策，在农村家庭联产承包责任制中亦没有农地承包权退出的制度设计(楚德江，2011)。农民丧失成员权后，无权向集体经济组织提出分割所有权权益，只能空手离去，这对农民土地财产权的保护是极其不利的，也是与《农村土地承包法》《物权法》等法律法规冲突的。土地退出策略承认进城农民享有原有承包地、宅基地等利益，剥离了户口与农村各项物质、经济利益的天然联系，避免农民顾忌户籍利益而选择"候鸟式"城乡迁徙状态，同时，给予进城农民盘活资产并获得一次性经济补偿的权利，有利于给部分外出务工的农民成为"第一代市民"增添助力。因此，土地退出策略有助于统筹城乡一体化战略的实施，也是农村土地制度的一大创举。

2. 有利于农民迁徙自由及城市化的推进

中国农业文明之所以原地踏步，根本原因在于土地和房屋、劳动力、农村金融三要素全部都没有市场化，依户籍身份而分配土地和宅基地，依户籍身份而劳动力受阻于城市大门之外。前者是对农民财产权的漠视，后者是对农民人身权的践踏（童大焕，2007）。如果户口背后包含着难以割舍的土地、宅基地等财产权利，一旦农民进城或者迁徙到其他地区，则很可能丧失这部分原有的经济利益，这无疑会影响《宪法》赋予农民居住、迁徙等自由的实现。土地退出策略保护进城农民的原有财产权利，对于自愿放弃承包地、宅基地及其附属物的农民，政府应给予充分合理的补偿，这能够消除进城农民的后顾之忧。同时，经济补偿给农民盘活资产提供了路径，对于解决农民融入城市面临的资金困难具有莫大益处。

3. 促进农地规模化经营和农村宅基地的节约集约利用

人多地少是我国的基本国情，农村人均占有耕地少、地块分散，难以形成规模化经营，致使农地比较效益低下，农业产业化、规模化经营要求更多的劳动力从农业中析出（张秀智，2009）。同时，我国宅基地管理偏重新增的审批，而不重视宅基地批后的利用和管理，"一户多宅""空心户"等情况大量存在。土地退出策略使部分条件成熟的农民退出承包地和宅基地以获得一次性经济补偿，将降低集体内人口数量，提高人均耕地面积，这给构建以"农户分散退出，家庭农场集中经营"的农地再配置模式创造了条件。同时，通过土地退出获得的宅基地，政府通过市场机制引导将其用于满足新增人口对宅基地的刚性需求，达到"盘活存量、减少增量"、实现宅基地节约和集约利用的目的。

4. 加速农村劳动力转移，为城市提供劳动力资源

在农民转变成市民之前，在城市务工只是一种赚钱的途径，农民不能被看做真正的"工人"，只能算是"兼业农民"，往返于农村和城市之间，不仅浪费了大量劳动时间，而且使得城市的劳动力供给呈现明显的季节波动性，如节前大量农民返乡将导致城市阶段性的用工荒。土地退出策略使符合条件的农民获得不缩水的市民身份，通过土地退出与廉租房、保障房资格相衔接，实现进城农民居住生活在城市，并在非农领域就业，使农民从"两栖"的兼业性质转变为具有稳定职业的城市工人，有利于为城市提供充足稳定的劳动力资源。

4.3.2.2 土地退出策略存在的问题

1. 土地退出补偿标准缺乏核算且较低

目前，农民退出宅基地和承包地的补偿标准，或者是根据征地补偿标准（年产值、区片价、拆迁补偿标准），或者由政府以政策文件的形式直接规定补偿标准，没有科学的计算过程和依据，行政垄断与计划性色彩浓厚。从表面上看，农民退出集体所获得的补偿问题，只是承包地和宅基地及附属物的补偿高低问题。然而，从深层次来看，实际上是农民是否能参与"地票"交易及后续土地非农开发所产生增值收益的分享问题。例如，陕政发〔2010〕26 号文规定"退出的承包地，由集体流转，按当地流转费用加农业直补的平均值以 10 年计算给予一次性补贴"，首先该补偿标准缺乏法律依据，另外，该补偿标准甚至低于征地补偿标准。另据调查，重庆 2010 年上半年主城区出让的房地产类用地的平均地价为 274 万元/亩，重庆市地票交易的平均价格在 10 万元以上，然而，荣昌县补偿给农民 8000 元/亩，潼南县最高可补偿到 1.4 万元/亩，补偿标准与市场价值相去甚远（滕亚为，2011）。2012 年 2 月发布的《国务院办公厅关于积极稳妥推进户籍管理制度

改革的通知》(国办发〔2011〕9号)中指出："农民的宅基地使用权和土地承包经营权受法律保护。现阶段,农民工落户城镇,是否放弃宅基地和承包的耕地、林地、草地,必须完全尊重农民本人的意愿,不得强制或变相强制收回。"因此,农民转为城市户口是否退出承包地、宅基地及其附属物的相关权利应根据自愿原则,退出补偿价格应由市场机制确定,让农民充分参与土地增值收益的分配,而不是以变相低价来剥夺农民的土地权利。

2. 农民转户退地过程中行政过度干预且存在隐性强迫机制

农民转户退地从根本上说是地方政府发起的一项土地再配置运动,由于缺乏国家层面法律政策的规范,这场运动过程中更多地体现政府的意志。以成都市为例,对于退出承包地和宅基地的农民,要给予就业、住房和其他公共服务三个方面的保障,这没有政府部门的强势介入是极难落实的,而无锡市"双置换"这一让农民转为市民的线性转变政策,可以说是一场由政府推动的制度创新。同时,地方政府发布的政策文件中存在着部分隐性的强制性条款。一些政府对于转户未退地的农民,规定了相应的过渡时间(重庆市和陕西省均为3年),虽然《重庆市人民政府办公厅关于推进重庆市户籍制度改革有关问题的通知》(渝办发〔2010〕269号)明确规定"过渡期结束后,可继续按照依法自愿的原则处置农村土地,不强制农民退出土地",但是目前的做法要进城农民最终在"城市户口"和"农村土地"之间做出二择一的选择,3年过渡期后不退出农地,则必须转回农村户口,把农民财产权与身份混为一谈(滕亚为,2011)。土地退出是一个资源利益的退出与交换过程,如果行政力量过度干预,面对强势的政府,不仅农民群体在土地退出过程中的利益无法得到保障,而且统筹城乡过程中的土地退出将演变为对农民土地资产的新一轮掠夺,进而为政府赚取更多可供交易的土地储备,不仅农民的意愿得不到有效的表达,而且分享不到土地发展权带来的增值收益。

3. 农民退地成本的支付以及后期利用管理有关规定值得商榷

转户农民退出宅基地和承包地的直接目的就是获得相应的资金补偿,重庆市和陕西省的政策中都有规定,集体经济组织首先对退地农民进行补偿。如果集体经济组织缺乏资金,由政府专门机构代为支付。集体经济组织支付农民退地补偿款的,即获得承包地、宅基地及其附属物的相关权利;政府专门机构代为支付的,该承包地、宅基地及其附属物由政府专门机构代为管理。那么,在现行土地法律制度下,就存在着土地权利性质的界定和资金风险问题。首先,政府专门机构对转户农民宅基地和承包地享有的权利性质是什么?由于宅基地法律政策没有明确界定期限,可以视为通过转让而享有无限期的基地使用权,而承包地国家法律政策明确规定的期限为30年,那么,政府专门机构所获得的仅是剩余年限承包地的相关权利,还是享有与集体成员一样的长期共享集体土地的权利?如果仅是本轮剩余承包期的土地权利,那么在有限的时间内,政府专门机构自主经营获得收益肯定不切合实际,由于地块分散、种粮效益低等瓶颈,交由土地交易机构进行流转获得收益,存在着难以找到转入方等问题,这无疑使政府专门机构投入成本的回收存在巨大风险。如果政府专门机构获得的是长期共享集体土地的权利,那么还存在着对转户退地农民的补偿是否充分的问题。同时,政府专门机构属于法人,是否能作为集体成员一样长期共享集体土地以及占有宅基地等法律问题还有待商榷。另外,如果由集体经济组织支付承包地补偿款,首先,集体经济组织支付的补偿资金从何处筹集?退出的承包地、宅基地及其附属物在集体经济组织内部如何经营管理才能保证资金的收回？如果这部分土地在集体内再进行发包，或分配给无地的农民，就存在着"土地所有者支付退地费用而农民无偿获得土地"的悖论，此时，虽然农民退地会使集体内人均耕地面积越来越大，但是当集体内部农民再继续退地时，集体支付的退地成本也将越来越高。

4. 土地退出政策没有明确对分红收益的补偿

部分经济发达地区或者城乡接合部，集体经济组织通过兴办企业，将集体土地、房屋出租给企业等，每年可以获得较为丰厚的收益，因为分红收益来源于集体共有资产，每个集体成员都享有其中的份额。然而，查阅现有地方政府制定的土地退出政策，基本没有考虑转户农民这部分经济利益的补偿问题，造成农民退出的补偿不充分，因此，应按照现值折算的方法，给予转户农民年度分红收益一次性补偿。

4.4　户口回迁、成员权保留与土地退出策略对比分析

通过对农村大学生非农化土地问题政府现有三种应对策略进行对比分析，发现这三种策略对农村大学生的土地权益都具有一定的保护作用。但是各策略的内容及逻辑原理存在着明显差异。户口回迁通过开辟"非转农"通道弥补非农化使农村大学生出现的成员资格瑕疵，成员权保留通过一定条件下认可非农化过程中农村大学生的成员资格，土地退出策略通过政策引导农村大学生自愿转户并放弃初始身份所蕴含的土地、宅基地等权益以获得相应补偿。鉴于成员权保留策略是通过基层政府、法院等机构出台成员权认定标准来实现，属于"越权立法"，因此，本书认为该方式不适合作为政府经验大范围推广。政府部门出台的另外两种策略应对户口回迁与土地退出，对于农村大学生而言，前者属于被动的权利保护策略，后者属于自愿的财产权利市场化处置，同时，两种策略对社会和经济产生的效果也极不相同。具体表现在以下几个方面。

4.4.1　对城镇化的影响方面

允许农村大学生"非转农"是一种"逆城市化"的行为，在此政策示范带动下，那些因土地征收而"农转非"的人员、"农嫁居"对象、"蓝印户口"、通过购买户口方式"农转非"的人员等，很可能也会以此为依据要求"非转农"，由此产生的联动效应将对我国城市化战略推进产生重大的影响。据新华网报道，从 2005 年 9 月后，放开农村大学生"非转农政策以来"台州市所属椒江、路桥、黄岩三个区已有近 5000 名大中专毕业生办理了"非转农"手续，跳进"农门"。2011 年 12 月 1 日，金华市允许农村大学生"非转农"，在短短 9 天时间里，发放了 3900 多个"非转农"就业状况证明的预约号，排到了 2012 年 3 月底[①]。与之相反，土地退出策略对大学生等"农专非"人员的承包地和宅基地给予保留，承认其原有的权利，免除了"农专非"人员的后顾之忧。农村大学生及其家庭成员可以选择适当的时机将户内的宅基地和承包地退出并获得相应的补偿，以弥

---

① http：//www.people.com.cn/h/2011/1225/c25408-1-1574227030.html

补自己在城市求学、创业、生活、购(租)房等方面的资金不足，这对于城市化进程是一种推动和促进作用。

4.4.2 对户籍制度改革的影响

深化户籍制度改革，建立一元化的户籍管理机制，是推进城市化建设的需要。"非转农"政策承认户籍与农民初始身份利益的密切关联，变相强化了农村户口与城镇户口之间的差别，而土地退出策略则保留"农转非"人员的承包地和宅基地等财产权益，割裂户口与财产权之间的紧密联系，有利于户籍制度改革的进一步深化。同时，个别放开"非转农"的地区，已经开始试点城乡统筹的户籍制度改革。例如，2011年2月，放开"非转农"的温州市文成县，颁布了《文成县户籍管理制度改革试点工作实施方案》(文公通〔2011〕34号)，开始在该县巨屿镇试点统一户籍管理制度，试点区域内不再分农业户口和非农业户口，统一为常住居民户口和临时居住居民户口，不再受理"农转非"和"非转农"等类户口性质变更申请业务。因此，"非转农"政策不利于城乡户籍一体化的推进。

4.4.3 对土地制度的改进方面

户口回迁策略是在现有土地制度下对农村大学生土地权利的曲线保护，通过允许农村大学生将城市户口转为农村户口，弥合因升学转户造成的"农村户口—成员资格—土地承包权—土地经营权"逻辑关系的断裂，使之继续享有在农村的各项权利和利益。而土地退出策略则在很多方面对现有土地制度有创新性的突破：第一，允许转户农民继续保留承包地和宅基地；第二，政府专门机构通过补偿后获得的宅基地和承包地，可以通过抵押的途径获得资金，突破了农地、宅基地不能抵押的限制；第三，将宅基地复垦后获得的耕地指标作为地票用于交易，与城市建设用地挂钩；第四，开始注意到宅基地批后管理的重要性，明确退出宅基地可以进行市场化交易，以减少新增宅基地的占地数量。

4.4.4 政策的实施效果方面

户口回迁策略涉及的利益关系复杂、矛盾突出，因此，政策的实施效果值得考量。第一，某些地区已经以"非转农"人数越来越多、引起的矛盾突出为由，停止办理"非转农"手续[①]；第二，虽然政府文件明确规定，自大学生户口"非转农"之日起，享有与其他村民同等的待遇。而在实施过程中，一些村干部则表示，大中专毕业生"非转农"后，户口可以先放在村里，但待遇问题暂不统一口径，能否享受村民待遇还要通过村民代表大会这一关。义乌市政府有关人员也表示："办法的前期实施，只是以先解决户口问题为主，同等待遇问题正面临着各种各样的利益博弈，或将在今后较长一段时间才能进

---

① http://www.jxnews.com.cn/xxrb/system/2010/03/17/011329314.shtml

入明朗期。"[1] 浙江省余杭区发布的《关于完善农村集体土地征用补偿费分配的指导意见》（区委办〔2005〕92号文件)将征地补偿分配对象划分为"全额分配对象"和"可享受部分集体经济组织内部分配或一次性经济补助的对象"，集体经济组织社员原农业户籍子女在1996年1月1日后从大中专院校毕业，并将户籍迁回本村的非农待业人员(待业标准以劳动企业或单位未给其缴纳失业、大病医疗、养老保障为依据)，可享受部分集体经济组织内部分配或一次性经济补助。然而，土地退出策略是一种市场化行为，农村大学生可以根据自身的情况以及政府出台的补偿标准等，综合考虑是不是退出承包地和宅基地，在退地之前，并不丧失相应的权利，因此，该策略的实施充分考虑了大学生及其家人的意愿，不会出现实施效果打折的问题。

4.4.5 社会资源的有效利用方面

户口回迁策略程序烦琐，申请"非转农"需要提供的资料众多，比如，天台县要求必须有70%的村民小组成员签字；许多地区要求办理"非转农"时户口必须在本地区，这意味着在外地读书的农村大学生要先将户口转到本地的人才市场，而办理户口迁移需要花费很多的时间和精力；另外，很多地区对"非转农"的时间限定为政策公布之日起一年或者半年以内，超过期限则不予办理，因此，农村大学生在这期间基本都要集中精力办理这个事情，浪费了大量的工作时间。同时，户口回迁策略只是对承包地、宅基地的实体性保护，没有相应的盘活机制，不利于土地资源的有效配置；并且，农村大学生热衷于"非转农"并非真想扎根农村，而是迫于生活的压力以及农村各项福利的"诱惑"，户口回迁策略满足了农村大学生"避重就轻"的心理，会削弱他们在城市的斗志和竞争力，不利于人力资源的有效开发和利用。然而，土地退出机制不仅有利于承包地、宅基地等资源的盘活，而且手续简单方便，同时，对农村大学生是一种资金上的支持，有利于其在城市的发展。

4.4.6 对社会的和谐稳定方面

农村大学生将户口迁回主要是一种出于经济利益考量的"趋利"心理，这突出表现在农村大学生"非转农"的积极性与农村相对主城区的距离相关——距离越近踊跃度越高，反之越低。因为距离主城区越近，土地升值越快，被征占用的可能性越高。因此，这种户口迁出又返回的行为，在其他村民眼里是一种明显的"与民争利"的行为，容易引起集体内部的利益和冲突；同时，农村大学生户口迁回政策仅在部分地区实行，那么，其他地区的农村大学生将通过上访等途径给当地政府施压，对地区的和谐稳定也是一种冲击。然而，土地退出策略是一种财产的市场交易行为，不会因相互攀比或者争利而影响社会的和谐与稳定。

---

① 陈彬峰. 义乌"非转农"面临利益博弈 [N]. 金华晚报，2010−11−09.

4.5　本　章　小　结

（1）在国家法律法规针对农村大学生非农化过程中土地问题的规定缺失的情况下，一些地方政府开始制定应对策略以缓和农村大学生土地问题带来的负面影响，主要策略包括：户口回迁、成员权保留和土地退出。

（2）户口回迁策略是指政府有条件允许农村大学生"非转农"，通过恢复其农民身份的方式来保护其承包地等权益。户口回迁策略是户籍制度的一大突破，同时也有利于社会的和谐与稳定。但是该策略存在着诸多问题：人为意志明显，政策依据不规范且层次低，容易诱发不同区域之间的横向对比，户口回迁对象限制条件多且苛刻不科学，同时，基于被动农村权益维护的户口回迁与推行城乡统筹发展的目标相背离。

（3）成员权保留策略是指政府通过规定转户农村大学生并不丧失成员资格来维护其在农村的各项权益。该策略有利于对成员资格立法形成"自下而上"的推动作用，在集体内部统一认识、消除利益冲突。然而，现行成员权保留策略存在政出多门、越权立法或解释的现象，同时，农村大学生成员资格保留的标准名目繁多、缺乏科学性，没有很好地处理成员资格认定属于"法定范畴"还是"村民自治范畴"这一原则性问题。

（4）土地退出策略是指政府允许全家转入城市的农村大学生退出承包地和宅基地及其附属物，并获得相应的经济补偿。与户口回迁策略、成员权保留策略相比，土地退出策略更适合农村大学生群体的土地权益保护，更有利于推进城市化进程，但是现行土地退出策略存在补偿标准低、有隐性的强迫机制，农民退地成本的承担以及承包地、宅基地及附属物退出后的权利状态及运营管理不明确等问题。

5 农村大学生非农化土地问题政府应对策略体系的构建

5.1 应对策略体系构建的理论基础

政府部门介入农村大学生非农化过程中土地问题并制定应对策略，需要借助一些前提条件，否则，应对策略将失去依据、科学性和针对性，这些前提条件主要包括三个方面：第一，农村大学生非农化后是否享有入学前承包土地相关权利的界定，这是政府制定应对策略的法律前提。第二，农村大学生非农化过程中土地依赖程度分析，对农村大学生群体的不同背景、不同利益需求等条件下的土地依赖程度进行合理划分，这是应对策略科学和有效的前提及保障。第三，政府制定的应对策略在农村大学生非农化过程中的土地问题中发挥何种作用应做合理的评估，如果制定策略的作用方向出现偏差，难免会使本已严重的问题更加焦灼，资源配置效果更加低效，社会矛盾得不到妥善化解。

5.1.1 农村大学生非农化享有入学前承包土地相关权利的依据

我国农村家庭联产承包责任制与集体成员权存在着天然的密切关系，农村大学生非农化直接导致其通过家庭承包方式获得承包地资格上的瑕疵。因此，在征地补偿款的发放以及集体微调土地的过程中，农村大学生的土地权益极易受到侵害，这将影响农村大学生的情绪稳定，引发社会不公，滋生社会矛盾。本书认为农村大学生在非农化过程中完全享有入学前已承包土地的各项权利。

5.1.1.1 土地承包经营权是物权，而非仅仅是成员权

农村土地承包经营权具有强烈的身份性，具体表现在：①家庭承包的主体仅限于本集体经济组织内的成员，以享有本集体成员资格为前提，非本集体经济组织成员不能通过家庭承包获得承包经营权。②非本集体经济组织成员可以通过其他方式①承包集体土地，但是其他方式承包集体土地是有偿的，显著区别于家庭承包的无偿性，在同等条件下，本集体经济组织成员享有优先承包权。③在集体内成员间流转承包地时，在同等条件下，本集体经济组织成员同样享有优先权。因此，享有集体成员权是通过家庭承包获

---

① 《农村土地承包法》中规定，对"不宜采取家庭承包方式的荒山、荒沟、荒丘、荒滩等农村土地，通过招标、拍卖、公开协商等方式承包的"，可以采取招标、拍卖、公开协商等其他方式承包。

得土地承包经营权的前置条件之一。虽然农村大学生非农化导致其成员资格认定上出现瑕疵，但是这并不影响其享有入学前承包土地的相关权利，暂且不说农村大学生非农化是否就意味着成员权丧失，随着《农村土地承包法》《物权法》等法律法规的颁布，土地承包经营权的物权属性已经确立，因此，农村大学生的土地承包经营权、宅基地使用权等，是农村集体经济组织赋予的一项财产权利，这跟城市居民手里持有的股票一样，同属个人的物权，物权的最大特性就是直接支配性，这种支配性不因户口的转移、职业的变更、居所的改变而丧失。况且农村大学生户口的转移发生在获得土地承包经营权之后，因此，农村大学生入学后仍然享有对原有承包地的占有、使用、收益和处置的权利。另外，我国《中华人民共和国村民委员会组织法》第二十七条第二款规定："村民自治章程、村规民约以及村民会议或者村民代表讨论决定的事项不得与宪法、法律、法规和国家的政策相抵触，不得有侵犯村民的人身权利、民主权利和合法的财产权利的内容。"村民自治权不能对抗公民的生存权和财产权，土地既具有生存利益性质，又具有财产权性质，该权利非法律不得随意剥夺。故而，集体经济组织依据村规民约或者集体内部大多数人的意见，认定农村大学生丧失成员资格并收回或者剥夺其承包经营权的做法，虽然体现了村民自治的原则，但并不因此具有当然的合法性[①]，并实际上造成了对物权排他性的侵害。

5.1.1.2　农村大学生非农化不成为集体经济组织收回承包地的法律要件

《农村土地承包法》第二十六条规定："承包期内，发包方不得收回承包地。承包期内，承包方全家迁入小城镇落户的，应当按照承包方的意愿，保留其土地承包经营权或者允许其依法进行土地承包经营权流转。承包期内，承包方全家迁入设区的市，转为非农业户口的，应当将承包的耕地和草地交回发包方。承包方不交回的，发包方可以收回承包的耕地和草地。"该条明确规定发包方在承包期内原则上不能收回承包地，对于集体收回承包地的特殊情形，需要满足两个条件：第一，全家迁入设区的市；第二，家庭成员全部转为非农业户口。农村大学生入学，仅仅是家庭成员中的一人转为非农业户口，其父母、兄弟姐妹等近亲属都还生活在集体经济组织内，没有转为非农业户口，继续维持农民身份且从事农业生产，承包方部分家庭成员迁入城市并不引起承包经营权退出，这是家庭承包经营权以"户"为单位的性质决定的（吴兴国，2012）。同时，农村大学生户口迁入的学校所在地并非都是设区的市，况且"将集体是否收回承包地农民所进之'城'的'级别'和'属性'挂钩"的规定是否科学合理尚有待商榷（段亮采，2006）。同时，1993年党中央就提出"增人不增地，减人不减地"的政策，农户中的一名大学生通过高考入学转为非农业户口，可以视为是户内"减人"，集体经济组织以户口迁出为由收回农村大学生承包地也是违背党中央政策的。同时，在高校扩招及国家就业包分配政策终止后，农村大学生上大学应视为获得劳动技能的方式，大学生接受高等教育并不意味着放弃参与分配村集体经济利益，集体经济组织也不能想当然地取消他们参与分配村集体利益的机会（卢金增　等，2007）。另外，从国家发展教育事业的高度、鼓励培养高层次人才的角度及提高农村人口素质的现实需要考虑，以户口迁移为由收回农村大学生的

---

① http：//www.lawtime.cn/article/lll28288052833899oo58491

承包地，是集体管理者自利性侵犯个人权利以满足其短期利益的体现，不仅是低效率的，而且也是违法的。允许集体收回迁入市区农民的土地承包经营权的思维中带有通过户籍与社会保障双重因素判断农民集体成员资格有无的考量，不符合统筹城乡发展的要求（袁震，2010）。

5.1.1.3　农村大学生享有的土地承包经营权是有法律凭证的

所谓物权凭证即证明物权人拥有物权的证明、单据、证书等书面形式的具象。针对第一轮土地承包期限即将到期的问题，1997年，中共中央办公厅、国务院办公厅联合下发了《关于进一步稳定和完善农村土地承包关系的通知》文件，确定了第二轮土地承包期限为30年，承包期不满30年的，要延长至30年。2003年颁布实施的《农村土地承包法》明确规定，耕地的承包期为30年，并且县级以上地方人民政府应当向承包方颁发土地承包经营权证并登记造册，确认土地承包经营权。在2011年4月召开的全国农村经营管理工作会议上，农业部副部长陈晓华表示，我国农村土地承包管理制度建设取得明显进展，有九成以上的承包农户有了承包经营权证。本书的主要研究对象是"80后"和"90后"农村大学生，入学时间基本在第二轮土地发包之后，因此，大部分获得承包地的农村大学生都应该以户为单位获得了土地承包经营权证书，证书上载明了承包地的以下信息：户内其他成员信息、权利期限、用途、面积、位置、四至、等级、地类等，该证书一经颁发即具有法律效力，可以对抗恶意第三人对承包地权利的侵害。土地承包经营权证是证明农村大学生享有土地承包经营权的法律凭证，非经法定程序注销或变更，农村大学生可以享有法律凭证上规定的以及由此衍生的各项权利和利益。

5.1.1.4　土地对农村大学生的保障功能，并没有因为"非农化"而消失

承包地对农民而言具有多重效用，具体包括生活保障、提供就业机会、直接收益、子孙继承、以免重新获取时掏大笔钱和被征用后可得到补偿费等（王克强，1998）。农村大学生的城市化进程并非一蹴而就，必须经过很多步骤才能完全实现。第一步，身份上的城市化，即入学时或毕业后的户口农转非。第二步，工作上的城市化，即是农村大学生毕业后选择在城市就业，从事第二、第三产业，且拥有稳定的经济收入来源。第三步，住房的城市化，即农村大学生通过工作的资金积累、家庭资助、银行贷款等途径筹集购房资金，在城市内购买了商品房、经济适用房等，实现在城市由"租户"向"业主"的转变。第四步，城市化巩固阶段及后代城市化，即农村大学生通过努力使自己的生活水平达到所在城市原有居民的平均生活水准，开始积累财富，繁育的下一代也随父母落户城市。可见，农村大学生城市化进程并非简简单单的户口非农化就能解决的，需要付出许多艰辛和汗水。农村大学生在毕业前，没有独立的经济生活来源，其学业的完成主要依靠家庭成员的供给，而家庭收入主要来源之一就是承包地的各种收益，甚至在农村大学生城市住房解决之前，其初始农民身份所蕴含的农地利益及衍生福利仍对其发挥着很强的保障作用，只是农地对大学生的社会保障功能更多地体现在资产功能方面。因此，农村大学生是转移户口但不转移生活依赖基础（地权）的特殊主体，如果机械地将户口迁出作为判断农村大学生是否享有承包地及收益分配的唯一标准，必然会加重其家庭成员的经济负担。即使农村大学生完全实现了城市化，土地承包经营权作为一项财产权，是

其个人资产的一种积淀，应根据自愿的原则，由农村大学生本人及家庭成员选择处理方式，保护权利拥有者的切身利益。

5.1.2　农村大学生非农化过程中对土地依赖程度的分析

每个农村大学生在家庭成员构成、家庭收支状况、家庭土地资源禀赋、户口转入城市、职业状况、工资水平、住房情况、未来生活预期等方面都存在着较大差异，因此，每个农村大学生所对应的效用函数[①]是不尽相同的，故而对农地的偏好程度也存在着显著差异。对贫苦的农村大学生而言，哪怕失去一小部分土地也许就意味着有饭吃和饿肚子的区别(P·麦卡利，2005)，对富裕的农村大学生而言，即使是失去家庭内部的全部耕地也不会对其原有的生活水平有多大影响。因此，分析农村大学生非农化过程中对土地的依赖程度，对于政府科学制定应对策略具有重要的参考价值，也可以使政府策略有针对性和有效性。

5.1.2.1　不同风险类型农村大学生对农地的依赖性分析

根据农村大学生在决策过程中对风险的态度，可以将其分为风险偏好、风险中性、风险规避三种类型，不同风险类型的农村大学生对承包地的依赖程度也是不同的。假设农村大学生的农地收益符合最简单的效用函数 $U=f(I)$，I_1 和 I_2 是两个不同而有风险的收入水平，I_1 为保留承包地每年获得的农业收益，I_2 为农村大学生将承包地权利完全转让给他人或法人机构获得的收入，两种情况发生的概率分别是 p_1 和 p_2，与风险有关的预期效用 $E(U)$，则 $E(U)=p_1U(I_1)+p_2U(I_2)$，预期货币价值 EMV，则 $\mathrm{EMV}=p_1I_1+p_2I_2$(图 5-1)。

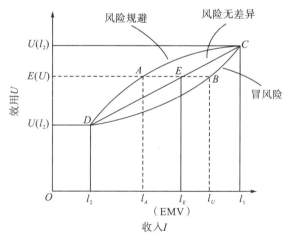

图 5-1　农村大学生风险偏好类型分析

1．风险规避

如果农村大学生保留全部承包地获得的确定性收入 $I_A<\mathrm{EMV}$，意味着他放弃转让承

---

① 效用函数是指决策者采取不同的决策与所得到的效用之间的对应关系。

包地即可获得更高收入 EMV，以保证获得较低但稳定的收入 I_A，农村大学生放弃的额外收入（EMV$-I_A$），可看成为获得确定性收入而付出的保险溢价。此时，这个农村大学生是风险规避型的，他的效用图形是 DAC。

2. 风险中性

如果农村大学生认为确定性收入 I_E 与转让部分承包地获得的风险收入预期货币值 EMV 没有差异，即 $U(I_E)=E(U)$，此时，这个农村大学生就是风险中性的，他的效用函数的图形是直线 DC。

3. 风险偏好

由于农村大学生转让承包地获得的资金用于投资等其他方面获得的效用具有不确定性，一些农村大学生就喜欢试试运气以期望博得更高收入 I_1，如果让他在保留承包地获得的确定性收入和试运气之间达到无差异的话，他们所接受的确定性收入 I_B 要高于 EMV，（I_B-EMV）可视为他们为获得更高收益而付出的溢价。这类农村大学生就是风险偏好的，他们的效用函数图形是 DBC，其收入的边际效用在相应的区间内是递增的。

5.1.2.2　不同非农化阶段农村大学生对农地的依赖性分析

土地是农民的"命根子"，承担着三项基本的社会功能，即就业岗位、经济收益和社会保障（杨子生　等，2007）。钱忠好（2004）认为，土地对于农民不仅具有生产性功能，而且具有非生产性功能。其中，生产性功能是指农产品产出等能直接以货币形式衡量的部分，非生产性功能是指农地在社会保障、提供就业、生态环境等方面不能直接以货币形式度量的部分。因此，土地是重要的生产和生活资料，承载着农民经济、政治、教育、就业、医疗、养老等多方面的权益和保障，农民对土地有着天然的情感和心理上的依赖性（高进云，2007）。根据土地资源在社会经济方面所起的作用不同，可将土地功能分为资源性功能和资产性功能两个方面。资源性偏重于土地的生产、生态、用途多样性等方面的功能，资产性偏重于土地的产权、增值、不动产等方面的功能。农村土地对农民具有生存保障与投资的双重作用，并且随着市场经济的发展，土地功能的长期趋势将呈现为从生存保障走向投资（孟勤国，2009）。因此，根据农村大学生所处的非农化阶段不同，农村大学生对原有承包地功能的认知也存在着巨大差异，如图 5-2 所示。

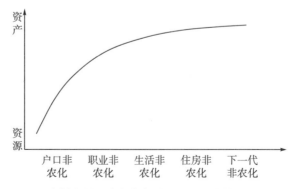

图 5-2　农村大学生非农化各阶段承包地功能变化趋势图

在非农化初期，即求学和毕业后刚工作阶段，农村大学生对自己的未来充满不确定性，因此，他们更看重承包地的资源性功能，通过保留自己的承包地，获得稳定的生产性收入，以支出求学期间学费、生活费等。在非农化中期，即毕业后工作一段时间以后，农村大学生在生活上开始逐渐融入城市社会，在心理上开始接受城市的工作方式、价值观念等，对农地的原始感情开始变淡，因此，农村大学生对土地功能的认识开始由资源向资产转变，越来越注重承包地的产权保护，接受将承包地通过出租、转包、入股、转让等流转给他人的处置方式，以获得相应的收益。在非农化后期，由于房价较高、养育下一代成本高，农村大学生的经济压力变得越来越沉重，然而，农村家庭经济相对困难，并且农村大学生又缺乏可供盘活的不动产，农村原有的承包地和宅基地等成为其获得资金支持的重要来源，加上农地权利与农民成员权的紧密联系，农村大学生担心因政策变动而丧失初始农民身份的所有利益，因此，这时农村大学生更愿意将其承包地转让给他人，或者希望政府对其承包地进行征收，以一次性赚取较多的货币收入。

5.1.2.3 基于有序 Probit 模型的农村大学生非农化土地依赖性分析

1. 土地依赖性分析指标体系

农户土地依赖性的影响因素具有多元性与综合性的特点，既包括宏观影响因素也包括微观影响因素（韩晓宇　等，2013）。从宏观方面来看，不同的区域经济发展水平、城镇化水平以及区位状态，不仅对区域的产业结构、投资环境、整体竞争力等方面产生了影响，也影响了所在区域内农户的家庭收入水平、收入结构以及未来生活模式选择，进而对农户与土地的依赖程度产生影响。同时，农民个体特征也是影响其与土地关系的重要因素。据此，本书构建起农村大学生个人基本情况、农村家庭情况和家乡所在区域社会经济情况三个方面的 18 个土地依赖性分析评价指标体系（表 5-1）。

表 5-1　农村大学生土地依赖性评价因素指标体系

变量类型	指标名称	取值说明
因变量	土地依赖性程度(Y)	土地保留 =3，土地流转 =2，土地退出 =3
个人基本情况自变量	性别(X_1)	男 =1，女 =0
	年龄(X_2)	实际年龄数值
	婚姻状态(X_3)	未婚 =0，已婚 =1
	是否迁户口(X_4)	没迁 =0，迁了 =1
	学历状态(X_5)	大专 =1，本科 =2，硕士 =3，博士 =4
	毕业学校类型(X_6)	高职高专 =1，三本 =2，二本 =3，一本 =4
	专业类型(X_7)	文科 =1，理工 =2
	工作状态(X_8)	在学校读书 =1，找工作或待业中 =2，有工作 =3
	住房状态(X_9)	集体宿舍 =1，租房居住 =2，已购买住房 =3
	对土地价格的预期(X_{10})	大幅提高 =5，略有提高 =4，基本保持不变 =3，略有降低 =2，大幅降低 =1

续表

变量类型	指标名称	取值说明
农村家庭情况自变量	家庭距离县（区）中心距离（X_{11})	10 千米以内＝5，10～20 千米＝15，20～30 千米＝25，30 千米以上＝35
	农业人口比例(X_{12})	大学生家庭内从事农业劳动人数与总人数的比值
	家庭需要被抚养的人数(X_{13})	家庭需要被抚养的人口数值
	家庭年收入(X_{14})	小于 2 万＝1.5，2 万～4 万＝3，4 万～6 万＝5，6 万以上＝6.5
	家庭收入结构(X_{15})	以农业为主＝1，农业和非农业各占一半＝2，以农业为辅、非农业为主＝3，完全依靠非农业＝4
区域社会经济自变量	人均GDP(X_{16})	大学生家乡所在地国内生产总值与总人口的比值
	人均财政收入(X_{17})	大学生家乡所在地财政一般预算收入与总人口的比值
	城镇化率(X_{18})	大学生家乡所在地城镇人口与乡村人口的比值
	地理区位(X_{19})	西部地区＝1，中部地区＝2，东部地区＝3

2. 实证方法选择

分析离散选择问题的理想估计方法是概率模型（Logit、Probit 和 Tobit）（罗剑朝等，2012)，对于因变量离散数值大于两类的，研究时应采用有序概率模型（William，1997）。用有序 Probit 模型处理多分类的离散数据是近年应用较广的一种方法（Jayachandran，1996）。模型的输入为影响农村大学生土地依赖程度的诸因素 x_{1i} 至 x_{mi} 构成的向量 x_i，输出为农村大学生的土地依赖性 y_i（图 5-3）。

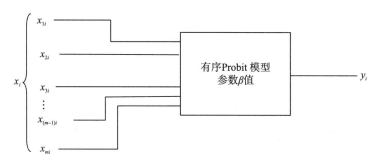

图 5-3　有序 Probit 模型的输入与输出

因为 y_i 是分类变量，因此定义一个连续隐式变量 φ_i，它应是 y_i 的映射。此变量符合普通最小二乘法的条件，可以与 x_i 构成线性关系

$$\varphi_i = \beta' x_i + \varepsilon_i, \quad i = 1,2,3,\cdots,n$$

式中，β' 为参数向量，ε_i 为标准正态分布随机误差。受访的农村大学生样本按三个等级给出评价值：若 $\varphi_i \leqslant \delta_1$ 对应等级 3（土地保留），$\delta_1 < \varphi_i \leqslant \delta_2$ 对应等级 2（土地流转），$\varphi_i > \delta_2$ 对应等级 1（土地退出）。则上述等级划分可改写成下列形式。

等级 3：$\varepsilon_i \leqslant \delta_1 - \beta' x_i$

等级 2：$\delta_1 - \beta' x_i < \varepsilon_i \leqslant \delta_2 - \beta' x_i$

等级 1：$\varepsilon_i > \delta_2 - \beta' x_i$

其中，ε_i 的概率密度为

$$f(\varepsilon_i) = \frac{1}{\sqrt{2\pi}} e^{-\frac{\varepsilon_i^2}{2}}$$

其分布图形和等级划分如图 5-4 所示。

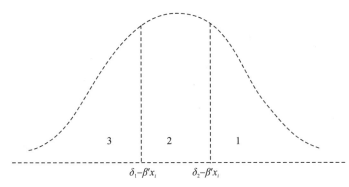

图 5-4　ε_i 的概率分布与等级划分

由此可见，出现在各等级的概率为

$$\text{prob}(y \subset 3 \mid x_i) = \frac{1}{\sqrt{2\pi}} \int_{-\infty}^{\delta_1 - \beta' x_i} e^{-\frac{t^2}{2}} dt$$

$$\text{prob}(y \subset 2 \mid x_i) = \frac{1}{\sqrt{2\pi}} \int_{\delta_1 - \beta' x_i}^{\delta_2 - \beta' x_i} e^{-\frac{t^2}{2}} dt$$

$$\text{prob}(y \subset 1 \mid x_i) = \frac{1}{\sqrt{2\pi}} \int_{\delta_2 - \beta' x_i}^{+\infty} e^{-\frac{t^2}{2}} dt$$

第 i 个样本出现在等级 j 的或然率为

$$L_i = \frac{1}{\sqrt{2\pi}} \prod_{j=1}^{3} \left[\int_{l_{j-1}}^{l_j} e^{-\frac{t^2}{2}} dt \right]^{D_j}$$

式中，$l_3 = +\infty$，$l_2 = \delta_2 - \beta' x_i$，$l_1 = \delta_1 - \beta' x_i$，$l_0 = -\infty$，$D_j$ 为等级标识符，只有 $j = y_i$ 时，$D_j = 1$，$j \neq y_i$ 时，$D_j = 0$。各受访农村大学生的土地依赖性评价是相互独立的，因此样本数 $= n$ 时，总或然率为

$$L = \prod_i^n L_i$$

L 对 β、δ_1、δ_2 进行优化，采用"极大似然估计法"（maximum likelihood method）对 L 的最大值进行估计，对应的 β、δ_1、δ_2 即为所求参数。

3. 实证数据获取

农村大学生土地依赖性分析的实证数据来源主要有两个途径：第一，充分利用调查问卷。利用第二批调查获得的 1219 份问卷，可以获得影响农村大学生土地依赖性的影响因素的指标数值，包括家庭收入、家庭人口（包括总人口、农业人口数和从事农业劳动的人口数）、年龄、学历、学校类型、户口状况、工作状态、住房状态、对土地价格的预期。第二，充分利用统计年鉴资料。对于农村大学生家乡所在地的社会经济状况指标数据，包括 GDP、一般财政预算内收入，主要通过查阅《中国城市统计年鉴（2012）》获取，对于总人口、城镇人口、乡村人口等指标数据，主要通过查阅 29 个省（自治区、直

辖市)2012 年的统计年鉴获得。对于个别城市的指标信息在《中国城市统计年鉴(2012)》和所在省份统计年鉴上反映不到的情况，再通过搜索引擎等手段补充完善。

4. 模型运行结果

运用 Stata10 软件对农村大学生土地依赖性做 Oprobit 模型回归分析，得到的运行结果如表 5-2 所示。

表 5-2　Oprobit 模型回归结果

Y	系数	标准差	Z 统计量	显著性	95%置信区间	
X_1	−0.0589	0.0736	−0.80	0.4240	−0.2031	0.0854
X_2	0.0247	0.0206	1.20	0.2290	−0.0156	0.0650
X_3	−0.5595	0.2367	−2.36	0.0180**	−1.0235	−0.0955
X_4	0.0734	0.0844	0.87	0.3850	−0.0921	0.2388
X_5	−0.0019	0.1012	−0.02	0.9850	−0.2003	0.1965
X_6	−0.0128	0.0469	−0.27	0.7850	−0.1046	0.0791
X_7	0.0442	0.0710	0.62	0.5330	−0.0949	0.1834
X_8	0.0629	0.0869	0.72	0.4690	−0.1073	0.2331
X_9	−0.1511	0.1037	−1.46	0.1450	−0.3544	0.0521
X_{10}	−0.0479	0.0396	−1.21	0.2270	−0.1256	0.0298
X_{11}	0.0048	0.0030	1.64	0.1010	−0.0009	0.0106
X_{12}	0.2474	0.1426	1.74	0.0830*	−0.0320	0.5269
X_{13}	−0.0009	0.0308	−0.03	0.9760	−0.0614	0.0595
X_{14}	−0.0516	0.0217	−2.37	0.0180**	−0.0941	−0.0090
X_{15}	−0.0521	0.0378	−1.38	0.1680	−0.1262	0.0219
X_{16}	−0.0169	0.0420	−0.40	0.6870	−0.0993	0.0655
X_{17}	−0.1721	0.3537	−0.49	0.6270	−0.8654	0.5211
X_{18}	−0.0039	0.0047	−0.82	0.4110	−0.0131	0.0054
X_{19}	0.1056	0.0539	1.96	0.0500**	−0.0001	0.2113
cut_1	−0.9291	0.4764			−1.8628	0.0046
cut_2	0.3922	0.4761			−0.5409	1.3252

观测数值(Number of obs) = 1219　　对数似然比(Log likelihood) = −1212.1914
伪判决系数(Pseudo R^2) = 0.0317　　卡方检验统计量 LR chi2(19) = 79.29
Prob > chi2 = 0.0000

注：**表示在 5%的水平上显著，*表示在 10%的水平上显著

根据表 5-2 所示，在 5%的显著水平下，婚姻状态(X_3)、家庭年收入(X_{14})、家乡地理区位(X_{19})三个因素与因变量之间有统计学意义；在 10%的显著水平下，农业人口比重(X_{12})与因变量之间有统计学意义。根据结果还可以得到：第一，农村大学生的土地依赖程度与婚姻状态呈负相关，已婚的农村大学生比未婚的农村大学生对土地依赖程度低55.95%，这主要是由于已婚的农村大学生往往面对着较大的住房支出、子女抚养费用、

父母赡养费用以及家庭其他日常开支，他们更希望通过土地流转、土地退出来盘活已承包的土地。第二，农村大学生的土地依赖程度与农业人口比重呈正相关，与家庭年收入呈负相关。农业人口比重每提高 1%，土地依赖性提高 24.74%，家庭收入每提高一个层次，土地依赖性降低 5.16%。这主要是由于从事农业生产的人口越多，表明家庭的收入来源越依赖于第一产业，年收入水平往往较低，因此，越不愿意放弃已承包的土地。第三，农村大学生土地依赖性与家乡区位呈正相关，即农村大学生家乡所在地越靠近西部，对土地的依赖性越强，这主要是由于从我国宏观经济格局上来看，社会经济发展水平的次序为：东部、中部和西部，地区社会经济发展水平越高，土地依赖性越低，东中西部土地依赖性程度依次提高 10.56%。

5.1.3　政府政策对农村大学生非农化过程中土地问题的作用

5.1.3.1　农村大学生非农化过程中的土地问题源之于政策供给不足

农村大学生非农化过程中的土地问题并非一直存在，它是随着社会经济发展、各项政策的变化逐渐显现出来的。可以说，农村大学生非农化过程中的土地问题是社会转型期农村土地制度、高等教育制度、户籍制度等改革推进、制度微观设计不到位及各项制度相互之间衔接不畅等因素综合作用的结果。农村大学生非农化过程中的土地问题在国家法律法规中没有任何体现所导致的制度供给不足，是该问题长期存在并得不到妥善解决的主要原因。由于国家层面没有相应的政策进行规范和引导，农村大学生非农化过程中的土地问题只能依靠基层政府文件和集体经济组织的"土政策"进行调整，这不可避免会存在着较大的随意性。同时，当农村大学生土地利益受到侵害通过行政或法律渠道寻求解决时，会导致村民自治与行政干预之间的冲突。虽然一些地方政府部门出台了关于农村大学生非农化过程中的土地问题的政策，但是这些规范文件本身就存在诸多漏洞和缺陷，容易诱发更多的利益冲突。

在市场经济中，政府作为公共利益的保证人，本来是在市场出现缺陷时的一种弥补力量，其所进行的制度安排产生的社会效益应该比政府干预以前更高，否则，政府的存在就无任何经济意义(吴艳君，2003)。政府制定策略应对农村大学生非农化过程中土地问题，不仅关系到城市化进程的推进与巩固、高等教育的公平与发展、土地制度的改革与完善、资源的优化配置与提高等重要方面，而且也是政府关注农村特殊群体土地利益的重要体现。然而，这方面制度供给不足主要有以下几个方面的原因：第一，农村大学生人数多，分布范围广泛且不集中，在局部地区、某个集体属于个别事件，利益冲突的范围、规模、激烈程度有限，然而解决这个问题需要从国家层面对户籍制度、农村土地制度、高等教育制度等进行系统改革与衔接，因此，政府更倾向于该问题在基层逐一化解。第二，高校扩招是缓解农村人地矛盾的重要举措之一，如果制度层面保障农村大学生入学后的土地权利，则使农村大学生非农化过程呈现"人走地留"的局面，这也是与改革者的初衷相背离的。第三，农村大学生属于走出农村社会的精英群体，按照常理，应利用自己的知识和技术养活自己，因此，政府及集体经济组织对其融入城市享受城市各项福利的同时，还保护自己农村的土地利益一般持反感态度，很少会认真研读法律政策并支持农村大学生的理性行为，故而农村大学生的土地利益诉求很难得到政府部门的有效回应。

5.1.3.2 政府政策在农村大学生非农化过程中土地资源配置中的作用

有效的制度能够使人们行为的权责利有机结合起来，实现个人效益与社会效益、个人目标与社会目标的统一(朱东恺，2011)。农村大学生非农化过程中的土地问题本质上属于私人利益保护和资源如何配置的问题，如果政府制定科学的政策能够引导和激励农村大学生非农化过程中的行为决策更加符合社会整体利益，不仅能够为农村大学生的土地权利保护与处置提供通道，同时还能够使农村大学生的土地通过市场机制实现资源优化配置，使农村大学生土地在不同群体(农村大学生、失地农民、种粮大户、政府专门机构等)、不同地区(农村—农村、农村—城市)之间有序流动，实现社会整体利益的最大化。反之，如果政府缺乏政策供给或者政策供给不当，将导致农村大学生非农化过程中在土地问题上的决策偏离整体利益轨道，造成土地资源的低效配置(图5-5)。

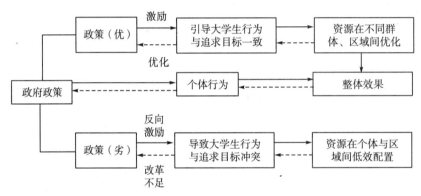

图 5-5 政府政策、大学生行为、资源配置效果相互关系图

从图5-5可以看出，较优的政策不仅能够引导农村大学生的决策以实现土地资源的优化配置，反过来，土地资源配置效率的提高会促使政府进一步优化政策，实现对农村大学生非农化过程中土地问题的更加科学有效的管理。相反，较劣或政策供给不足不仅会造成个体利益与整体利益冲突，导致资源低效配置，而且会使劣质政策进一步固化，致使政府改革乏力。

5.2 应对策略体系构建的原则

5.2.1 公平效率兼顾的原则

公平和效率的优先排序问题历来是争议的焦点，公平讲求机会的平等，可能会损失效率，效率讲求通过资源优化配置以获得最大收益为目标，可能会缺乏公平。农村大学生非农化过程中土地问题政府应对策略的建构，同样回避不了公平和效率问题。笔者认为应坚持公平和效率兼顾的原则，在公平方面，农村大学生未能享受到政府为城镇户口人员设定的福利待遇，如果又因户口"农转非"再丧失农村集体经济的原有利益，可谓有失公平，因此，明确农村大学生享有对入学前承包土地的相关权利，并履行相应的义务，同时，城市政府部门应根据农村大学生的收入水平等情况，使其享受到相应的福利待遇，体现法治社会的公平正义。在效率方面，农村大学生可以将土地以出租、转让、转包、入股等方式流转，使已经脱离农业生产的农村大学生将土地转移到失地农民、种粮大户等主体手中，实现资源在不同群体之间的高效配置，提高土地资源的利用效率。大量农村大学生非农化增加了所在城市的土地供应压力，可以探索农村大学生土地与城市建设用地挂钩的机制，实现建设用地指标的区域间换算与调配，缓和城市用地紧张的局面，实现土地资源在不同区域间的优化配置，提高土地资源的综合经济效益。

5.2.2　可持续发展原则

可持续发展是指在满足当代人需求的情况下，不对后代的需求造成负面影响，可持续发展原则异常强调资源配置在代与代之间的公平。在以农业生产为主的农村社会体系中，土地对于农民而言，不仅是食物的主要来源，也是其后代生存发展的保障。因此，农村大学生非农化过程中土地问题政府应对策略的构建，应以不影响农民后代可持续发展能力为原则。首先，政府和集体经济组织应依法维护农村大学生在农村享有的各项权利，以此作为农村大学生及其后代在城市可持续发展的基础。其次，目前，中国农村呈现出"'70 后'不愿种地、'80 后'不会种地、'90 后'不提种地"的状态，家庭劳动力主要是留守老人和家庭妇女。因此，在计划生育背景下，农村大学生非农化直接导致户内年轻劳动力更加稀缺，同时，农村大学生父辈老龄化程度也在逐年提高，这些因素综合起来很极易导致土地资源的低效利用，甚至闲置、抛荒。由于农村大学生及其家庭成员所代表的人口数量众多，占有的耕地规模巨大，如果政府不参与进行协调和管理，势必影响农业生产及粮食产量，波及整个社会可持续发展。

5.2.3　动态原则

农村大学生非农化过程中土地问题政府应对策略不是一成不变的，应随着法律政策的调整、社会经济发展水平的提高、农村大学生的意愿等因素进行及时调整。具体表现在：第一，应对策略的方式上，如果采用单一的应对策略，很难满足所有农村大学生的偏好和意愿，即使采取多种应对策略相结合，也应考虑应对策略的相互合理搭配、排序以及策略类型的及时更新等问题。第二，农村大学生选择相应政府应对策略具有阶段性和时效性，因此，应根据情况保证农村大学生更换政府应对策略的权利。第三，在应对策略的利益交换上，随着社会经济的发展和人民生活水平的提高，农地所包含的价值也会随之提高，因此，农村大学生土地流转价格、土地退出补偿标准应在一定期限内做出更新和调整。动态原则是政府应对策略永葆生命力的重要保障，否则，将导致政策落后甚至失败。

5.2.4 利益均衡原则

农村大学生非农化过程中的土地问题涉及政府部门、集体经济组织、农村大学生及家庭成员、集体经济组织内其他成员等众多权利主体。因此，政府应根据利益均衡的原则制定农村大学生非农化过程中土地问题应对策略，避免"搭便车"造成一方获益是以另一方利益严重受损为前提等情况的发生。具体应该做到，在农村大学生转移土地产权时，应遵循政府规范指导与"平等自愿有偿"相结合的原则，政府通过科学制定土地权利转移价格指导标准等方式，使交易双方能以合适的价格成交，避免出现价格过低或过高而造成的利益失衡。农村大学生维护其土地权利应避免侵犯集体经济组织内其他成员的利益，同时，鉴于农村各户内部成员在承包地上呈现"共同共有"的权利状态，因此，农村大学生在进行土地权利处置时，应征得其家庭成员的同意，以维护家庭其他成员的利益。集体经济组织对农村大学生的土地利用、流转等具有监督权、备案权及适当情况下的调整权。在农村大学生选择一次性让渡土地财产权利时，集体经济组织依法享有分得部分补偿收益的权利。更为重要的是，农村大学生非农化过程中应协调好迁入地政府和迁出地政府之间的利益均衡，农村大学生退出农村的用地指标应该进行合理分配，不然很难调动迁入地政府接纳异地农村大学生并给其提供城市社保、教育、医疗等各方面服务的积极性。

5.3 应对策略的筛选与应对策略体系的构建

理论界对于农村大学生是否享有入学前承包地的相关权利存在着诸多争议，有肯定说、否定说、折中说三种观点，与之相对应，提出的应对策略也存在着本质的区别。①持肯定说者认为，土地承包经营权属于物权，农村大学生户口非农化并不丧失该项权利，提出的应对策略主要有户口回迁、成员权保留、土地保留、土地流转和土地退出。②持否定说者认为，享有农村土地权利的前提条件是拥有集体成员权，农村大学生将户口转出已丧失本集体成员资格，因此，提出的应对策略是收回农村大学生的承包地。③持折中者认为，农村大学生户口非农化后是否还享有土地权利，不应直接做肯定或否定回答，应综合考虑农村大学生的入学时间、户口迁移、学业及工作、人地矛盾等情况决定。

首先，持否定说者提出土地收回策略的主要依据是农村大学生成员资格的丧失，暂且不论农村大学生成员资格问题还存在争议，土地收回策略根本不符合我国现行法律。只有满足《农村土地承包法》第二十六条第三款规定的法律条件，集体经济组织才可以依法收回农村大学生及家庭其他成员的土地，这仅适用于很少一部分农村大学生，因此，将该策略运用于全体农村大学生不免有以偏概全之嫌，容易引起大部分不需要交回土地的农村大学生的不满，继而诱发农村大学生及家庭成员与政府、集体经济组织之间的矛盾冲突，甚至到上一层政府信访或将集体经济组织告上法庭。

其次，持折中说者提出的应对策略本质上是集体收回承包地的变异形式，只是将集体收回承包地的前提条件人为地设定为以下几种情况：户口已迁出、大学已毕业、已找到工作、在某一时间点入学、毕业后未回原籍落户、集体内人地矛盾突出等。持这种观点的人试图建立起适合农村大学生这一特殊群体的"土地保留和土地收回"相结合的政府应对策略，但是这些应对策略均缺乏法律政策依据，是专家学者站在个人立场上提出的观点和看法。有些策略看起来似乎合理，但均没有经过严格的逻辑论证，同时，彼此之间存在着严重的矛盾和冲突，并且每种应对策略都因缺乏公平性而容易引起农村大学生的质疑和申诉。

最后，持肯定说者认可农村大学生享有入学前承包土地的相关权利，在农村大学生承包期限内，政府根据不同的情况，分别采取户口回迁策略、成员权保留策略、土地保留策略、土地流转策略和土地退出策略。

（1）户口回迁策略和成员权保留策略。前者采取后期补救措施弥补农村大学生的成员资格瑕疵，后者采取前期的直接规定保留入学农村大学生的成员资格。两者是现行政府部门应对农村大学生非农化土地问题的策略选择，但是政策本身存在着诸多问题，如果推行实施还将产生诸多负面影响，因此，这两项应对策略均不适用。

（2）土地保留策略。农村大学生入学时将户口迁到学校所在城市后，政府部门和集体经济组织采取"无为而治"的应对策略，对农村大学生的土地问题不加干预，保留农村大学生的土地权利直至承包期结束，在此期间，土地的利用和管理由农村大学生及其家庭成员自主决定。本轮承包期结束后，农村大学生的土地权利根据届时的法律政策再具体执行。同时，土地保留策略与成员权保留策略存在着本质区别，前者的基础是土地承包经营权物权支配性，具有法律依据。后者虽然保护大学生初始身份利益的范围更广，但是理论界对该问题存在争议，更重要的是，没有法律政策上的支持。

（3）土地流转策略。农村大学生依照法律规定通过转包、出租、转让、入股等方式将承包地权利转给他人，并获得相应收益，这属于一种完全的市场化行为，流转双方自主确定成交价格、流转方式和权利让渡时间等重要内容。政府在土地流转过程中仅发挥完善市场管理、价格指导和信息服务等辅助功能，集体经济组织在土地流转中仅享有象征性的土地所有者地位。土地流转是国家法律政策认可和鼓励的资源配置方式，农村大学生非农化与土地流转相结合不仅是合法合规的，而且也是防止土地资源低效运行的重要方法。

（4）土地退出策略。农村大学生非农化过程中并不丧失承包地、宅基地等原有身份利益，这些利益被视为财产权受到法律的严格保护。农村大学生及其家庭成员可根据家庭人口、收入、未来生活安排等情况，选择继续保留或者退出农民身份利益，如果农村大学生及其家庭成员选择退出集体身份，其原有的承包地、宅基地等财权权利视情况由政府专门机构或集体经济组织收回管理，农村大学生及其家庭成员获得相应的补偿收益。前者是土地、宅基地等财产权的一次性完全让渡，并且伴随着农村大学生及其家庭成员的户口非农化，而土地流转是承包期内的土地权利转移，农村大学生及其家庭成员的户口不必随之改变。

根据上述分析，持肯定说者提出的五种应对策略中，土地保留策略、土地流转策略是依据现行法律政策提出的，虽然土地退出策略国家法律政策还没有明确规定，但是该策略已经在重庆市国家统筹城乡综合配套改革试验区等地方推行，同时该策略全方位保护农村大学生及其家庭成员的身份利益，避免了行政干预而引发的违背当事人意愿的情况，能够解决现实问题并且满足各方主体的利益，具有可操作性。本书的实证部分将围绕着这三种应对策略展开(表5-3)。

表 5-3　政府三种应对策略之比较

应对策略	对土地权利的保护形式	对非农化的有利之处
土地保留	侧重于对承包地的实体性保护，消除其他主体以非农化为借口对农村大学生农地权利的侵害	打消农村大学生因顾及农地权利及征地补偿等问题而产生的顾虑，避免因此选择"逆城市化"行为
土地流转	农村大学生将原有承包地权利投放到市场，实现土地权利市场化交易中的合理优化配置	在求学以及城市生活期间，农村大学生能够逐年获得相应的经济收益，缓解经济压力
土地退出	引导农村大学生根据自身实际情况，完全或者部分放弃初始农民身份所蕴含的全部利益(承包地、宅基地及其附属物等)，获得折价补偿	吸引符合条件的农村大学生完全退出集体经济组织，同时，能够一次性获得较多货币补偿，助推城市化进程

5.4　本 章 小 结

(1)农村大学生非农化过程中土地问题应对策略的构建需要借助一定的理论基础，否则，应对策略将丧失依据、科学性和针对性，主要包括三个方面：农村大学生非农化后入学前承包土地相关权利的界定、农村大学生非农化过程中对土地的依赖程度分析和政府制定政策作用效果的合理评估。

(2)农村大学生入学后享有已承包土地的相关权利是政府制定应对策略的法律前提，农村大学生非农化并不意味着承包经营权的丧失，这是物权支配性的体现。农村大学生非农化过程中对土地的依赖程度是千差万别的，其中，土地依赖程度与婚姻状态、家庭收入呈负相关，与农业人口比重、家乡区位呈负相关，这是政府科学分类制定应对策略体系的理论基础。农村大学生非农化过程中的土地问题的根源在于相关法律政策的缺失，因此，政府应对策略应该发挥引导、激励等功能，促进土地资源的合理优化配置。

(3)农村大学生非农化过程中土地问题应对策略的构建应坚持四大原则：公平与效率兼顾原则、可持续发展原则、动态原则、利益均衡原则。

(4)通过对理论界、政府部门对农村大学生土地问题持"否定说""折中说"和"肯定说"三种态度及提出的应对策略的评价，得出"否定说"的收回策略与现行法律政策相违背；"折中说"提出的应对策略本质上是集体收回承包地的变异形式；"肯定说"提出的应对策略有五种：户口回迁策略、成员权保留策略、土地保留策略、土地流转策略和土地退出策略，但是户口回迁策略和成员权保留策略本身存在诸多问题，且与国家法律政策难以契合，因此，本书选择的政府应对策略主要是土地保留策略、土地流转策略和土地退出策略。

(5)土地保留策略偏重于对农村大学生承包地的实体性保护，土地流转策略偏重于农村大学生在保留物权属性土地权利前提下的资产盘活，土地退出策略偏重于农村大学生承包地、宅基地及其附属物相关权利的一次性完全让渡。

6　农村大学生非农化土地问题 政府应对策略实证研究

6.1　土地保留策略实证研究

农村大学生入学前以集体成员身份通过家庭承包方式获得土地的相关权利，而家庭承包采用的是"人人有份""好坏肥瘦合理搭配"的平均分配模式，其逻辑起点是承包方拥有集体成员身份。农村大学生非农化直接导致其家庭承包逻辑关系链（农村户籍—成员资格—土地承包权—土地经营权）的断裂。同时，根据现行法律政策规定，土地承包经营权是设期限的物权权利，承包期内，集体经济组织不能收回承包方的土地，但是承包期满后该如何处理尚不得而知。因此，政府部门可以对农村大学生采取土地保留策略，但是土地保留策略并不意味着采取完全放任自流的管理办法。这需要深入研究以下几个问题：第一，土地保留期限以多久为宜？第二，土地保留期间权利如何运行？第三，政府如何实现土地保留与土地收回的过渡？第四，土地保留期间承包地被征收如何补偿？

6.1.1　土地保留期限

由于农村土地法律政策属于上层建筑层次，条款内容过于宏观，因此，从法律政策层面进行分析，仅仅能确定农村大学生享有剩余承包期的土地权利，现行法律政策对本轮承包期结束后的农村大学生土地问题显得无能为力。因此，界定农村大学生非农化土地权利的保留期限，需要从三个方面对农村土地制度进行微观设计：第一，集体经济组织与农户土地产权关系；第二，农户和个人承包权和经营权的获得与丧失事由；第三，农地使用制度不确定性的表现方式。

6.1.1.1　集体经济组织与农户土地产权关系的界定

根据承包经营权内部权能性质的不同，可将其分解为承包权和经营权两部分（张颖聪和张文秀，2005；沈叙元和张建华，2006；戴青兰，2006；周建，2011），即所谓的农村土地"三权分立"，集体经济组织享有土地所有权，农户享有农地承包权，并通过家庭承包获得的农地经营权。承包权是指集体经济组织在行使所有者权利发包土地时，农户享有依法承包土地的资格。承包权是一种产生于所有权而又相对独立于所有权的权能（谭玲，1986）。我国农民土地承包权实际上是集体成员经济、政治和社会权利的综合体现。承包权即集体经济组织的成员权，这项权利是由习俗逐渐成为法律的（王景新，2005）。

集体发包土地时，农民依据自己享有的承包权获得相应数量承包地的经营权，经营权是农民对承包地享有的占有、使用、收益和部分处置的权利，是一种新型的用益物权。

从宏观上看，集体经济组织作为土地所有者享有土地发包权和收回权，土地所有权是承包经营权的权源。农户享有土地的承包权和经营权，并可依法对经营权进行流转。同时，经营权的年限是法律规定的固定年限，一轮土地承包期满，农民享有的经营权因期满而终止，但是农民仍然依赖土地获得生活的保障，这就需要协调承包期限的有限性与农民对土地依赖的长期性之间的矛盾。在下轮土地发包时，农民仍属于集体经济组织成员，继续享有承包集体土地的资格，该项权利得到了法律的认可。《物权法》第一百二十六条第二款规定："前款规定的承包期届满，由土地承包经营权人按照国家有关规定继续承包。"因此，集体成员对集体土地的承包是连续的、不间断的，可谓一项永续承包的权利。除非农户出现丧失承包权的法定事由，如全家迁入设区的市、转为非农业户口或者农户内所有家庭成员死亡造成农户归于消灭的等。设定每次农户从集体承包土地获得的经营权期限称为"一轮"，那么，农户对集体土地的承包是一轮接着一轮的（图6-1）。集体经济组织从第A年开始第一轮土地发包，此时农户根据户内享有承包权的人数分配到相应数量的承包地。假设一轮承包期为T年，那么从第A年到第$(A+T)$年即为农户的第一轮土地承包期，农户享有T年的土地经营权，第$(A+T)$年年末第一轮土地承包结束，意味着第二轮土地发包的开始，届时农户再依据相应的规则分得相应数量的承包地，依此类推。

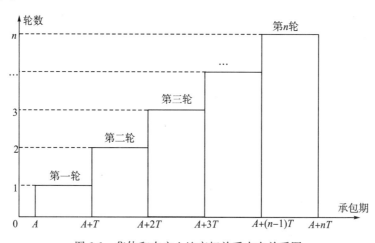

图6-1　集体和农户土地产权关系内在关系图

农户对集体经济组织的土地享有的永续承包权具有以下五个方面的特点。

(1)农户承包权永续化不等于农地私有化。因为农户对承包地不享有完全处置的权利，仅享有占有、使用、收益和承包期内流转的权利，农户不得自行买卖土地，集体保留了对土地的最终处置权(刘月喜，2006)。承包权的永续化并不是为了实现农民的土地私有，而是为了实现农户对承包地权利的长久稳定且有法可依。

(2)农户享有的承包权是户内成员享有承包权的集合。集体发包土地是以农户为单位进行的，在集体发包土地时，农户依据本集体的土地发包规则，根据户内享有承包权的人数获得相应数量和质量的承包地，即户内享有承包权的人数与获得的承包地数量呈正比，享有承包权的人数越多，就可能获得更多的土地经营权。

（3）承包权随成员权的取得而产生，随成员权的丧失而消灭。农民集体成员权指的是在土地的集体所有权制度下，村社内部的所有成员平等地享有村社所属的土地权利（叶剑平，2000），《农村土地承包法》第十八条第一款规定"本集体经济组织成员依法平等地行使承包土地的权利。"因此，拥有集体经济组织成员权是获得承包权的法定依据和前置条件。

（4）享有承包权并不必然享有经营权。集体发包土地后，农户和集体的土地权利关系处于相对稳定的状态且不允许调整，即"增人不增地，减人不减地"。该政策的本意是排除不定期的土地调整，从而进行土地资源的户间调配以消除人口增减带来的土地占有不公，代之以通过权衡各户家庭内部人口的自然变动实现户内人均土地占有量的动态平衡。因此，一轮土地发包后户内新增的家庭成员，虽然享有承包权，但并不当然获得承包地的经营权，只有可能性而不具有现实性，可谓一种期待权（丁关良，2007），除非集体经济组织将预留的机动地、通过开垦增加的土地或者承包期内承包方依法交回的土地承包给新增人口。

（5）承包权丧失并不必然导致经营权的消灭。法律明确规定的承包期内发包人不得收回承包地，应包括两层含义：第一，承包期内农户通过家庭承包获得的承包地，发包方不得收回；第二，承包期内，农户内成员因死亡或农转非等原因丧失承包权的，其享有的承包地份额，发包方也不得收回。承包期内，农户内所有家庭成员死亡的，农户的承包权随之丧失，承包地剩余年限的经营权应由继承人依法继承。

6.1.1.2　农户和农民个人承包权、经营权获得与丧失的法律事由

1. 农户承包权和经营权获得与丧失的法律事由

1）农户承包权的获得途径

（1）户内有享有承包权的成员，农户直接获得承包权。

（2）在上轮集体土地发包时，户内没有享有承包权的成员，但在承包期内，户内因出生、收养、婚娶等原因新增人口享有承包权时，农户也获得承包权。

（3）因农村集体经济组织初设而取得。例如，农户基于行政命令搬迁到另一个集体经济组织，获得迁入集体的承包权。

（4）因农户新设而获得。原农户因分家而分割成两个以上农户，新设农户获得承包权。

2）农户承包权的丧失事由

（1）因自愿放弃而丧失。集体经济组织统一发包土地时，农户依法平等地行使承包土地的权利，也可以自愿放弃承包土地的权利。

（2）因农转非而丧失。承包期内，承包方全家迁入设区的市，转为非农业户口的，下轮土地承包权丧失。

（3）因政府征地户内全体成员农转非安置而丧失。征地使农户的经营权归于消灭，农户内享有承包权的成员都选择农转非安置时，农户承包权即丧失。

（4）因户内享有承包权的成员全部死亡或者宣告死亡而丧失。

（5）因搬迁安置到异地而导致原集体经济组织的承包权丧失。

(6)因农户合并而丧失。两个以上农户归并为一个农户，被并入农户的承包权随之丧失。

3)农户经营权的获得途径

(1)在集体发包土地时，农户依据户内享有承包权的人数获得相应数量的土地经营权。

(2)在集体土地发包后，集体将依法预留的机动地、依法开垦增加的耕地和承包方依法自愿交回的土地等承包给户内新增人口，农户即取得经营权。

(3)通过农户分设而获得。一个农户分为两个以上农户后，每个农户获得相应数量承包地的经营权。

(4)通过土地流转而获得。土地流转是指依照法律规定农村土地承包方自愿将其拥有的部分或者全部承包地权利转移给他人，并从权利让渡中获得相应收益的行为，此时，转入方获得的是承包地相应期限内的经营权。

(5)农户通过其他方式(招标、拍卖、公开协商等)承包集体经济组织土地并获得经营权。

(6)农户通过继承被继承人的土地并获得经营权。

4)农户经营权的丧失事由

(1)经营权期限期满而丧失。经营权不是自物权而是他物权，因此要受到法律规定的使用年限的限制，承包年限期满预示着本轮承包期内的土地经营权终止。

(2)因农户主动交回而丧失。承包期内，承包方可以自愿将承包地交回发包方，经营权自农地交回时自动丧失。

(3)因集体收回而丧失。

(4)因土地灭失而丧失。是指经营期内农户因自然灾害严重毁损全部或者部分承包地，造成相应土地经营权的丧失。

(5)土地转出而丧失。土地转出方获得了相应的收益，付出的代价是部分或全部承包地之经营权发生转移。

(6)因土地征收而丧失。土地征收使集体土地所有权转移给国家所有，相应地附着于土地所有权存在的经营权也应被一并征收。

(7)农户因分户而丧失相应数量承包地的经营权。

2. 农民个人承包权和经营权获得与丧失的法律事由

在承包期内，农户内部各成员的承包权和经营权也是一个动态变化的过程，因此，讨论农村大学生非农化过程中土地保留期限，就需要对农户内部成员个体的承包权和经营权的取得和丧失事由做尝试性界定。

1)承包权的获得途径

承包权获得的情形包括：①因个人出生于集体经济组织内部并成为集体一员而获得承包权；②因收养、婚娶、入赘等原因将户口迁入集体经济组织，成为相应农户的内部成员，由此获得承包权；③基于行政命令，个人从外地迁入集体经济组织并获得成员资格的，获得承包权；④基于集体经济组织三分之二以上成员或代表同意被接纳为集体经济组织成员，获得承包权。

2)承包权的丧失事由

承包权丧失的情形包括：①因自愿放弃而丧失；②因自愿农转非而丧失；③因征地农转非安置而丧失；④因集体耕地全部或绝大部分征收无地可供下轮发包而丧失；⑤因自然死亡或者宣告死亡而丧失。

3）经营权的获得途径

经营权获得的途径包括：①因土地发包而获得；②因土地转入而获得；③因土地发包后集体将依法预留的机动地、依法开垦增加的耕地和承包方依法自愿交回的土地等承包给集体新增人口而获得；④因继承而获得；⑤因通过其他方式承包而获得。

4）经营权的丧失事由

经营权丧失的途径包括：①土地承包期届满；②土地转出；③自愿放弃承包；④自愿交回承包地；⑤土地灭失；⑥全家迁入设区的市，转为非农业户口，承包地被集体收回；⑦承包地连续抛荒二年及以上，被集体收回；⑧土地被征收。

6.1.1.3 农村土地使用制度的不确定性

不确定性是指无法预计求索的结果或无法预先决定一条通往特定目标的最快捷的途径（贾根良，2006）。在不确定的状态下，无法计算结果发生的客观概率，这是其与风险这一概念的最大不同。虽然不确定性与知识互为排斥，即知识越多，不确定性越低（Shackle，1961），但是源于制度制定过程中的固有缺陷而引起的无法预测的未来状态，则不以人的意志、知识为转移。Hu（1997）认为中国土地产权结构不但模糊而且含混不清，新加坡国立大学朱介鸣（2011）认为，在地方发展政体盛行的情况下，制度不确定性体现在模糊和不完整的农村集体所有制土地产权。荷兰格罗尼根大学何·皮特（2008）把中国本该成纲成条、没有任何歧义的农村土地制度隐藏在模棱两可的迷雾中的状态称为"有意的制度模糊"。张立功（2007）指出，土地产权的不确定性从法律的角度来讲，是由于"制度不稳定"和"制定制度目的不确定"所引发的结果。不确定性的大小主要与土地权利是否明晰有关，在我国农村集体土地所有制下，土地制度的不确定性大小与土地使用合约相关，若对土地各项权能有清楚的界定，合约能够清楚载明这些权利，而合约又是稳定的，同样也可以消除不确定性（王曦，2007）。农地产权模糊性具体表现在以下三个方面。第一，在集体所有权层面上，朱道林（2002）和关涛（2004）等学者都认为，按照现行法律制度，我国农村集体土地所有权主体有三类，组集体经济组织、村集体经济组织和乡（镇）集体经济组织，但产权主体究竟属于哪一级（王环，2005）？各个层级的集体经济组织各自拥有多少份额？处于法律政策上含混不清、实践上兼而有之的状态（Peter，2005；王金红，2011）。第二，在农民土地使用权层面上，我国农地产权呈现集体经济组织和农户共享的局面，理论界对这种产权状态的性质存在着诸多观点：①钱忠好（2002）和秦大忠（2009）认为属于"集体所有，农户承包"；②周诚（2005）认为属于"按份共有"；③李惠平（2006）认为属于"共同共有"；④韩松（2000）和渠涛（2008）认为属于"总有和新型总有"；⑤Wen（1995）和王景新（2008）认为属于"集体所有，农民永佃"；⑥温世扬（1999）认为属于"个人化与法人化的契合"。集体经济组织与农户的土地权利关系至今仍未达成一致，处于模糊不清的状态；同时，Kung和Liu（1997）、Kung（2000）等学者在实地调查的基础上研究发现，农民所持有的农地使用权缺乏预期的稳定性且具有不确定性。第三，在农地发展权层面上，将农地改为建设用地的权利是否源于集体农地所有权及其权利性质仍存在争议，这直接导致农地转用后增值收益的归属处于模糊状态，理论界有三种不同的观点：美国学者 Henry(1979)和王万茂(2006)都主张"涨价归公"，郑振源(2006)和 Blondel(2006)主张"涨价归私"，周诚(2006)和陈莹(2009)等主张"公私兼顾"，即农地非农化的增值收益分配应兼顾失地农民、集体经济组织和国家等主体的利益，然而，现行法律政策并没有解决农地非农化过程中增值收益的归属与分配问题。

农村大学生非农化过程中的农地产权制度的不确定性问题主要体现在以下三个方面。第一，集体经济组织土地所有权与农村大学生土地承包经营权之间的权利关系的不确定性，这在前面"集体经济组织与农户土地产权关系的界定"部分已做了界定。第二，土地发展权不确定性问题，仅涉及少部分土地被征收的农村大学生群体。另外土地发展权涉及土地用途由农业向非农业的转变，而农村大学生土地保留策略主要是农地农用层面。第三，国家关于农村土地产权的认定呈现事实上的模糊状态，农村土地产权仍然与以户籍为标志的村集体成员权捆绑在一起(李飞和杜云素，2013)。由于农村大学生非农化诱发其集体成员资格的瑕疵，进而影响到其入学前承包土地的经营权之保留与剥夺。因此，农村大学生土地权利不确定性主要体现在农地使用权方面。关于农地使用权的不确定性，北京大学教授张静(2003)认为主要表现在三个方面：①使用权期限不足，也不确定；②存在着因人口变化调整土地而失去土地的风险；③存在着因非农征地而失去土地的风险。然而，随着我国土地法律政策的逐步完善，上述三个土地使用权方面的不确定性已经克服或者根本不成立，使用权期限法律政策已经明确规定，土地调整也已被法律明令禁止。因土地征收而失去土地与其说是一种权利不确定性，不如说是法律对集体经济组织或个人土地权利的一种法定限制，是任何农民都必须面对的"发展义务"。笔者认为，现今农地使用制度的不确定性更多地存在于一轮承包期结束后到下一轮承包期开始时的过渡阶段，具体表现为：一轮承包期结束后集体如何进行下一轮的土地发包工作。由于《农村土地承包法》和《物权法》等法律法规均没有对该问题做出具体规定，那么在实际操作中就至少存在三种可能性。①在维持承包地位置、面积等情形不变的前提下，单纯地延长农户对土地的承包期限。在这种情况下，农户享有对固定地块的承包经营权。与之同时，集体成员权对经营权获得与丧失的影响停滞于若干年前发生过的土地发包，对未来农地权利的获得与丧失的影响程度大幅减弱。②届时集体经济组织按各户享有承包资格的人数再进行一次土地发包。在这种情况下，农户享有对不固定地块的承包经营权。在下轮土地发包时，集体成员权仍然对经营权的获得与丧失起着决定性作用。③以上两种可能性交替出现，没有任何可遵循的规律可言。这三种不同的处理方式对农户土地承包经营权产生的影响是巨大的，甚至在某种程度上决定着农地使用制度的性质和方向。

6.1.1.4　农村大学生享有土地承包经营权期限的确定

根据本书对集体土地所有权与农户土地承包经营权关系、农户及个人承包权和经营权获得与丧失法定事由的界定，农村大学生应只享有剩余承包期内的土地权利。但将农地使用制度不确定性考虑进去的话，界定农村大学生享有土地权利的期限就复杂了，至少包括以下五种可能。

第一种情形：在本轮承包期结束，集体经济组织土地打乱再重新分配时。这种情况，相当于集体再进行一次规范的土地发包，农户届时再按照户内享有承包权的人数获得相应数量和质量的土地。农村大学生因户口、职业等非农化已丧失集体承包权。因此，集体经济组织应保留农村大学生土地到本轮承包期届满，假设农村大学生入学时土地已使用的年限为 n，则保留土地的期限即为 $T-n$。

第二种情形：在本轮承包期结束，单纯地延长农户土地承包期限时。在这种情况下，由于集体经济组织仍按农户上轮发包获得承包地的数量为依据进行延包，户内享有集体承包权人数的变化对本轮承包期内获得土地的数量并不产生影响，相当于使农户享有的土地状态稳定化。因此，这种情况下，农村集体应保留农村大学生的土地直至其本人死亡。具体期限可以采取如下方法测算：假设农村人口的平均寿命为 W，农村大学生入学时的年龄为 S，则农村大学生可以继续享有土地权利的轮数为 $\mathrm{Trunc}\left(\dfrac{W-(S+T-n)}{T}\right)$，其中 Trunc 为取整函数，则集体应保留农村大学生土地的年限为 $(T-n)+\mathrm{Trunc}$ $\left(\dfrac{W-(S+T-n)}{T}\right)\times T$。当 $S+T\geqslant W+n$ 时，$\mathrm{Trunc}\left(\dfrac{W-(S+T-n)}{T}\right)\times T$ 值为 0，即本轮承包期结束后，意味着农村大学生已经因死亡而丧失下轮承包权。当 $0<\mathrm{Trunc}$ $\left(\dfrac{W-(S+T-n)}{T}\right)\times T\leqslant 1$ 时，值取 1，表明农村大学生仍然享有 1 轮承包期。当 $1<$ $\mathrm{Trunc}\left(\dfrac{W-(S+T-n)}{T}\right)\times T\leqslant 2$ 时，值取 2，表明农村大学生仍然享有 2 轮承包期，依此类推。

第三种情形：在每轮承包期届满时，集体经济组织究竟是采用单纯延长承包期的方式，还是采用打乱再重新分配的方式，这时就要结合上面两种情形的分析思路，根据不同情况对保留农村大学生承包地的期限进行分阶段讨论。

第四种情形：在农村大学生将户口转出 m 年后，其家庭剩余成员全部迁入设区的市，且转为非农业户口的，根据现行法律规定，农户应当将承包的耕地交回发包方。农户不交回的，集体可以收回其承包的耕地和草地。因此，这时集体保留农村大学生土地的年限为 m 年。

第五种情形：如果在剩余承包期内，农村大学生家庭剩余成员全部因死亡、婚嫁等原因丧失集体承包资格的，意味着农村大学生所隶属的农户已经消失，但是集体经济组织不应以农户不存在为由收回农村大学生家庭承包地，农村大学生可以依法"继承"家庭承包地。如果本轮承包期结束后，集体采取打乱土地重新分配的方式，则保留农村大学生及其家庭的土地至承包期结束；如果集体采取单纯延长承包期的方式，则农村大学生继承获得的土地期限也相应地延长。

6.1.2 土地保留运行

"没有无权利的义务，也没有无义务的权利"，权利义务是对等的。因此，农村大学生在享有土地承包经营权的同时，也要按照国家法律的规定，履行承包人应尽的义务。土地承包经营权的客体是农村集体所有的农用土地，担负着国家粮食安全等社会保障功能。然而，大部分农村大学生不愿回农村，不甘心务农，也对农业劳动没有明确概念，不知道怎样务农（范绪枝，2012）。随着国家计划生育政策后期效应的显现，农村大学生家庭剩余劳动力老龄化程度加剧，与农村大学生非农化相伴随的极可能是土地资源的低效利用。如果农村大学生非农化后的农地得不到有效的规范管理，将会对农业生产带来极大的负面影响。因此，农村大学生所应承担的义务主要包括以下三个方面：①维持土地的农业用途，不得擅自用于非农建设；②依法保护和合理利用土地，不得给土地造成永久性损害；③法律、行政法规规定的其他义务。在履行义务的基础上，农村大学生依据家庭情况、个人意愿、毕业后的工作情况等因素，依据当前法律规定的土地政策，在土地保留期限内，可以采取以下三种途径解决土地的经营管理问题。

6.1.2.1 完全产权让渡，获得一次性补偿

土地承包经营权的完全让渡，是农村大学生将其享有的土地承包经营权的权利和义务完全转让给他人，并获得一次性收益的行为。具体包括自愿性的土地退出和非自愿性的土地征收。对于农村大学生而言，完全让渡产权的农地处理方式可以一次性获得较多的货币收益，能够发挥资金的规模化效用，不仅可以缓解农村大学生在校期间的学费及生活费用压力，而且可以在其毕业或工作后用于投资、购房等方面。然而，当前农地产权完全让渡获得的收益并不能真实反映土地的实际价值，如由于农地使用制度不确定性的存在，农村大学生仅能获得本轮承包地剩余年限土地转让的收益，农地产权让渡收益忽略了下一轮承包期农村大学生可以继续保留土地权利的可能性。当前利用年产值倍数法测算征地补偿标准的方法，不仅缺乏科学依据，而且是一种政府垄断定价，农村大学生不能充分分享土地用途转换所产生的增值收益。如果农村大学毕业后暂时找不到工作或中途失业，承包地的保障功能也因完全让渡而先行丧失，当货币收益或积蓄消费殆尽时，农村大学生将沦为"三无群体"。因此，完全让渡产权的农地处理方法存在较高风险，在农村大学生慎重决策的基础上，还需政府和集体经济组织加以审核把关确认才能实施。

6.1.2.2 部分产权让渡，获得稳定收益

土地承包经营权的部分产权让渡，即农村大学生将自己拥有的承包地通过转包、出租、入股、转让等方式进行流转，并获得相应流转收益的行为。这种处置模式可以在不丧失物权性质土地权利的前提下，获得较为稳定和持续的经济利益，并且不丧失对承包地未来增值收益的获得权。但是这种处置方式不能一次性获得大额的经济利益，不能完全弥补农村大学生非农化过程中所面临的学费、生活费开支，对于农村大学生在城市购房所需资金而言更是杯水车薪。在农村土地流转市场尚未完善的情况下，农村大学生土地流转还存在着转出方与转入方的信息不对称，交易成本较大的问题，同时，在农村大学生非农化过程中土地权利归属没有明确的情况下，权利让渡的期限越长，越容易引发利益纠纷和矛盾。

6.1.2.3 户内亲属代耕

土地承包是以户为单位进行的，在一般情况下，农村高中生升学仅仅是家庭内部个人的户口迁移，其余主要家庭成员仍生活居住在原集体经济组织内，户口类型和职业性质并不必然发生改变，仍然从事农业生产，以农地为主要收入来源。因此，除"完全让渡产权"和"部分让渡产权"两种方式之外，农村大学生可以对其拥有的承包地不采取

任何措施，选择继续由其亲属代为经营和管理，即代耕。该方式简单易行，不涉及任何权利转移和利益交换，是目前农村大学生普遍采用的处置策略。但这也间接体现了农村土地流转市场的不完善和退出机制的缺失，导致农村大学生盘活农地权利的路径缺乏，无法实现土地权利的资本化。

6.1.3 土地保留策略下的权利集体收回

高校扩招给了农村孩子、特别是困难群体子女更多的上学机会，使知识改变他们命运的愿望得以实现。1998 年招收大学生 108 万人，其中农村子弟 40 万人，占 37%；2005 年招收大学生 447 万人，其中农村子弟 230 万人，占 51%[①]。由于在城市有较多的发展机会，农村大学生毕业之后大多会选择在城市就业并安家落户，很少有返回农村工作的，这无疑有利于实行以知识经济为中心的第二次人口城市化（熊升银，2008）。然而，由于土地的不动产特性，农村大学生入学前已分得的承包地并不随之转移，形成了"人走地留"局面。高校扩招带来的人口城市转移并没有使农村人地矛盾得到缓解，反而形成了农村大学生这一特殊群体的土地产权保护和资源可持续利用问题。因此，在采取保留农村大学生土地策略的情况下，政府部门应考虑如何终止农村大学生的土地权利，这涉及两个问题：第一，何时终止合适？第二，以何种方式终止可行？在分析农村户内农民个体承包权和经营权获得与丧失的基础上，可将收回农村大学生土地权利的时间界点分为法定时间界点和公平合理时间界点。

法定时间界点是指依照现行法律规定收回农村大学生土地权利的情况。目前法律涉及可以收回承包地的条款主要有：第一，《农村土地承包法》第二十六条第二款："承包期内，承包方全家迁入设区的市，转为非农业户口的，应当将承包的耕地和草地交回发包方。承包方不交回的，发包方可以收回承包的耕地和草地。"第二，《土地管理法》第三十七条第三款："承包经营耕地的单位或者个人连续二年弃耕抛荒的，原发包单位应当终止承包合同，收回发包的耕地。"据此，我们可以将法定收回时间界点归纳为以下四种情形：①农村大学生农转非且户口迁入设区的市的，此后，家庭剩余成员也将户口迁入设区的市的，则以最后一个成员户口迁出时作为收回土地权利的时间界点；②农村大学生农转非且户口迁入设区的市，如果户内成员全部自然死亡或宣告死亡的，则以最后一个成员死亡的时间点收回土地权利；③如果家庭户内只有农村大学生一人，在其将户口迁入设区的市时作为收回土地权利的时间界点；④农村大学生入学时无论户口迁出与否，如果其剩余家庭成员连续二年抛荒承包地的，则以抛荒满二年之时作为收回土地权利的时间界点。

公平合理时间界点是指根据公平合理的原则选择恰当的时机和方式收回农村大学生的土地权利，且该收回时间界点能够被大学生本人及其家庭成员接受。根据现行法律规定，土地的承包年限为 30 年，对承包期满后如何处理，仅《物权法》第一百二十六条第二款规定："前款规定的承包期届满，由土地承包经营权人按照国家有关规定继续承包。"该条款可以为户口未转出仍留在原集体的农民继续享有承包经营权提供依据，然而并非

---

① http://www.china.com.cn/news/txt/2008-12/19/content_16975230.htm

就一定适合农村大学生这一特殊群体。

土地承包经营权属于物权，在法定期限内，物权人对承包地享有直接支配和控制的权利，农村大学生因农转非丧失的仅仅是承包权，即下轮承包土地的资格，但仍享有本轮承包期内土地的经营权。因此，假设某农村大学生在第 D 年（$A<D<A+T$）将户口迁入学校所在地，如果没有产生法定收回承包地的情形，则该农村大学生仍享有剩余（$A+T-D$）年的经营权，但是在承包期届满时，集体经济组织可以以其丧失承包资格为由收回其土地权利，且这种收回与农地使用制度的不确定性并不冲突：①在"维持承包地位置、面积等情况不变，单纯地延长农户对土地的承包期限"情况下，集体经济组织收回农村大学生的土地权利，并不影响农村大学生家庭户内的承包地数量，相当于只是对家庭内部享有承包地的人数以及人均承包地面积做了调整，理应不会引起农村大学生及家庭成员的反对，政府部门所要做的工作就是对土地使用权证书做相应的变更登记。在这种情况下，政府部门也完全可以不针对农村大学生群体启动土地收回措施，以降低行政成本开支；②在"届时集体经济组织按各户享有承包资格的人数再进行一次土地发包"的情况下，即在第 A 年到第（$A+T$）年间入学并转户口的农村大学生届时都将丧失承包经营权。这样也不会诱发农村大学生的激烈冲突，主要基于两个原因：第一，是有土地使用权证书载明的权利期限作为凭证的，权利已经到期便于说服农村大学生及其家庭成员；第二，在集体经济组织重新发包土地的时候，转户的农村大学生本身也会默认自己丧失了继续承包土地的资格，同时，在该阶段整体收回农村大学生的土地，兼顾了横向的公平（图 6-2）。

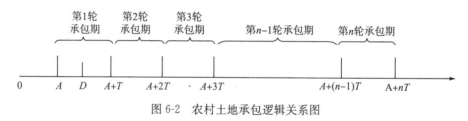

图 6-2　农村土地承包逻辑关系图

6.1.4　土地保留策略下的土地征收对农村大学生土地权利的影响与补偿

在农村集体土地产权内部解构的基础上，将土地承包经营权分为承包权和经营权，同时，在考虑非农化对承包权的影响后，土地征收对农村大学生的承包权和经营权产生的影响是不尽相同的。经营权是农村大学生对其已承包土地享有的占有、使用、收益和部分处置的权利，土地征收直接造成集体被征土地的所有权归于消灭，那么依附于该土地上的经营权也必将一并被征收而丧失。承包权是在集体发包土地时农民依法承包土地的资格，是集体经济组织内部成员人人都享有的权利。土地征收并不必然改变承包人的身份关系，导致承包人下轮承包资格的丧失。由于承包权与成员权密切相关，而成员权的判断依据主要是户籍。由于法律政策的改变以及农村大学生个人选择等原因，农村大学生入学后分为转户和未转户两大群体，转户群体又可分为自愿转户和非自愿转户两种类型。因此，对于已转户的农村大学生而言，土地征收对其造成的影响仅限于剩余年限经营权的消灭，对于未转户的农村大学生而言，虽然本轮承包期剩余年限的经营权也归于消灭，但是其仍享有下轮集体土地发包的承包权。然而，承包权只有可能性而不具有现实性，可谓一种期待权（丁关良，2007），对被征地且未转户的农村大学生而言，其能不能在下一轮土地发包时重新获得承包地，还有赖于政府本次征地的面积、集体经济组织耕地总数量、居民生活质量水平等因素。那么，土地征收对未转户农村大学生和转户农村大学生的补偿要不要有所区别亟须深入研究。

6.1.4.1　土地征收对未转户农村大学生下轮承包权的影响分析

土地征收造成的结果：对集体经济组织而言，使集体拥有的土地面积减少了。对征地未涉及的集体成员而言，在下轮土地发包时分得的承包地面积可能会减少，但在本轮土地承包期内，其权利不会因土地征用而受到任何影响（郭平，2007）。对征地涉及的集体成员而言，其将丧失部分或者全部承包地的经营权。但是土地征收并不导致农民承包资格的丧失，在集体经济组织下轮发包土地时，失地农民（含未转户且土地被征收的农村大学生）仍可以凭借承包权重新分得土地。假设国家征收的耕地面积为 L'，下轮集体经济组织发包土地时享有承包权的成员可分得的人均耕地面积为 S，建立起"$L'-S$"函数关系式

$$S = \frac{L - L'}{(F + \text{LSF}) \times (1 + r)^{(N-n)} + M} \qquad (6\text{-}1)$$

式中，S 为下轮集体经济组织发包土地时，集体成员可分得的人均耕地面积；L 为土地征收前集体经济组织可供发包的全部耕地面积；L' 为集体经济组织被征收的耕地面积；F：征地未涉及的集体成员数量；LSF 为征地时引起的失地农民数量（含未转户的农村大学生）；r 为人口自然增长率；N 为法定承包年数；n 为承包地已使用年数；M 为承包期剩余年限内，因婚娶、收养、入赘等原因引起的机械增长人口。

从式(6-1)可以看出，S 与 L'、F、LSF、r、N、n、M 存在着相关关系，但在承包地剩余承包期内，征地所引起的失地农民（含未转户农村大学生）、征地未涉及农民以及这两个群体因出生而引起的自然增长人口，因婚娶、收养等原因而引起的机械增长人口，都属于集体成员并享有承包权，在下轮土地发包时，这部分人口对集体土地的分享是家庭承包的体现，不受政府征地与否的影响，因此，应视为常数项。征地引起的失地农民数量（含未转户农村大学生）LSF 是由 L' 决定的，且 LSF$=L'/R$（式中 R 为集体人均耕地数量），两者关系如图 6-3 所示。LSF 随着 L' 的增大而增大，呈正方向变动，因最大征地面积只能是集体全部可供发包的耕地 L，因此征地引起的失地农民数量最大值为 L/R，即图中 Z 点。综上所述，对 S 影响最大的因素是征地数量 L'，S 与 L' 之间呈反方向变动（图 6-4）。

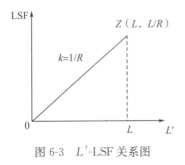

图 6-3　L'-LSF 关系图

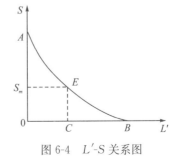

图 6-4　L'-S 关系图

从图 6-4 中可以看出，"$L'\text{-}S$"曲线与纵轴和横轴分别交于 A、B 两点。通过计算 A 点坐标为 $\left[0,\dfrac{L}{(F+\mathrm{LSF})+(1+r)^{(N-n)}+M}\right]$，即政府没有征收集体耕地时，下轮集体成员人均可承包的耕地数量为 $\dfrac{L}{(F+\mathrm{LSF})+(1+r)^{(N-n)}+M}$。通过计算 B 点坐标为 $(L，0)$，即集体耕地全部被征收时，下轮集体成员人均可承包的耕地数量为 0。A、B 是两种特殊的情况，大多数集体被征收耕地面积为 $0\sim L$，这就意味着本轮承包期结束后，失地农民（含未转户农村大学生）和征地未涉及的集体成员都享有承包集体剩余耕地 $(L-L')$ 的资格，但征地造成征地未涉及人员下轮分得的承包地面积相应地减少，减少额度为 $\dfrac{L'}{(F+\mathrm{LSF})\times(1+r)^{(N-r)}+M}$。由于人均耕地面积的最低限度必定要在一定范围之内，否则将影响农民的基本生活。联合国粮农组织曾将粮食过关标准划分为粮食自给标准和粮食根本解决标准两类，并换算出两种标准下的人均耕地拥有量分别为 0.053 公顷和 0.208 公顷（王万茂，2001），并确定人均耕地警戒线标准为 0.053 公顷。蔡运龙（2002）提出了"最小人均耕地面积（$S_{\min}$）"的概念，即在一定区域范围内，一定食物自给水平和耕地综合生产力条件下，为了满足每个人正常生活的食物消费所需的耕地面积。联合国的耕地保护警戒线是个刚性数值，而区域最小人均耕地面积则是一个弹性数值，由于各地区的实际情况不同，所以对应的区域最小人均耕地面积也应有所差别，故本书采用 $S_{\min}$ 作为人均拥有耕地面积最低标准，低于该标准，农民将不能维持正常生产生活。当 $S=S_{\min}$ 时，通过反算可以得到在人均耕地面积为 $S_{\min}$ 时对应的耕地征收面积 L' 为 $L-[(F+\mathrm{LSF})\times(1+r)^{(N-n)}+M]\times S_{\min}$（图 6-4 横轴 C 点坐标值），代表的含义为：当国家征收集体的耕地面积超过 C 点时，下轮集体发包土地时，虽然失地农民（含未转户农村大学生）享有承包权，但其参与下轮土地承包将使集体内所有成员获得的耕地面积小于 $S_{\min}$，这样虽然做到了公平，但却使其他集体成员获得的耕地不能维持基本的生活保障，因此失地农民（含未转户农村大学生）的承包权因"基本权利冲突"而受到限制。据此，土地征收对失地农民（含未转户农村大学生）承包权的影响分为以下三种情况。

第一，当 $0\leqslant L'\leqslant L-[(F+\mathrm{LSF})\times(1+r)^{(N-n)}+M]\times S_{\min}$ 时，下轮集体发包土地时，失地农民（含未转户农村大学生）和征地时未涉及的成员可分得的人均耕地面积在 "$L'\text{-}S$ 曲线"的 AE 间变动，对应的 S 都大于 $S_{\min}$。因此，这种情况下失地农民（含未转户农村大学生）可以凭借成员权继续参与下轮集体土地发包。

第二，当 $L-[(F+\mathrm{LSF})\times(1+r)^{(N-n)}+M]\times S_{\min}<L'\leqslant L$ 时，下轮集体发包土地时，如果失地农民（含未转户农村大学生）和征地时未涉及的集体成员一起参与土地承包，人均耕地面积将在 "$L'\text{-}S$"曲线的 EB 间变动，对应的 S 都小于 $S_{\min}$。在这种情况下，失地农民（含未转户农村大学生）行使承包权将导致集体全体成员人均分得的耕地数量不能维持基本生活，虽然做到了公平，但却是无效率的。

第三，当 $L-[(F+\mathrm{LSF})\times(1+r)^{(N-n)}+M]\times S_{\min}<0$ 时，即 $\dfrac{L}{(F+\mathrm{LSF})\times(1+r)^{(N-n)}+M}<S_{\min}$，此时集体耕地压力指数 $K^{①}>1$，即使国家不征收集体经济组织的任何土地，在下轮土地

---

① 耕地压力是指最小人均耕地面积与实际人均耕地面积之比。

发包时，集体经济组织成员获得的人均耕地数量也达不到 S_{min}。当国家在集体经济组织征收 L' 的耕地面积后，将导致 K 值进一步增大，人地关系更加紧张，失地农民(含未转户农村大学生)行使承包权因损害到第三方的利益而受到限制。

6.1.4.2　土地征收补偿现状及缺陷

现行征地补偿费用包括土地补偿费、安置补助费以及地上附着物和青苗的补偿费，将该征地补偿体系与集体经济组织内部土地权利构架对照，得到现行征地补偿机理示意图(图 6-5)，即土地补偿费用于补偿集体经济组织的土地所有权；地上附着物及青苗补助费用于补偿农户承包地上的附着物和青苗等财产损失；安置补助费则用于补偿农户享有的土地承包权和经营权

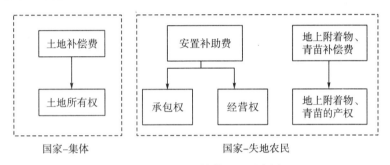

图 6-5　现行征地补偿机理示意图

从图 6-5 可以看出，法律没有单独规定承包经营权补偿这一项，而是利用安置补助费替代。把对土地承包经营权的补偿笼统地包括在安置补助费中，是对农户利益极大的损害，是不合理的(梁亚荣，2003)。况且安置补助费并不是直接补偿给被征收土地的个人，而是采取由土地所有者间接补偿给失地农民。作为集体经济组织代理人的村干部，不可避免地存在机会主义的动机，并且会在合适的情况下将这种动机转化为机会主义行动(钱忠好，2003)，利用职权对安置补助费进行截留、挪用，甚至贪污、侵占，造成对失地农民补偿权益的侵害。将土地承包经营权划分为承包权和经营权后，现行的征地补偿政策存在着以下缺陷。

1. 承包权补偿无依据

(1)法律政策中没有明确失地农民(含未转户农村大学生)的承包权。当政府征收集体的耕地面积 $L' \leqslant L - [(F+LSF) \times (1+r)^{(N-n)} + M] \times S_{min}$ 时，失地农民(含未转户农村大学生)参与下轮土地承包不会导致其他农民分得的人均耕地小于 S_{min}。然而法律没有对该群体是否享有参与下轮土地承包的权利做出明确规定，这容易导致集体内部成员在该问题的认识上产生严重分化。征地未涉及的农民认为征地的结果使失地农民永久性地丧失承包经营权，并且政府给予的一次性货币补偿也是对失地农民丧失土地权利的经济补偿。然而，失地农民(含未转户农村大学生)认为获得的征地补偿款仅是对本轮承包期内经营权的补偿，在集体经济组织下轮发包土地时，其参与土地承包的承包权并不因土地征收而丧失。

(2)法律政策没有规定失地农民(含未转户农村大学生)的承包权补偿问题。当 $L -$

$$[(F+\text{LSF}) \times (1+r)^{(N-n)} + M] \times S_{\min} < L' \leqslant L \quad \dfrac{L}{(F+\text{LSF}) \times (1+r)^{(N-n)} + M} < S_{\min} \text{ 时,}$$

失地农民(含未转户农村大学生)的承包权因"基本权利冲突"而受到限制,这意味着该群体丧失了通过家庭承包重新分得土地的机会,这无疑损害了失地农民(含未转户农村大学生)的基本权利。然而,现行法律政策没有规定征地导致该群体丧失下轮承包权时的经济补偿问题。

(3)征地安置导致的失地农民(含未转户农村大学生)承包权丧失补偿无依据。政府采取多种途径和方式安置失地农民,大部分失地农民选择了保留集体成员资格的安置方式,少数失地农民选择了"农转非"等丧失集体成员资格的安置方式。然而,政府没有区分不同安置模式对承包权产生的差异化影响,而是采用统一的补偿标准。这会导致部分失地农民(含未转户农村大学生)选择农转非安置模式仅获得了一定数量的货币补偿而丧失了下轮土地承包权,而未选择农转非安置的集体成员不仅获得了同样的经济补偿,而且仍享有参与下轮土地承包的权利。

2. 经营权补偿不科学

根据《土地管理法》第四十七条规定:"每一个需要安置的农业人口的安置补助费标准,为该耕地被征收前三年平均年产值的四至六倍。但是,每公顷被征收耕地的安置补助费,最高不得超过被征收前三年平均年产值的十五倍。"再加上土地附着物和青苗费(价值上最多为该地的年产值)。因此,农民最多可以获得平均年产量的 16 倍的赔偿。土地是大多数农民最可靠最长久的生活保障,如果不被征收,农民可以在集体土地上承包经营至少 20 多年(许多农村的新一轮承包才开始几年),16 倍的征收赔偿额显然是不充分的(宋刚,2006)。如果土地征收发生在一轮承包期即将期满之时,政府仍然按照现行法律规定的标准给予补偿,在获得补偿后,失地农民(含未转户农村大学生)很快又可以通过参与下轮土地发包重新获得土地,这又将导致经营权补偿过度的问题。

6.1.4.3 土地征收补偿模型优化

土地征收应该区分不同的情况进行补偿,当征地造成农民承包权和经营权同时丧失时,应该对两种权利都给予补偿。当征地仅造成农民承包权或经营权一项权利丧失,则只对承包权或经营权进行补偿。承包权随集体成员的出生而产生,随集体成员的死亡而消灭,同时,承包权还受法定承包年限的影响,法定承包年限越短,承包权由期待权转为既得权的间隔就会缩短。因此,承包权与失地农民的年龄、寿命、法定承包年限、承包地已使用年数等因素的关系极为密切。补偿标准的测算方式:首先根据被征地者的年龄,推算出其未来可承包土地的轮数;在每轮法定承包期限一定的情况下,计算出被征地者承包权代表的承包年数;然后乘以下轮人均可承包的耕地面积和被征耕地的平均年产值,即得到承包权的补偿金额

$$C_1 = \sum_i^m \Big[\text{Trunc}\Big(\frac{F-(A+N-n)}{N} \Big) \Big] \times N \times S_i \times P_{1i} \tag{6-2}$$

式中,C_1 为承包权的补偿金额;F 为社会平均寿命;A 为土地征收时,失地农民的年龄;N 为法定承包年数;n 为承包地已使用年数;S_i 为下轮集体发包土地时,集体成员人均分得的第 i 类耕地面积;P_{1i} 为下轮承包期第 i 类耕地的平均年产值;m 为被征耕地

的类型数量。$\mathrm{Trunc}\left(\dfrac{F-(A+N-n)}{N}\right)$ 为代表被征地成员可以承包土地的轮数；当 $F \leqslant A$ $+N-n$ 时，$\mathrm{Trunc}\left(\dfrac{F-(A+N-n)}{N}\right)$ 值赋为 0，即本轮承包期结束后，被征地成员的年龄达到或超过社会平均寿命，届时如果失地人员没有死亡，不再给予承包权补偿，并将其纳入社会保障体系；当 $0 < \dfrac{F-(A+N-n)}{N} \leqslant 1$ 时，值取 1，表明农户仍然享有 1 轮承包土地的权利，依此类推。

征地造成失地农民的经营权归于消灭，科学的经营权补偿标准应该做到补偿倍数与一轮承包期内承包地的剩余使用年限挂钩，实现经营权补偿倍数的确定有相应的科学依据：

$$C_2 = \sum_{j}^{k}(N - n_1 + x) \times S_j \times P_{2j} \tag{6-3}$$

式中，C_2 为经营权补偿金额；N 为法定承包年数；n_1 为征地发生年份；x 为农户取得承包经营权年份；P_{2j} 为被征第 j 类耕地前三年平均年产值；S_j 为为被征第 j 类耕地的面积；k 为被征耕地的类型数量。

由于承包权对于农民来说属于期待权，是一种没有实际发生、即将发生、且可能不会发生的权利，因此，权利条件成就的时间距离越远，对于农民而言，这份权利就越弱。因此，对于本轮承包期后的承包权，获得的补偿倍数应该有一个系数的修正。假设本轮承包期之后的下轮承包期的修正系数为 α_1，再下一轮为 α_2，以此类推，第 n 轮为 α_n，且 $0 < \alpha_n < \cdots < \alpha_2 < \alpha_1 \leqslant 1$。

6.1.4.4 土地保留策略下农村大学生应获得的征地补偿

在分析土地征收对农村大学生的补偿问题时，应将农村大学生分为三种类型进行讨论：第一，对于拥有承包地且未转户的农村大学生而言，可以获得承包权和经营权的双份补偿；第二，对于拥有承包地但已转户的农村大学生而言，仅能获得经营权的补偿；第三，对于没有分得承包地且未转户的农村大学生而言，仅能获得承包权的补偿（表 6-1）。

表 6-1　不同类型农村大学生土地征收可获得的补偿标准

农村大学生类型	补偿权利种类	补偿标准
拥有承包地且未转户的农村大学生	承包权、经营权	$\sum_{i}^{m}\left[\mathrm{Trunc}\left(\dfrac{F-(A+N-n)}{N}\right)\right] \times N \times S_i \times P_{1i}$ $+ \sum_{j}^{k}(N - n_1 + x) \times S_j \times P_{2j}$
没有分得承包地且未转户的农村大学生	承包权	$\sum_{i}^{m}\left[\mathrm{Trunc}\left(\dfrac{F-(A+N-n)}{N}\right)\right] \times N \times S_i \times P_{1i}$

农村大学生类型	补偿权利种类	补偿标准
拥有承包地但已转户的农村大学生	经营权	$\sum_{j}^{k}(N-n_1+x)\times S_j \times P_{2j}$

从表 6-1 可以看出，农村大学生转户与否对获得的征地补偿标准影响巨大，甚至可能分得承包地但未转户的农村大学生获得的征地补偿标准远高于分得承包地但把户口转出的农村大学生，由于农村大学生的年龄一般在 20 岁左右，未来仍然可以参加多轮土地承包，因此，承包权核算出的补偿年限远远高于经营权所代表的剩余承包期，这将给转户农村大学生带来极大的利益不公。

结合农地使用制度不确定性部分的分析内容，上述补偿标准的测算均依据在本轮土地承包期届满时采用"打乱重新再分配"的衔接策略。党的十七届三中全会通过的《中共中央关于推进农村改革发展若干重大问题的决定》中提出的"现有土地承包关系要保持稳定并长久不变"政策，该政策彻底锁定现有土地承包关系，废弃因人口变动随时调整土地的做法（文贯中，2008）。取消土地承包经营权的再分配、分割和调整（李洪波，2010），即采取"本轮承包期结束，单纯延长承包期"的衔接策略，实现了"人口、土地位置、土地面积"的三固定。在下轮土地发包时，转户所带来的成员资格瑕疵对土地分配已经不具有决定性影响，转户农村大学生对已承包土地享有的权利并不因承包期满而丧失，由于土地使用权的长期稳定性使得该群体的承包权变为既得权的期限无限期延长，相当于延长了经营权的实际控制年限。因此，如果入学前分得承包地，转户农村大学生和未转户农村大学生两者获取的土地征收补偿应该趋于相同。然而，对于没有分得承包地且未转户的农村大学生而言，其可以获得的征地补偿费接近 0，这也缺乏一定的公平性，亟待深入研究予以解决。

6.2　土地流转策略实证研究

6.2.1　土地流转方式

土地流转是家庭联产承包经营制度的延伸和发展，是农村改革和农村经济、社会发展的必然趋势。《农村土地承包法》以法律的形式"赋予农民长期而有保障的土地使用权"，并且明确规定："国家保护承包方依法、自愿、有偿地进行土地承包经营权流转。"《物权法》第一百二十八条规定："土地承包经营权人依照农村土地承包法的规定，有权将土地承包经营权采取转包、互换、转让等方式流转。"党的十七届三中全会通过的《中共中央关于推进农村改革发展若干重大问题的决定》中明确指出："完善土地承包经营权权能，依法保障农民对承包土地的占有、使用、收益等权利。加强土地承包经营权流转管理和服务，建立健全土地承包经营权流转市场，按照依法自愿有偿原则，允许农民以转包、出租、互换、转让、股份合作等形式流转土地承包经营权。"目前农地生产细碎分割是各地区发展规模农业、提高农地产出效率和农产品竞争力的最大障碍（Brabec et al，2002）。因此，通过土地流转实现土地资源的优化配置并逐步实现农地的规模化经营，是我国农地制度改革的发展方向。同时，相对于通过行政手段解决农村大学生土地问题而言，土地的自由流转具有交易收益效应（Besley，1995）和边际产出拉平效应（姚洋，2000）。

虽然农村大学生享有承包地，但绝大部分并不直接从事承包地的经营和管理，因此，户内直接从事农业生产劳动的主力是其父辈。无论是从年龄和体力，还是从理论知识、管理能力和创新能力，农村大学生父辈会随着时间的推移逐渐变得不太适应农业规模化和现代化经营的要求。况且，随着国家实行计划生育政策的认真贯彻落实，农村大学生家庭内部子女数量一般以"一孩"或者"二孩"居多，农村大学生的非农化以及其姐妹的出嫁或兄弟的升学、外出打工等因素叠加在一起，致使家庭内部农业劳动力代际转移的"接力者"呈现匮乏状态，这不可避免地会对土地生产能力造成负面影响，因此，与农村大学生非农化相伴随的极可能是土地资源的低效利用。根据家庭实际经济生活情况，在征得家庭其他成员同意的情况下，农村大学生可以将本人的那份承包地、家庭其他成员的部分甚至全部承包地进行流转，这不仅有利于土地向种田大户、合作社、家庭农场等新型农业经营主体集中，促进农地资源的高效利用以及规模化经营，而且还能使农村大学生获得相应的土地流转收益以缓解城市化过程中的经济压力。因此，农村大学生非农化过程中土地流转是实现资源优化配置的必要选择之一。

土地流转就是农地转出方让渡一段时间承包地的经营权并获得收益的行为，转入方获得相应期限承包地的经营权。比较常见的家庭承包土地流转方式主要有转包、互换、出租、入股、转让等。转包是指承包方将部分或全部土地承包经营权以一定期限转给同一集体经济组织的其他农户从事农业生产经营（蔡志荣，2010）。互换是指承包方之间为方便耕作或者各自需要，对属于同一集体经济组织的承包地块进行交换，同时交换相应的土地承包经营权。出租是指承包方将部分或全部土地承包经营权以一定期限租赁给他人从事农业生产经营，承包方收取一定租金的行为。入股是指承包方将土地承包经营权作为股权投入法人或企业，按股获得分红收益的行为。对于转让，学术界存在着两种不同的理解：第一种认为，转让是指农户将承包的部分或全部土地的使用权连同承包权一起转让给第三者，终止原土地承包关系，由新承包方履行土地承包的权利和义务（于洋等，2003）。第二种观点认为，转让是指转让方（原承包方）在通过农村土地承包方式取得物权性质土地承包经营权有效存在的前提下，在承包期限内依法将部分或者全部承包地上物权性质土地承包经营权转移给受让人新承包方的行为（丁关良 等，2004）。第一种认为转让的权利包括承包权和经营权，第二种认为转让的权利仅为承包期内剩余年限的经营权，并不转让承包权。笔者认为，承包权属于一种身份权，也是一种期待权，也即还未实现的权利状态，土地转让这一市场化行为并不产生身份权的转移，同时，土地转让的权利内容不能超出转让人实际享有的权利。因此，本书赞同第二种观点，即土地转让是剩余承包期土地权利的让渡，转让方不丧失集体成员身份，仍然享有下轮承包土地的权利。

对于五种常见的土地流转方式，互换本质上属于户与户之间地块的调剂，以达到地块之间的合并和便于耕作的目的，这与农村大学生土地流转的初衷不吻合。转包与出租相比较而言，转包主要发生在承包户与同一集体经济组织内部的农户之间，出租则不强调集体组织内与组织外，无论是集体组织成员，还是非集体组织成员，无论是农户还是非农户，都可以在不擅自改变土地用途的情况下，向承包户租赁、承包(吴兴国，2009)。另外，出租更接近市场配置资源的方式，租金更接近市场交易形成的价格，一般高于转包费。转包收取的转包费一般比较低，个别情况下甚至是"倒贴"(丁关良，2007)。同时，出租用语更加学术化，便于理解和接受，因此，本书认为比较适合农村大学生的土地流转的方式主要有出租、转让和入股三种类型。在第一批和第二批外业调查受访的农村大学生中，选择出租方式的 703 人次，占 46.62%，选择入股方式的 540 人次，占35.81%，选择转让方式的 265 人次，占 17.57%(图 6-6)。

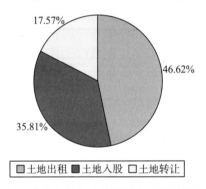

图 6-6　农村大学生土地流转方式选择结构图

当前农村土地流转市场存在着低收益、高成本、高风险、利益复杂性等问题(刘灵辉　等，2009)，无疑阻碍着农地流转双方进入市场的积极性。同时，农地的分散化、零碎化对通过土地流转实现农业规模化经营有着很大的障碍，根据调查第二批受访的 1219名农村大学生户内承包地块数调查资料显示，户内承包地在 4 块以上的占 32.32%，2～4块的占 37.08%，1 或 2 块的占 30.60%(图 6-7)。另外，农村大学生是以个体身份参与土地流转交易的，而农村大学生的家乡地理位置分布异常分散。"地块零碎化"、"地块多片化"、"流转主体分散化"并存的现实，也给农村大学生土地流转增添了障碍。

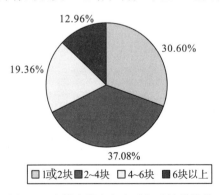

图 6-7　农村大学生户内承包地块数情况

农村大学生土地流转如果没有政府部门的引导和中介机构的参与，无论让转出方还是让转入方自行收集信息、逐个谈判，这都将是一个庞大的工程，涉及庞大的时间、人力、资本投入。在向受访农村大学生问及"您觉得哪种方式最适合自己在土地流转市场上找到承包地需求方"这一问题时，有48.04％的农村大学生选择了"由政府提供信息"，仅有9.54％的受访者愿意自己去寻找承包地需求方。然而，农村土地流转中介机构的匮乏，以及政府部门在土地流转中引导服务功能的缺位，也对农村大学生土地流转产生着消极负面的影响。

6.2.2　土地流转意愿

6.2.2.1　土地流转意愿指标体系构建

在第一批和第二批调查的1538名仍保留承包地的农村大学生中，愿意参与土地流转的共587人，占38.17％。随着农村大学生在城市的逐步扎根、家庭剩余劳动力年龄的增大，农村大学生非农化带来的土地流转规模可能扩大到家庭全部承包地，这将产生更大的土地供应规模。因此，深入研究农村大学生土地流转意愿显得尤为迫切。为全面反映影响农村大学生土地流转意愿的因素，本书选择了14个指标，指标选取主要借鉴相关学者对土地流转意愿的已有研究成果(表6-2)。

表6-2　农村大学生土地流转影响因素指标体系

指标层次	指标名称	指标含义	变量类型	平均值
区域指标	人均GDP(X_1)	大学生原户口所在地国内生产总值与总人口的比值	连续变量	3.30
	GDP增长率(X_2)	本年度国内生产总值与上年度国民生产总值的比例	连续变量	13.55
	人均固定资产投资(X_3)	大学生原户口所在地固定资产投资与总人口的比值	连续变量	2.11
	人均财政收入(X_4)	大学生户口所在地财政一般预算收入与总人口的比值	连续变量	0.24
	城市化率(X_5)	大学生原户口所在地城镇人口与乡村人口的比值	连续变量	44.43
家庭指标	家庭收入(X_6)	<2万元取1.5，2万~4万元取3，4万~6万元取5，>6万元取6.5	连续变量	3.04
	农业人口数占家庭总人口的比例(X_7)	受访大学生家庭内农业户口人数与总人数的比值	连续变量	0.51
个人指标	大学生年龄(X_8)	大学生的实际年龄	连续变量	22.41
	是否为独生子女(X_9)	独生子女取1，非独生子女取0	虚拟变量	0.23
	学历(X_{10})	大专取1，本科取2，研究生取3，博士取4	虚拟变量	1.94
	毕业学校类型(X_{11})	高职高专取1，三本取2，二本取3，一本取4	虚拟变量	2.99
	是否迁户口(X_{12})	未迁到学校所在地取0，迁到学校所在地取1	虚拟变量	0.40
	工作状态(X_{13})	在学校读书取1，找工作或待业中取2，有工作取3	虚拟变量	1.43
	住房状态(X_{14})	集体宿舍取1，租房居住取2，已购买住房取3	虚拟变量	1.27

(1)引起农地流转的原因是多方面的，其中经济和科技因素是主要的，也是根本性的

（庞宏，2006）。经济发展水平不同地区的农户，对农地的态度、农地流转的认知度、接受度、参与流转的积极性都有所不同（Huang et al，2000）。

（2）家庭收入水平，尤其是非农业收入情况对土地流转产生着深刻的影响。杜文星、黄贤金和云鹏（2005）对上海市、南京市和泰州市的调查分析发现，非农收入比每增加1.00％，农地流转率增加1.40％。

（3）家庭规模越大，农户转入土地的意愿越强烈（韩星焕　等，2012），越不愿意转出土地；家庭农业劳动力数量直接影响农户对土地的利用程度（翟辉，杨庆媛，焦庆东，等，2011），家庭非农化程度越低，对土地的依赖程度越高。

（4）年龄对于农民流转土地的意愿影响很大，年龄可以反映一个家庭劳动能力的强弱，年龄越大越愿意转出土地（陈昱　等，2011）。

（5）农村大学生是社会精英群体之一，受过系统的高等教育，叶剑平（2006）研究表明，受教育程度越高，土地市场参与率越高；受教育程度越高，越倾向于转出土地。同时，农村大学生就读学校的类别对其未来发展有着较大的影响，因此，也会间接地影响其土地流转意愿。

（6）农村大学生与普通农民工的一个明显区别就是非农化过程中的户口变动，农村土地的分配依据是成员权，而户籍是大部分集体判断成员权的习惯性依据（刘小红　等，2011），因此，需要分析户口迁移状态对农村大学生土地流转意愿的影响。同时，农村大学生家庭内部仅有子女一人，就意味着从下代起整个家庭的完全非农化，因此，需要分析农村大学生是否为独生子女对土地流转的影响情况。

（7）农村大学生是城市化进程的主力军，是农村家庭走出来的"第一代市民"，因此，农村大学生在城市生活的稳定程度对其土地流转应会产生较大影响，因此，本书引入工作及住房状况指标进行分析。

6.2.2.2　农村大学生土地流转意愿的主成分分析

1. 数据来源

农村大学生土地流转意愿的实证数据来源主要有两个途径。第一，充分利用调查问卷所包含的数据信息。利用第一批调查和第二批调查的拥有承包地且愿意流转土地的587份农村大学生调查问卷，可以获得影响农村大学生土地流转的影响因素的指标数值，包括家庭收入、家庭人口（包括总人口、农业人口数和从事农业劳动的人口数）、年龄、学历、学校类型、户口状况、工作状态和住房状态。第二，充分利用统计年鉴资料。对于农村大学生家乡所在地的社会经济状况指标数据，包括GDP、GDP增长率、固定资产投资、一般财政预算内收入，主要通过查阅《中国城市统计年鉴（2012）》获取，对于总人口、城镇人口、乡村人口等指标数据，主要通过查阅29个省（自治区、直辖市）2012年的统计年鉴获得。对于个别城市的指标信息在《中国城市统计年鉴（2012）》和所在省份统计年鉴上没有反映的情况，再通过搜索引擎等手段补充完善。

2. 方法选择

主成分分析法是通过构造原评价指标的综合指标代替原指标进行评估的统计分析方法，多指标的主成分分析可以在不损失或者很少损失原有信息的前提下，将原来个数较多且彼此相关的指标用线性组合的方法转换为新的个数较少且彼此独立或不相关的综合指标，起到一种"降维"的作用(余家林 等，2008)，并且通常少数几个主成分就能在很大程度上(如>80%)反映原有指标提供的信息。因此，选择主成分分析法分析各因素对农村大学生土地流转的影响，能够通过几个综合性指标有效地分析出各因素对农村大学生土地流转的重要程度。

3. 模型运行及结果分析

运用SAS软件对有承包地且愿意流转的农村大学生的影响因素做主成分分析，运行结果显示前6个主成分的方差累积贡献率达到了80.21%，表明已经包含原指标的大多数信息(表6-3)。

表6-3　农村大学生土地流转影响因素主成分分析结果表

影响因素\主成分	第一主成分	第二主成分	第三主成分	第四主成分	第五主成分	第六主成分
X_1	0.5040	0.0243	−0.0186	−0.0791	−0.1077	−0.0205
X_2	0.0412	−0.1076	0.1129	0.3674	0.6753	−0.4886
X_3	0.4680	0.0335	0.0203	−0.0631	−0.1068	−0.0806
X_4	0.4988	0.0357	0.0216	−0.0453	−0.0341	−0.0890
X_5	0.4831	0.0188	0.0426	−0.0281	0.0552	−0.0703
X_6	0.0654	0.1629	−0.1334	0.5711	−0.2418	0.3672
X_7	−0.0046	−0.0264	0.0881	−0.6403	0.3408	0.3373
X_8	−0.0481	0.5091	0.0329	−0.1229	−0.0282	0.0436
X_9	0.1797	−0.1130	−0.0488	0.2121	0.5017	0.6733
X_{10}	0.0050	0.1818	0.6120	0.1136	−0.1210	0.1482
X_{11}	−0.0132	0.1581	0.5943	0.1480	0.0384	0.0435
X_{12}	−0.0408	0.3439	.0.2621	−0.1333	0.1217	−0.1016
X_{13}	−0.0351	0.5108	−0.2584	−0.0071	0.1853	−0.0516
X_{14}	0.0336	0.4987	−0.3033	0.0556	0.1562	−0.0289
特征值	3.5248	2.6862	1.8477	1.2527	1.1015	0.8151
贡献率/%	25.18	19.19	13.20	8.95	7.87	5.82
累计贡献率/%	25.18	44.37	57.57	66.52	74.39	80.21

根据各影响因素的载荷大小分析，影响第一主成分的主要因素为X_1、X_3、X_4、X_5，方差贡献率为25.18%；影响第二主成分的主要因素为X_8、X_{12}、X_{13}、X_{14}，方差贡献率为19.19%；影响第三主成分的主要因素为X_{10}、X_{11}，方差贡献率为13.20%；影响第四主成分的主要因素为X_6、X_7，方差贡献率为8.95%；影响第五主成分的主要因素为X_2，方差贡献率为7.87%；影响第六主成分的主要因素为X_9，方差贡献率为5.82%。据此，可得到如下结论：第一，影响农村大学生土地流转的首要因素是家乡所在地的社会经济状况。地区的经济发展程度越高、城镇化水平越高，意味着农地所蕴含的价值越高，农村大学生越愿意将土地转出以赚取高额的流转收益。第二，农村大学生年龄越大，属于在校学生的可能性越低，他们面临的生活、住房压力越大，越愿意将承

包地转出换取货币以缓解经济压力。第三，由于农村土地权利与户籍之间的紧密相关性，户口迁出的农村大学生担心自己成员资格的瑕疵会对承包地产生不利影响，因此，更倾向于转出承包地。第四，农村大学生职业非农化和住房非农化程度越高，越倾向于转出承包地。第五，农村大学生土地流转意愿与学历、学校类型呈正方向变动。农村大学生学历越高，表明参加工作推迟的时间越长、需要继续承担的学费和生活费越高；同时，学历越高且学校层次越好，对未来找到较好的工作具有良好的预期，因此，越倾向于将承包地转出。第六，农村大学生土地流转意愿与家庭收入呈正方向变动。这表明家庭收入越高，农村大学生对土地的依赖越低，越倾向于盘活资产获得收益。土地流转意愿与家庭农业人口占总人口的比例呈反方向变动。表明家庭农业劳动人口越多，对传统农业生活方式和收入来源的依赖性越强，越不倾向于转出承包地。第七，如果农村大学生是家庭独生子女，一个人就代表着整个家庭的下一代，没有兄弟姐妹帮助其经营管理土地，同时，父辈的死亡或非农化将直接导致承包地面临丧失的危险，因此，独生子女倾向于转出承包地。

6.2.3 土地流转潜力

6.2.3.1 测算方法

农村大学生大学非农化土地流转的潜力，即每年大学生因升学而不直接经营管理个人依法享有的土地承包经营权，通过土地流转市场能够供应的土地资源数量。测算方法：首先，将农村高中毕业生人数乘以每年的高中升学率得到每年农村高中毕业生的入学人数。其次，在计算出历年农村人均耕地的前提下，将高中升学的人数乘以人均耕地面积，就可以得到农村大学生占有的理论总耕地数量 M。再次，通过问卷调查，获得农村大学生入学时分到承包地的人数占总人数的比例 κ 和农村大学生选择土地流转策略人数占享有承包地总人数的比例 ε_1。最后，将农村大学生非农化过程中占有的理论总耕地数量 M 乘以 κ 和 ε_1，就可以得到农村大学生土地流转的潜力值 S_1，计算公式如下

$$S_1 = \sum_i^n \frac{(N_i + X_i) \times K_i \times F_i}{P_i} \times \kappa \times \varepsilon_1 \qquad (6\text{-}4)$$

式中，N_i 为第 i 年全国农村高中毕业生人数；X_i 为第 i 年全国县镇高中毕业生人数；K_i 为第 i 年全国高中平均升学率；F_i 为第 i 年全国耕地面积；P_i 为第 i 年全国农村人口数。

6.2.3.2 测算过程

本书测算的大学生非农化过程中的土地流转潜力的时间段，选择为高校扩招的 1999 年起，截至 2014 年。通过查阅《中国统计年鉴（2000～2015）》，可以得到 1999～2014 年的县镇高中毕业生数、农村高中毕业生数及高中升学率，进而计算出每年农村高中毕业生升学人数（表 6-4）。

表 6-4 1999～2014 年高中毕业生及升学情况统计表

年份	县(镇)高中毕业生数/万人	农村高中毕业生数/万人	高中升学率/%	农村高中生升学人数/万人
1999	128.22	35.79	63.8	104.64
2000	145.85	39.2	73.2	135.46
2001	176.02	37.4	78.8	168.17
2002	198.99	39.8	83.5	199.39
2003	241.16	47.79	83.4	240.98
2004	287.58	62.12	82.5	288.50
2005	363.67	65.74	76.3	327.64
2006	417.98	67.56	75.1	364.64
2007	437.39	66.69	70.3	354.37
2008	469.54	66.93	72.7	390.01
2009	470.62	62.72	77.6	413.87
2010	460.78	56.26	83.3	430.70
2011	401.08	33.58	86.5	375.98
2012	404.48	26.39	87.00	374.86
2013	406.80	26.04	87.60	379.17
2014	401.55	25.19	90.20	384.92

通过查阅历年《中国国土资源公报》、中国发展门户网站、《中国统计年鉴》等，可以得到 1999～2014 年耕地面积、农村人口，进而计算出每年的人均耕地面积(表 6-5)。

表 6-5 1999～2014 年耕地面积、农村人口及人均耕地情况

年份	耕地面积①/万公顷②	农村人口/万人	人均耕地面积/(公顷/人)
1999	12920.55	82038	0.1575
2000	12824.31	80837	0.1586
2001	12761.58	79563	0.1604
2002	12592.96	78241	0.1610
2003	12339.22	76851	0.1606
2004	12244.43	75705	0.1617
2005	12208.27	74544	0.1638
2006	12177.59	73160	0.1665

① 1999～2005 年耕地资源数据来源于中国发展门户网站：1983～2005 年中国耕地面积，http：// cn. chinagate. cn/reports/2007−11/01/content _ 9160330. htm；2006～2008 年耕地面积来源于中国国土资源公报；2009 年耕地面积引自徐祥明，覃灵华. 中国近 30 年影响粮食安全因素分析 [J]. 国土与自然资源研究，2012，(3)：36−38；2010 年、2011 年耕地面积根据法制网提供的国土资源部数据换算：http：// www. legaldaily. cn/bm/ content/2012−12/14/content _ 4053171. htm? node＝20734。

② 1 公顷＝10000 平方米。

年份	耕地面积/万公顷	农村人口/万	人均耕地面积/(公顷/人)
2007	12173.52	71496	0.1703
2008	12171.60	70399	0.1729
2009	13538.46	68938	0.1964
2010	13526.83	67113	0.2016
2011	13523.86	65656	0.2060
2012	13515.84	64222	0.2105
2013	13516.34	62961	0.2147
2014	13505.73	61866	0.2183

可以计算出 1999~2014 年农村大学生非农化过程中占有的理论耕地数量(表 6-6)。

表 6-6　　1999~2014 年农村大学生非农化过程中占有的理论耕地数量

年份	M 值(10^4公顷)
1999	16.48
2000	21.49
2001	26.97
2002	32.09
2003	38.69
2004	46.66
2005	53.66
2006	60.69
2007	60.34
2008	67.43
2009	81.28
2010	86.81
2011	77.44
2012	78.89
2013	81.40
2014	84.03
总计	914.35

6.2.3.3　测算结果及分析

根据调查结果可知，农村大学生入学前分得承包地的人数[①]占调查总人数的比例(κ)

---

① 包括分得承包地被集体收回、被政府征收的人数。

为 55.53%，入学后选择土地流转策略的农村大学生人数占总调查人数的比例 (ε_1) 为 45.28%。因此，农村大学生非农化过程中土地流转的实际潜力为 $S_1 = 914.36 \times 55.53\% \times 45.28\% = 229.91$ 万公顷，理论潜力值和实际潜力值分别占全国总耕地面积的 6.77% 和 1.70%。

6.2.4 土地流转价格

6.2.4.1 农村大学生对土地流转模式及价格的认识

土地转出方(农村大学生)和土地转入方是土地流转市场的两个重要参与主体。

农村大学生作为土地承包经营权的拥有者和让渡者，站在自身的利益角度，在没有现实收益或者收益大幅低于预期的情况下，是不会轻易让渡其拥有的土地权利的。而土地转入方转入土地以扩大经营规模，其最终目的也是获得相应的增值收益，但是转入方直接从事农业生产经营承受着自然和市场两重风险，收益极不稳定，如果转入方支付的土地流转费用接近承包地后期经营获得的利润，站在理性人的角度，转入方与其转入土地自己耕种经营，不如自己拿钱买粮或者直接投资其他行业获取更高的利润。土地流转价格是农地资源的逐年货币化表现，价格的高低由市场决定。邓大才(2007)认为，农地产权结构和农地流转方式决定价格体系，因此，本书在界定农村土地产权结构的基础上，重点调查研究农村大学生土地流转方式的选择及相应的收益预期(表 6-7)。

表 6-7 农村大学生土地流转模式及预期收益情况调查表

[单位：出租和入股的价格元/(年·亩)、转让的价格万元/亩]

出租			入股			转让		
价格 (p_{1i})	人次 (n_{1i})	比例/%	价格 (p_{2i})	人次 (n_{2i})	比例/%	价格 (p_{3i})	人次 (n_{3i})	比例/%
≤800	70.00	9.96	≤800	4.00	0.74	≤1.0	7.00	2.64
800~900	116.00	16.50	800~900	27.00	5.00	1.0~1.5	31.00	11.70
900~1000	112.00	15.93	900~1000	28.00	5.19	1.5~2.0	19.00	7.17
1000~1100	95.00	13.51	1000~1100	74.00	13.70	2.0~2.5	33.00	12.45
1100~1200	84.00	11.95	1100~1200	80.00	14.81	2.5~3.0	29.00	10.94
≥1200	226.00	32.15	≥1200	327.00	60.56	≥3.0	146.00	55.10
总计	703.00	100.00	总计	540.00	100.00	总计	265	100.00

从表 6-7 可以看出，在流转模式上，农村大学生土地流转时选择出租、入股和转让的分别为 703 人次、540 人次和 265 人次，分别占 46.62%、35.81% 和 17.57%；在流转收益上，农村大学生在选择出租和入股模式流转土地时，期望收益大于 1200 元/年·亩的人次为 226 和 327，分别占 32.15% 和 60.56%，在选择转让方式流转土地时，期望收益大于 3 万元/亩的人次为 146，占 55.09%。由此，可以得到两个基本结论。第一，农村大学生更倾向于选择短期可控的土地流转方式。由于受访的农村大学生处于在校读书、找工作中或待业中状态的占 85.50%，因此，承包地对农村大学生仍发挥着社会保障等

基础性功能。由于转让方式带来的未来权利后果具有不确定性和不可控性，农村大学生担心选择转让土地会导致完全丧失承包经营权。同时，转让方式主要集中在经济较为发达的农村、近城郊区以及厂矿工业区附近(蒋满元，2007)，而被调查的农村大学生绝大多数家庭经济情况相对较差，因此，农村大学生更愿意选择短期具有稳定收益来源的出租和入股方式流转土地。第二，农村大学生流转土地期望获得的流转收益普遍较高。在问及"您更愿意将土地流转给谁"这个问题时，拥有承包地的587名农村大学生在四个选项(A. 自己的亲属、朋友，B. 本村组内成员，C. 出价高的任何人，D. 企业或单位)中，受访者选择最多的是"出价高的任何人"(占40.37%)，可见，农村大学生在选择流转对象时最重要的考量因素是经济利益，这主要有两个方面的原因：第一，农村大学生是高学历群体，懂得土地是优质的保值增值性资产，同时，农村大学生生活在大城市，对近些年城市房地产价格的大幅攀升有着深刻的认识，对土地的巨大升值潜力有着切身的体会，这会无形中提升其对土地流转收益的预期。第二，农村大学生在城市面临着高昂的生活成本，较低的土地流转收益无疑是杯水车薪，这会间接提高其对土地流转收益的预期。

6.2.4.2 农村大学生土地流转价格的测算

1. 流转价格测算思路

首先，构建相应的土地流转价格测算指标体系；其次，根据第一批和第二批问卷调查以及年鉴数据获得各指标的数值；再次，运用多元线性回归模型构建起各种流转方式价格对应的模型，以此计算出农村大学生土地流转的年度收益；再次，农村大学生土地流转收益的取值应为预期收益和模型测算收益的平均值；最后，土地流转总收益即为年收益乘以流转年限(表6-8)。

表6-8 农村大学生土地流转价格测算指标体系

指标层次	指标名称	指标含义
Y值	土地流转收益	农村大学生土地流转价格预期
区域指标	人均GDP(X_1)	大学生原户口所在地国内生产总值与总人口的比值
	GDP增长率(X_2)	本年度国内生产总值与上年度国民生产总值的比例
	人均固定资产投资(X_3)	大学生原户口所在地固定资产投资与总人口的比值
	人均财政收入(X_4)	大学生户口所在地财政一般预算收入与总人口的比值
	城市化率(X_5)	大学生原户口所在地城镇人口与乡村人口的比值
家庭指标	家庭收入(X_6)	小于2万元取1.5，2万~4万元取3，4万~6万元取5，大于6元万取6.5
	农业人口数占家庭总人口的比例(X_7)	受访大学生家庭内农业户口人数与总人数的比值

指标层次	指标名称	指标含义
个人指标	大学生年龄(X_8)	大学生的实际年龄
	是否独生子女(X_9)	独生子女取 1，非独生子女取 0
	学历(X_{10})	大专取 1，本科取 2，研究生取 3，博士取 4
	毕业学校类型(X_{11})	高职高专取 1，三本取 2，二本取 3，一本取 4
	是否迁户口(X_{12})	未迁到学校所在地取 0，迁到学校所在地取 1
	工作状态(X_{13})	在学校读书取 1，找工作或待业中取 2，有工作取 3
	住房状态(X_{14})	集体宿舍取 1，租房居住取 2，已购买住房取 3

2. 土地流转价格测算

(1)土地出租价格。

运用 SAS 软件建立受访农村大学生土地出租收益意愿与 14 个影响因素的多元线性回归模型，运行结果显示：受访农村大学生出租价格意愿与地区 GDP、GDP 增长率、家庭收入、农业人口数占家庭总人口的比例、年龄、学历、学校类型、住房状态 8 个指标呈负相关；与人均固定资产投资、人均财政收入、城市化率、是否独生子女、是否迁户口和工作状态 6 个指标呈正相关(表 6-9)。

表 6-9　受访农村大学生出租收益意愿的影响因素

解释变量	参数估计	标准差	t 值	显著性
截距项	1 124.161 3	95.446 9	11.78	<0.000 1
X_1	−8.777 7	9.527 0	−0.92	0.357 2
X_2	−0.877 5	3.140 3	−0.28	0.780 0
X_3	6.354 0	10.803 1	0.59	0.556 6
X_4	14.296 6	68.440 7	0.21	0.834 6
X_5	0.744 6	0.984 8	0.76	0.449 8
X_6	−2.125 1	4.040 8	−0.53	0.599 1
X_7	−54.743 7	25.549 4	−2.14	0.032 5 ***
X_8	−2.610 1	3.964 8	−0.66	0.510 6
X_9	38.159 0	17.068 8	2.24	0.025 7 ***
X_{10}	−0.730 5	18.984 4	−0.04	0.969 3
X_{11}	−8.953 6	9.117 9	−0.98	0.326 5
X_{12}	0.433 2	16.691 2	0.03	0.979 3
X_{13}	19.460 5	16.129 3	1.21	0.228 0
X_{14}	−4.424 1	19.144 2	−0.23	0.817 3

注：*** 表示在 5% 水平上显著，** 表示在 10% 的水平上显著，* 表示在略低于 10% 的水平上显著

运用 SAS 软件对受访农村大学生出租收益(Y_{CZ})与 14 个自变量指标进行多元线性逐步回归模型分析，得到的回归结果如表 6-10 所示。

表 6-10　土地出租收益逐步回归参数估计结果

解释变量	参数估计	标准误差	F	p
截距项	1 088.959 0	22.183 4	2 409.73	$<0.000\ 1$
X_7	$-53.127\ 0$	24.102 4	4.86	0.027 8
X_9	39.422 1	15.979 2	6.09	0.013 9
X_{11}	$-9.430\ 8$	6.353 2	2.20	0.138 1

$$Y_{CZ} = 1088.9590 - 53.1270X_7 + 39.4221X_9 - 9.4308X_{11} \qquad (6\text{-}5)$$

根据调查问卷数据，X_7 的平均值为 0.44，X_9 的平均值为 0.23，X_{11} 的平均值为 2.85，代入式(6-5)得到的土地出租收益预测结果为 1047.78 元/年，根据调查数据获得

土地出租的平均值为 $\dfrac{\sum\limits_{i}^{6} p_{1i} \times n_{1i}}{\sum\limits_{i}^{6} n_{1i}} = 1047.78$ 元/年[1]，因此，本书测算的农村大学生土地

出租收益应为 1047.78 元/年。

（2）土地入股价格。

运用 SAS 软件建立受访农村大学生土地入股收益意愿与 14 个影响因素的多元线性回归模型，运行结果显示：受访农村大学生出租价格意愿与人均固定资产投资、人均财政收入、年龄、学校类型、是否迁户口、工作状态和住房状态 7 个指标呈负相关；与地区 GDP、GDP 增长率、城市化率、家庭收入、农业人口数占家庭总人口的比例、是否独生子女、学历 7 个指标呈正相关（表 6-11）。

表 6-11　受访农村大学生入股收益意愿的影响因素

解释变量	参数估计	标准差	t 值	显著性
截距项	1 159.661 09	79.170 50	14.65	<0.0001
X_1	13.761 86	7.195 45	1.91	0.056 3**
X_2	1.997 55	2.622 23	0.76	0.446 5
X_3	$-7.048\ 46$	7.929 57	-0.89	0.374 5
X_4	$-111.039\ 90$	56.327 66	-1.97	0.049 2***
X_5	1.012 15	0.785 30	.1.29	0.198 0
X_6	3.812 07	3.119 11	1.22	0.222 2
X_7	19.730 18	20.861 66	0.95	0.344 7
X_8	$-2.484\ 46$	3.188 60	-0.78	0.436 2
X_9	6.104 40	13.269 57	0.46	0.645 7

---

[1]　p_{1i}、p_{2i}、p_{3i} 为农村大学生调查问卷设置的价格区间，其中计算平均值时：<800 换算成 750，$800\sim900$ 换算成 850，$900\sim1000$ 换算成 950，$1000\sim1100$ 换算成 1050，$1100\sim1200$ 换算成 1150，>1200 换算成 1250；<1.0 换算成 0.75，$1.0\sim1.5$ 换算成 1.25，$1.5\sim2.0$ 换算成 1.75，$2.0\sim2.5$ 换算成 2.25，$2.5\sim3.0$ 换算成 2.75，>3.0 换算成 3.25，实证研究时采用同样的换算方法。n_{1i}、n_{2i}、n_{3i} 为农村大学生选择相应价格区间的人次。

解释变量	参数估计	标准差	t 值	显著性
X_{10}	6.792 46	15.820 48	0.43	0.667 8
X_{11}	−8.132 64	7.097 45	−1.15	0.252 4
X_{12}	−6.599 23	12.746 74	−0.52	0.604 9
X_{13}	−2.081 40	14.504 91	−0.14	0.886 0
X_{14}	−16.485 61	19.227 00	−0.86	0.391 6

注：＊＊＊表示在5%水平上显著，＊＊表示在10%的水平上显著，＊表示在略低于10%的水平上显著

运用 SAS 软件对受访农村大学生入股收益（Y_{RG}）与 14 个自变量指标进行多元线性逐步回归模型分析，得到的回归结果如表 6-12 所示。

表 6-12　土地入股收益逐步回归参数估计结果

解释变量	参数估计	标准误差	F 值	p 值
截距项	1 291.162 3	45.681 7	798.87	<0.000 1
X_8	−5.564 9	2.059 2	7.30	0.007 1

$$Y_{CZ} = 1291.1623 - 5.5649X_8 \tag{6-6}$$

根据调查问卷数据，X_8 的平均值为 22.04，代入式（6-6）得到的土地入股收益预测结果为 1168.51 元/年，调查获得的土地入股收益均值 $\dfrac{\sum\limits_{i}^{6} p_{2i} \times n_{2i}}{\sum\limits_{i}^{6} n_{2i}} = 1168.51$ 元/年，因此，本书测算的土地入股收益应为 1168.51 元/年。

（3）土地转让价格。

在调查土地转让价格时，受访农村大学生给出的是转让土地获得的总收益，不像土地出租和土地入股那样给出的是每年的期望收益，根据本书前面的论述，土地流转价格应为每年应获得的收益乘以流转年数，由于大多数受访大学生对自身仍享有的承包年限不清楚，给出的价格也仅仅是自己期望获得的合理价格。因此，首先，按照统一的标准将每个农村大学生期望的土地转让价格折算回每年的期望收益，然后，再构建土地转让收益的多元线性回归模型。按照时间推算本轮土地承包经营权时间起点是 1999 年，而本书究调查问卷是在 2009 年和 2013 年进行的，按照每轮承包期 30 年计算，剩余承包年限为 20 年和 16 年，将每个农村大学生的土地转让预期收益分别除以 20 和 16。然后，运用 SAS 软件建立农村大学生每年土地转让收益与 14 个影响因素的多元线性回归模型，运行结果显示：受访农村大学生土地转让价格意愿与人均财政收入、城市化率、年龄、是否独生子女、学校类型、是否迁户口 6 个指标呈负相关；与人均 GDP、GDP 增长率、人均固定资产投资、家庭收入、农业人口数占家庭总人口的比例、学历、工作状态和住房状态 8 个指标呈正相关（表 6-13）。

表 6-13　受访农村大学生土地转让收益意愿的影响因素

解释变量	参数估计	标准差	t 值	显著性
截距项	1 440.497 99	443.796 52	3.25	0.001 3
X_1	59.791 73	47.615 47	1.26	0.210 4
X_2	17.628 54	15.548 19	1.13	0.258 0
X_3	9.272 22	60.565 68	0.15	0.878 4
X_4	−230.234 86	313.051 04	−0.74	0.462 8
X_5	−2.125 48	5.007 06	−0.42	0.671 6
X_6	31.622 61	18.004 26	1.76	0.080 2 **
X_7	57.200 56	118.497 03	0.48	0.629 7
X_8	−8.161 11	19.515 61	−0.42	0.676 2
X_9	−83.785 46	79.327 49	−1.06	0.291 9
X_{10}	53.434 29	90.712 96	0.59	0.556 4
X_{11}	−46.771 43	44.079 51	−1.06	0.289 7
X_{12}	−106.100 73	78.074 59	−1.36	0.175 4
X_{13}	10.985 17	73.905 84	0.15	0.882 0
X_{14}	3.624 90	85.094 07	0.04	0.966 1

注：** 表示在 10% 的水平上显著

运用 SAS 软件对受访农村大学生土地转让收益 (Y_{ZR}) 与 14 个自变量指标进行多元线性逐步回归模型分析，得到的回归结果如表 6-14 所示。

表 6-14　土地转让收益逐步回归参数估计结果

解释变量	参数估计	标准误差	F 值	p 值
截距项	1 499.592 4	75.547 52	394.01	>0.0001
X_1	25.360 8	15.210 71	2.78	0.096 7
X_6	23.533 0	16.114 80	2.13	0.145 4
X_{12}	−104.017 7	65.824 55	2.50	0.115 3

根据回归结果，建立的土地转让收益 (Y_{ZR}) 多元线性回归模型为

$$Y_{ZR} = 1499.5924 + 25.3608X_1 + 23.5330X_6 - 104.0177X_{12} \qquad (6-7)$$

根据调查问卷数据，X_1 的平均值为 3.47，X_6 的平均值为 3.32，X_{12} 的平均值为 0.28 代入式 (6-7) 得到的土地转让收益预测结果为 1636.60 元/年，剩余 16 年的土地转让价格为 26185.60 元。调查获得的土地转让收益均值 $\dfrac{\sum\limits_i^6 p_{3i} \times n_{3i}}{\sum\limits_i^6 n_{3i}} = 26632.08$ 元，因此，本书测算的土地转让价格应为 26408.84 元。

3. 土地流转价格结果分析

根据土地出租、土地入股和土地转让的价格测算，最低的为土地出租，年收益为 1047.61 元，最高的为土地转让，年收益为 1650.55 元，高出土地出租 57.55% (图 6-8)。

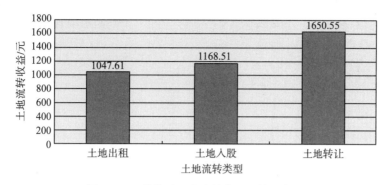

图 6-8　三种类型土地流转收益比较示意图

出现该结果主要有两个原因的方面：第一，相对于土地出租和土地入股而言，转让是剩余承包年限土地权利的一次性转移，因此，农村大学生对该种方式的土地流转价格预期较高；第二，土地入股是农村大学生将土地权利以股份的形式投入到公司或企业，自己的身份也转变为股东，而土地出租是将土地租给他人继续耕种，这使得农村大学生认为以土地入股方式流转土地自己应该参与到企业超额利润的分享，故而，土地入股价格高出土地出租价格 11.54%。

6.3　土地退出策略实证研究

6.3.1　土地退出的经济学分析与方式

6.3.1.1　经济学分析

农村大学生从接受高等教育的第一天起，就意味着城市生活的开始，农村已与他们渐行渐远，留给他们的仅有农村儿时的回忆以及祖辈积累下来的财富。土地退出策略是指农村大学生将其个人或整个家庭的土地承包经营权一次性完全让渡给他人或相应机构并获得相应经济收益的行为。由于农村"80 后"、"90 后"不熟悉农业技能，已不适应农村生活(任宝林，2011)，农村大学生作为高学历、高学识、高智商、高潜力的精英群体，走出农村融入城市成为整个家庭的"第一代市民"，这成为他们义不容辞的使命，因此，土地退出策略比较适合对农村大学生群体的利益保护。在农村大学生家庭土地退出时，根据选择的资产不同，可以分为三种情况："退出承包地，但不退出宅基地及附属物""退出宅基地及其附属物，但不退出承包地"和"同时退出承包地和宅基地及附属物"。

1."退出承包地，但不退出宅基地及附属物"的情况

农村大学生户口转出并已从事非农职业，考虑到承包地闲置抛荒造成的财产低效利用、一次性获得相对市场化土地流转更多的退地收益，以及留下农村住房方便自己未来继续居住等原因。农村大学生可以选择单独退出已承包土地的相关权利，此时，宅基地及其附属物的收益保持不变，承包地的收益由退出前的 OF 增加到 OG，总收益曲线相应地从 I_1 上升

至 I_2，并由此引致农村大学生退地总收益的增长（图 6-9 中的阴影部分 $ABB'A'$）。

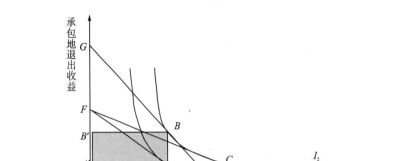

图 6-9   农村大学生宅基地或承包地退出总收益曲线

2."退出宅基地及其附属物，但不退出承包地"的情况

由于农村大学生户内有多套住宅，或者为享受城市相应的住房优惠政策等，农村大学生选择单独退出宅基地及附属物以获得相应收益和政策利益，此时，承包地的收益保持不变，宅基地及其附属物的收益从 OD 上升到 OE，相应的总收益曲线从 I_1 上升至 I_2，因宅基地及附属物退出而引致的总收益增长部分相当于图 6-9 中的阴影部分 $ACba$。

3."同时退出承包地和宅基地及附属物"的情况

随着农村大学生在城市逐步站稳脚跟，具有稳定职业和较高的收入来源，农村剩余家庭成员或随之移居城市，或者因出嫁、死亡等原因致使户内成员只剩下农村大学生一人，此时，农村的宅基地和承包地的原有功能已经基本消失，农村大学生可以选择同时退出承包地和宅基地及其附属物，这将引起承包地的收益由退出前的 OH 增长至 OG，宅基地及其附属物的收益由退出前的 OG' 增长至 OH'，并使农村大学生的总收益曲线从 I_1' 上升到 I_2'，农村大学生获得的总收益相当于图 6-10 中的阴影部分 $MmnM'm'n'$。

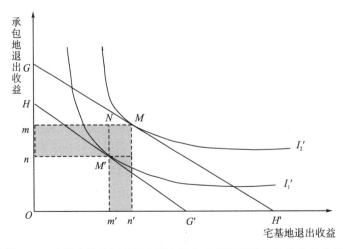

图 6-10   农村大学生同时退出承包地和宅基地及附属物总收益曲线

关于农村土地承包经营权退出的主体，钟涨宝（2012）认为，土地承包经营权的退出如果以户为单位，则户的整体性会在一定程度上妨碍土地承包经营权的退出，而如果土地承包经营权的主体是个体，则相对有利于土地承包经营权的完全退出，但却与农村土地生产经营以户为单位的传统相悖。本书认为，将农村土地权利界定到农户内部更为微观的个体是财产权彻底明晰的一个重要体现，农民享有对个人财产权的自由支配和处置的权利，因此，农户内部的个人应该可以选择退出其享有的土地份额。具体而言，农村大学生在非农化过程中土地退出可以选择三种策略：①农村大学生退出个人土地份额。在对农村土地制度进行微观设计后，集体经济组织的一切物质和利益的主体由"农户"缩小到"个人"，任何人身上所代表的权益都是清晰的、明确的和可以计量的，因此，农村大学生可以选择仅仅将个人的农村土地份额退出。②退出农村大学生个人及部分家庭成员土地份额。农村大学生选择退出自己及剩余家庭成员的部分土地份额，具体退出的数量和额度依据家庭经济状况、家庭从事农业生产的人数、农村大学生在城市发展情况等因素判定。③农村大学生整个家庭土地份额退出。在以下三种情况，农村大学生可考虑选择退出整个家庭的全部土地份额，第一，农村大学生入学时，全家转为城镇户口的；第二，农村大学生入学后，其家人随后全部转为城镇户口，或者因死亡、婚嫁等原因使户内仅剩农村大学生一人的；第三，农村大学生在城市发展良好，工作稳定、收入较高且住房得到解决时，有能力将农村剩余家庭成员迁入城市生活和发展。

对于选择个人土地份额的退出，或是个人及部分家庭成员土地份额的退出，抑或是全家土地份额的退出，农村大学生具有自主决策权。站在理性人的角度，农村大学生无论如何抉择，归根结底都以实现个人利益最大化为目标。假设农村大学生的宅基地及附属物为 Z，承包地为 P，自由资金为 H，其他影响因素为 ε，则农村大学生的效用函数为 $U(Z, P, H, \varepsilon)$，因此，农村大学生是否做出退地的决策可以转换为求解以下方程：

$$\max U(Z, P, H, \varepsilon)$$
$$\text{s. t.} \begin{cases} \text{NMI} \geqslant \text{NMS} \\ \text{FMI} \geqslant \text{FMS} \\ \text{HCR} \leqslant \text{EMI} \end{cases}$$

农村大学生的效用最大化受制于三个约束条件：第一，当前月收入（NMI）要不小于当前月支出（NMS），其中，月支出应包括月房租（或按揭月供）、每月城市的食品、衣物、通信、交通等生活支出。这项限制条件主要是考量农村大学生当前在城市的工作状况以及城市生活的稳定程度。第二，未来月收入预期（FMI）要不小于未来月支出预期（FMS），这主要是考量农村的宅基地及住房、承包地等给农村大学生提供的居住、养老保障功能是否在城市已经得到完全替代。第三，宅基地及其附属物和承包地出租获得的年收益（HCR）不大于一次性完全退出获得大量补偿资金用于投资所获的年收益（EMI）。

即使农村大学生满足了上述条件，在其不愿意办理退地手续时，任何组织和个人都不得以任何理由强制其退出宅基地，以确保农村大学生在农村居有其所。同时，不得强制收回农村大学生的承包地，使承包地的社会保障功能及经济功能对农村大学生继续发挥作用。农村大学生家庭可将其宅基地转让或出租给他人使用以获得收益，对于承包地，农村大学生家庭可选择委托他人代耕，也可以选择出租、转包、入股、转让等土地流转方式获得收益。

6.3.1.2 土地退出的程序方式

农村大学生土地退出涉及政府部门、集体经济组织、农村大学生及其家庭成员、相关公司法人等利益主体，同时，土地退出牵扯的资产价值量大、种类繁多、人员数量众多，因此，应该设计一套科学合理的操作步骤，才能保证土地退出策略的顺利实施。在农村大学生选择愿意退出个人或全部家庭成员的土地权利时，可以按照以下流程进行办理(图 6-11)。

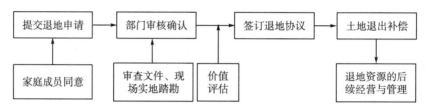

图 6-11　农村大学生土地退出流程图

第一步：提交退地申请。在征得全体家庭成员同意后，农村大学生或家庭户主向所在集体经济组织提出《集体经济组织成员土地退出申请》。集体经济组织在收到申请后，对申请人的资格、是否获得全部家人的同意、宅基地及附属建筑物和承包地基本情况是否属实等内容进行初步审核。在全家土地份额退出时，可以选择退出宅基地及附属物和承包地两者中的全部或者其中任何一种。

第二步：部门审核确认。在集体经济组织对退地申请以及宅基地证、承包经营权证等文件进行形式审查后，政府部门、集体经济组织和专门机构人员对宅基地及其附属物、承包地进行现场踏勘、丈量并对相关信息进行记录登记，主要包括：宅基地及构筑物(附属物)的产权证书、建筑物及附属物的结构类型、成新度、宅基地能否复垦为耕地等情况；登记承包地的地块、坐落、面积、土地等级、土地类型、土地使用权证等情况，并且核对证书与实际情况的一致性。

第三步：资产价值评估。科学确定退地补偿标准是土地退出的最关键环节，这涉及各方主体利益的实现。退地补偿标准应采取不动产公司评估价与政府指导价相结合的方式确定。首先，政府应邀请专业机构和专业人员选择科学的方法测算出一套一定时点下不同区域、不同类型住房或承包地的退出价格指导标准。其中，宅基地及构筑物(附属物)的退出补偿标准应参照建筑结构、建造成本和成新度等因素确定；承包地的退出补偿标准不应完全参照征地补偿标准确定，而应考虑承包地的肥沃程度、地块形状、地块大小、种植结构、种植收益等因素确定。其次，农村大学生应当委托独立的不动产评估机构对宅基地及附属物、承包地的市场价值进行评估。最后，在不动产公司评估价和政府指导价之间取高值或平均值作为最终补偿标准。同时，退地补偿标准应实现各方的意见一致，并确保农村大学生及其家庭成员的利益。

第四步：签订退地协议。农村大学生及其家庭成员、政府部门、集体经济组织三方签订退地协议，在退地协议中明确规定各方的权利和义务，确认农村大学生土地退出涉及的资产明细、可以获得的补偿金额和支付方式等。农村大学生应按照退地协议约定的时间退出宅基地和承包地，并办理产权注销登记。

第五步：土地退出补偿。对农村大学生及其家庭成员的土地退出补偿可以采取"一次性支付""分期支付"和"入股分红"等方式。由于"一次性支付"存在着农民个体一次性获得大量现金收益大肆挥霍而致贫的可能性，因此，除农村大学生在城市购房等特殊因素，本书建议对承包地的退出补偿采取后两种支付方式，其中，"分期支付"是指将退出补偿的金额加上利息均摊到若干年的若干月逐期支付，农村大学生及其家庭成员按月获得相应的固定收益；"入股分红"是指农村大学生及其家庭成员将退地补偿金额入股当地的大型公司、组建的农场或合作社，按年度获得入股分红。"分期支付"和"入股分红"的收益可以依法继承。

第六步：退地资源的后续经营和管理。农村大学生及其家庭成员退出土地后，不得在任何时候以任何理由再主张权利，集体经济组织或政府成立的相关机构在支付相应的退地补偿费用后，获得宅基地及其附属物、承包地的相关权益。对于农村大学生及其家庭成员土地退出形成的资产，建议专门组建公司进行后期经营和管理。对于退出的宅基地及其附属建筑物，可以采取出租、复垦为耕地进行"地票"交易，或者转让给新申请宅基地的本集体经济组织成员等方式加以盘活利用，获得的收益用于弥补前期支付的宅基地及其附属建筑物退出成本；对于农户退出的承包地，可以采取土地流转、与种粮大户进行合作成立专门的农业公司进行规模化经营，或者收归集体作为"公田"进行集体化运作管理，或者将农村大学生土地用于失地农民安置等方式进行利用，通过这些途径获得的收益用于弥补前期支付的承包地退出成本。

6.3.2　土地退出的意愿分析

6.3.2.1　方法选择

虽然农村大学生土地退出过程应由政府部门、政府部门组建的相关机构、集体经济组织的积极介入，但其他组织和个人均无权干涉农村大学生的土地退出决策，农村大学生根据家庭情况、自身情况以及经济收益等综合决定自己是否进行土地退出。在问卷中，农村大学生愿意参与土地退出，则因变量取值为 1，农村大学生不愿意参与土地退出，则因变量取值为 0。对于因变量是分类型变量，且自变量和因变量没有线性关系时，线性回归模型的假设条件就会遭到破坏，这时，最好的回归模型是 Logistic 回归模型（王海波，罗莉，汪海玲，2010）。Logistic 回归分析的基本原理就是利用一组数据拟合一个Logistic 回归模型，然后借助这个模型揭示总体中若干个自变量与一个因变量取某个值的概率之间的关系。该模型适用于对按照效用最大化原则所进行的选择行为的分析（曹建华，王红英，黄小梅，2007）。因此，选用 Logistic 回归模型分析农村大学生身份退出意愿是十分科学和合理的。如果影响农村大学生参与身份退出的因素为 x_1，x_2，$\cdots$，x_i，α，β_1，β_2，$\cdots$，β_m 为模型的参数，令 $x = (x_1, x_2, \cdots, x_i)'$，$\beta = (\beta_1, \beta_2, \cdots, \beta_i)$，则 Logistic 回归模型的形式如下

$$P = \frac{\exp(\alpha + \beta x)}{1 + \exp(\alpha + \beta x)} \tag{6-8}$$

对式（6-8）的概率取 Logit 变换，则可进一步变换为

$$\ln\left(\frac{P_i}{1-P_i}\right) = \alpha + \beta_1 x_1 + \beta_2 x_2 + \beta_3 x_3 + \cdots + \beta_i x_i + \varepsilon \qquad (6\text{-}9)$$

6.3.2.2　因变量选择

为了全面反映农村大学生土地退出意愿的影响因素，本书选择农村大学生个人基本情况自变量、农村大学生农村家庭情况自变量、对政府成立的土地退出专门机构情况预期自变量、农村大学生家乡所在地社会经济情况四个方面的 26 个指标，构建起农村大学生参与土地退出意愿的变量体系(表 6-15)。

表 6-15　农村大学生参与身份退出意愿的变量体系及描述

变量类型	指标名称	取值说明
因变量	土地退出意愿(Y)	愿意＝1，不愿意＝0
农村大学生个人基本情况自变量	性别(X_1)	男＝1，女＝2
	年龄(X_2)	实际年龄数值
	婚姻状态(X_3)	未婚＝1，已婚＝2
	是否独生子女(X_4)	否＝1，是＝2
	是否迁户口(X_5)	没迁＝1，迁了＝2
	学历状态(X_6)	大专＝1，本科＝2，硕士＝3，博士＝4
	毕业学校类型(X_7)	高职高专＝1，三本＝2，二本＝3，一本＝4
	专业类型(X_8)	文科＝1，理工＝2
	工作状态(X_9)	在学校读书＝1，找工作或待业中＝2，有工作＝3
	住房状态(X_{10})	集体宿舍＝1，租房居住＝2，已购买住房＝3
	对土地未来价格的预期(X_{11})	大幅提高＝5，略有提高＝4，基本保持不变＝3，略有降低＝2，大幅降低＝1
农村大学生农村家庭情况自变量	家庭距离县(区)中心距离(X_{12})	10 千米以内＝5，10～20 千米＝15，20～30 千米＝25，30 千米以上＝35
	农业人口比例(X_{13})	大学生家庭内从事农业劳动人数与总人数的比值
	家庭需要被抚养的人数(X_{14})	家庭需要被抚养的人口数值
	家庭年收入(X_{15})	小于 2 万元＝1.5，2 万～4 万元＝3，4 万～6 万元＝5，6 万元以上＝6.5
	家庭收入结构(X_{16})	以农业为主＝1，农业和非农业各占一半＝2，以农业为辅、非农业为主＝3，完全依靠非农业＝4
对政府成立的土地退出专门机构情况预期自变量	对政府专门土地机构资本规模的预期(X_{17})	0.1 亿元以下＝0.05，0.1 亿元～0.5 亿＝0.3，0.5 亿元～1.0 亿＝0.75，1.0 亿～1.5 亿元＝1.25，1.5 亿元以上＝1.75
	对政府专门土地机构赢利能力的预期(X_{18})	具有很高的赢利能力＝3，赢利能力一般即可＝2 保持盈亏平衡即可＝1

续表

变量类型	指标名称	取值说明
区域社会经济自变量	人均GDP(X_{19})	大学生家乡所在地国内生产总值与总人口的比值
	人均固定资产投资(X_{20})	大学生家乡所在地固定资产投资与总人口的比值
	人均财政收入(X_{21})	大学生家乡所在地财政一般预算收入与总人口的比值
	城市化率(X_{22})	大学生家乡所在地城镇人口与乡村人口的比值
	地理区位(X_{23})	西部地区=1，中部地区=2，东部地区=3

6.3.2.3 数据来源

第一，充分利用第二批 1219 名农村大学生的调查问卷，可以获得 $X_1 \sim X_{18}$ 的观测值。第二，对于 GDP、固定资产投资、财政收入，主要通过查阅《中国城市统计年鉴（2012）》获取，对于总人口、城镇人口、乡村人口，主要通过查阅各省（自治区、直辖市）2012 年统计年鉴获得。对于个别城市的某些指标信息在统计年鉴中查询不到的，通过搜索引擎等方法补充完善。

6.3.2.4 多重共线性检验与消除

1. 多重共线性检验

多重共线性（multi-colinearity）是指自变量之间存在近似的线性关系，即某个自变量能近似的用其他自变量的线性函数表示。当自变量共线趋势非常明显时，它会对模型的拟合带来严重的影响（宁传华，2007）。因此，本书在用 Logistic 模型进行意愿分析前，先对 26 个自变量指标进行多重共线性检验。要做自变量指标多重共线性检验，首先要对各指标数值进行标准化处理，本书采用离差标准化（min-max normalization）对原始数据的线性变换，使结果落到 [0，1] 区间，转换函数如下

$$X^* = \frac{X_i - X_{min}}{X_{max} - X_{min}} \tag{6-10}$$

式中，X^* 为变换后指标数值；X_i 为样本数据中的原值；X_{max} 为样本数据的最大值；X_{min} 为样本数据的最小值。

判断指标多重共线性的方法有相关系数法、容忍度法（tolerance）、方差膨胀因子法（variance inflation factor，VIF）、特征根法和条件指数法，本书采用容忍度法和方差膨胀因子法相结合的方法进行判别，其中容忍度越小，说明被其他自变量预测的精度越高，共线性可能越严重；VIF 值越大，说明共线性越严重，当 VIF>10 时，提示有严重的共线性存在。运用 SPSS 软件对 23 个自变量指标标准化数值做共线性分析（表 6-16）。

表 6-16　各指标多重共线性诊断结果

模型序号		非标准化系数		标准化系数	t 值	显著性	共线性统计	
		回归系数	标准误差	标准化回归系数			容忍度	方差膨胀因子
1	X_1	−0.006 2	0.023 5	−0.010 2	−0.261 3	0.793 9	0.437 4	2.286 2
	X_2	−0.079 6	0.106 4	−0.063 9	−0.748 5	0.454 3	0.091 0	10.987 4
	X_3	0.186 9	0.077 0	0.078 1	2.427 7	0.015 3	0.639 9	1.562 8
	X_4	−0.011 8	0.027 4	−0.014 1	−0.432 7	0.665 3	0.625 9	1.597 7
	X_5	0.008 1	0.027 6	0.009 7	0.294 0	0.768 8	0.609 5	1.640 6
	X_6	0.143 6	0.098 2	0.116 9	1.462 1	0.144 0	0.103 7	9.641 0
	X_7	−0.062 7	0.045 6	−0.107 5	−1.374 4	0.169 6	0.108 3	9.229 7
	X_8	0.032 6	0.022 8	0.052 1	1.431 4	0.152 6	0.499 4	2.002 5
	X_9	−0.055 9	0.056 6	−0.046 5	−0.987 5	0.323 6	0.298 3	3.352 4
	X_{10}	0.072 9	0.068 5	0.047 9	1.064 2	0.287 4	0.327 7	3.051 4
	X_{11}	0.073 9	0.044 5	0.143 2	1.662 9	0.096 6	0.089 4	11.185 8
	X_{12}	−0.011 5	0.028 3	−0.017 5	−0.407 4	0.683 8	0.360 6	2.773 2
	X_{13}	−0.114 3	0.044 3	−0.138 0	−2.582 0	0.009 9	0.232 0	4.310 6
	X_{14}	0.038 9	0.079 2	0.023 1	0.491 5	0.623 1	0.301 1	3.321 2
	X_{15}	0.062 0	0.035 6	0.077 6	1.743 0	0.081 6	0.334 0	2.994 1
	X_{16}	0.024 6	0.035 6	0.036 3	0.690 3	0.490 2	0.239 3	4.178 8
	X_{17}	0.062 6	0.029 2	0.101 9	2.145 1	0.032 1	0.293 8	3.403 5
	X_{18}	0.067 5	0.033 0	0.121 1	2.041 7	0.041 4	0.188 2	5.312 9
	X_{19}	0.231 5	0.242 2	0.134 8	0.955 8	0.339 3	0.033 3	30.031 3
	X_{20}	−0.151 0	0.222 8	−0.059 7	−0.677 7	0.498 1	0.085 3	11.727 2
	X_{21}	0.043 2	0.194 7	0.020 4	0.221 7	0.824 6	0.077 9	12.833 6
	X_{22}	0.035 3	0.122 0	0.030 2	0.289 7	0.772 1	0.061 0	16.399 9
	X_{23}	0.000 6	0.035 0	0.000 8	0.016 1	0.987 2	0.244 8	4.084 4

　　根据表 6-16 所示，满足 tolerance 值较小且 VIF＞10 的指标共有 6 个，分别是年龄(X_2)、对土地未来价格的预期(X_{11})、人均 GDP(X_{19})、GDP 增长率(X_{20})、人均固定资产投资(X_{21})、人均财政收入(X_{22})。

　　2. 多重共线性消除

　　如果自变量之间确实存在着多重共线性，直接采用多重回归得到的模型肯定是不可信的。对存在多重共线性的自变量进行主成分分析，提取公因子代替原变量进行回归分析，可以有效地解决多重共线性问题。运用 SPSS 软件对 $X_1 \sim X_{23}$ 做主成分分析得到运行结果(表 6-17)。

表 6-17 主成分的统计信息

主成分	特征值			被提取的载荷平方和		
	总计	贡献率/%	累计贡献率/%	总计	贡献率/%	累计贡献率/%
1	4.176	18.157	18.157	4.176	18.157	18.157
2	3.153	13.709	31.867	3.153	13.709	31.867
3	1.860	8.088	39.955	1.860	8.088	39.955
4	1.693	7.361	47.316	1.693	7.361	47.316
5	1.452	6.314	53.629	1.452	6.314	53.629
6	1.257	5.464	59.093	1.257	5.464	59.093
7	1.085	4.718	63.811	1.085	4.718	63.811
8	0.972	4.225	68.037	0.972	4.225	68.037
9	0.881	3.832	71.868	0.881	3.832	71.868
10	0.789	3.430	75.299	0.789	3.430	75.299
11	0.778	3.384	78.682	0.778	3.384	78.682
12	0.745	3.237	81.919	0.745	3.237	81.919
13	0.727	3.162	85.081	0.727	3.162	85.081
14	0.631	2.745	87.827	0.631	2.745	87.827
15	0.596	2.590	90.417	0.596	2.590	90.417
16	0.568	2.470	92.887			
17	0.396	1.720	94.607			
18	0.345	1.501	96.108			
19	0.277	1.203	97.311			
20	0.213	0.928	98.239			
21	0.183	0.796	99.035			
22	0.140	0.610	99.645			
23	0.082	0.355	100.000			

从表 6-17 可以看出，前 12 个主成分的方差累积贡献率达到了 81.99%，表明已经包含原指标的大多数信息。

表 6-18 因子得分系数矩阵

项目	主成分											
	1	2	3	4	5	6	7	8	9	10	11	12
系数	a_{1j}	a_{2j}	a_{3j}	a_{4j}	a_{5j}	a_{6j}	a_{7j}	a_{8j}	a_{9j}	a_{10j}	a_{11j}	a_{12j}
X_1	−0.040	−0.089	−0.092	0.102	0.449	−0.084	−0.157	−0.127	−0.020	0.007	−0.002	−0.013
X_2	−0.010	0.259	0.039	−0.037	0.114	0.012	0.045	−0.130	−0.068	−0.148	0.040	0.095
X_3	0.033	0.197	−0.038	−0.123	0.171	−0.045	−0.016	−0.014	0.028	0.054	0.180	0.458

续表

项目	主成分											
	1	2	3	4	5	6	7	8	9	10	11	12
系数	a_{1j}	a_{2j}	a_{3j}	a_{4j}	a_{5j}	a_{6j}	a_{7j}	a_{8j}	a_{9j}	a_{10j}	a_{11j}	a_{12j}
X_4	0.086	−0.055	−0.043	0.009	−0.190	0.151	−0.391	−0.313	0.257	0.651	0.108	0.179
X_5	0.018	0.167	0.061	0.109	−0.004	−0.078	0.058	0.241	0.021	0.571	−0.030	−0.771
X_6	−0.011	0.143	0.229	0.374	−0.061	−0.017	0.083	−0.134	−0.103	0.073	0.206	0.105
X_7	−0.049	0.123	0.214	0.397	−0.019	0.048	0.000	−0.128	0.005	−0.076	0.027	0.211
X_8	0.002	0.058	0.124	−0.110	−0.425	0.089	0.103	0.252	0.142	0.065	−0.361	0.392
X_9	0.031	0.242	−0.075	−0.175	0.121	0.047	−0.134	−0.042	0.063	−0.024	−0.181	−0.039
X_{10}	0.078	0.219	−0.079	−0.185	0.111	−0.008	−0.079	−0.078	0.115	0.134	−0.059	0.041
X_{11}	0.009	−0.016	−0.015	−0.060	0.014	0.163	0.619	−0.532	0.494	−0.047	−0.037	−0.199
X_{12}	−0.051	0.031	0.225	−0.056	0.035	−0.092	−0.192	0.367	0.682	−0.340	0.127	−0.176
X_{13}	−0.068	0.011	0.290	−0.193	−0.002	0.214	−0.235	−0.218	−0.226	−0.137	−0.011	−0.258
X_{14}	−0.066	−0.065	0.102	0.031	0.340	−0.104	0.275	0.312	0.153	0.431	−0.198	0.365
X_{15}	0.092	0.094	−0.247	0.178	−0.099	0.045	0.005	0.126	0.002	−0.320	0.002	−0.085
X_{16}	0.096	0.031	−0.336	0.242	−0.073	−0.023	−0.039	0.108	0.203	−0.087	−0.015	−0.003
X_{17}	0.013	0.021	−0.028	0.079	0.138	0.568	0.071	0.198	−0.193	−0.002	−0.546	−0.053
X_{18}	−0.023	−0.030	−0.034	0.017	0.113	0.572	−0.037	0.228	0.166	0.033	0.625	0.059
X_{19}	0.217	−0.046	0.131	−0.006	0.072	−0.006	0.009	0.016	−0.024	−0.048	0.010	0.024
X_{20}	0.204	−0.040	0.157	0.027	0.082	0.003	−0.019	0.000	0.015	−0.106	−0.057	0.004
X_{21}	0.214	−0.047	0.148	0.018	0.065	−0.014	−0.022	0.002	0.026	−0.060	−0.065	0.006
X_{22}	0.207	−0.057	0.101	0.034	0.098	0.001	−0.032	−0.012	0.045	−0.029	−0.084	−0.021
X_{23}	0.109	0.026	0.013	−0.181	−0.083	−0.035	0.369	0.226	−0.348	0.092	0.517	−0.005

　　根据因子得分系数矩阵(表 6-18),可以将所有主成分表示为各个变量的线性组合。因此,12 个主成分可以表示为

$$Z_i = \sum_{j=1}^{23} a_{i-j} \times \mathrm{std}X_j \tag{6-11}$$

式中,Z_i 为第 i 个主成分的表达值;i 为主成分对应的个数;j 为自变量数量对应的序号;a_{i-j} 为第 i 个主成分的第 j 个因变量系数,如 $a_{1-1}=-0.040$,$a_{6-10}=-0.008$,$\mathrm{std}X_j$ 为第 j 个自变量的标准指标变量,具体变换方式为

$$\mathrm{std}X_j = \frac{X_j - \overline{X}_j}{\sigma_j} \tag{6-12}$$

式中,$\overline{X}_j$ 为自变量 X_j 的样本算数平均数;σ_j 为自变量 X_j 的样本标准差。

表 6-19 样本均值、标准差和样本数量信息

系数	均值($\bar{X}_j$)	标准差(σ_j)	样本数量(N)
X_1	0.461 9	0.498 8	1219
X_2	0.293 8	0.149 8	121 9
X_3	0.029 5	0.169 4	1219
X_4	0.238 7	0.426 5	1219
X_5	0.242 0	0.428 5	1219
X_6	0.288 7	0.168 9	1219
X_7	0.610 1	0.352 8	1219
X_8	0.431 5	0.495 5	1219
X_9	0.124 3	0.319 0	1219
X_{10}	0.097 2	0.251 8	1219
X_{11}	0.768 0	0.208 6	1219
X_{12}	0.489 5	0.386 5	1219
X_{13}	0.415 8	0.271 4	1219
X_{14}	0.196 5	0.143 8	1219
X_{15}	0.359 2	0.368 9	1219
X_{16}	0.465 8	0.390 5	1219
X_{17}	0.552 3	0.378 4	1219
X_{18}	0.662 4	0.325 9	1219
X_{19}	0.206 4	0.121 3	1219
X_{20}	0.127 4	0.101 2	1219
X_{21}	0.130 0	0.145 0	1219
X_{22}	0.306 2	0.172 1	1219
X_{23}	0.497 9	0.354 7	1219

根据式(6-11)和式(6-12)，运用第二批调查获得的 1219 名农村大学生问卷所建立的数据库，计算出用 23 个自变量表示的 12 个主成分的信息值，构成 12 新综合变量 fac1 _ 1 (Z_1)、fac2 _ 1(Z_2)、fac3 _ 1(Z_3)、fac4 _ 1(Z_4)、fac5 _ 1(Z_5)、fac6 _ 1(Z_6)、fac7 _ 1(Z_7)、fac8 _ 1(Z_8)、fac9 _ 1(Z_9)、fac10 _ 1(Z_{10})、fac11 _ 1(Z_{11})、fac12 _ 1(Z_{12})。这 12 个新综合变量是原自变量经变换得到，包含了原自变量的大部分信息，且不存在多重共线性问题。

6.3.2.5 基于 Logistic 模型的土地退出意愿分析

运用 SPSS16.0 软件将因变量 Y 与 12 新综合变量 fac1 _ 1(Z_1)、fac2 _ 1(Z_2)、fac3 _ 1(Z_3)、fac4 _ 1(Z_4)、fac5 _ 1(Z_5)、fac6 _ 1(Z_6)、fac7 _ 1(Z_7)、fac8 _ 1(Z_8)、fac9 _ 1(Z_9)、fac10 _ 1(Z_{10})、fac11 _ 1(Z_{11})、fac12 _ 1(Z_{12})进行 Logistic 回归，在 95％相对危险度的可信区间，选择 Enter 为回归方法，得到的模型运行结果(表 6-20)。

表 6-20　模型的变量信息

项目　　步骤		回归系数	标准误差	卡方值	自由度	显著性	优势比	优势比的95％置信区间	
								低值	高值
Step 1[a]	fac1_1	0.322	0.070	21.316	1	0.000	1.380	1.204	1.582
	常数	−1.627	0.079	429.312	1	0.000	0.196		
Step 2[b]	fac 1_1	0.334	0.071	21.909	1	0.000	1.396	1.214	1.605
	fac 3_1	−0.244	0.075	10.672	1	0.001	0.783	0.676	0.907
	常数	−1.649	0.080	424.980	1	0.000	0.192		
Step 3[c]	fac 1_1	0.334	0.071	21.892	1	0.000	1.397	1.214	1.606
	fac 3_1	−0.245	0.075	10.686	1	0.001	0.783	0.676	0.907
	fac 8_1	0.158	0.077	4.152	1	0.042	1.171	1.006	1.363
	常数	−1.657	0.081	423.610	1	0.000	0.191		

注：a 变量 fac_1 在 step1 进入；b. 变量 fac3_1 在 step2 进入；c. 变量 fac3_8 在 step3 进入

根据表 6-20 运行结果，进入模型的新综合变量有三个，即 fac 1_1(Z_1)、fac 3_1(Z_3)、fac 8_1(Z_8)。建立的预测模型为

$$\hat{Y} = \frac{\exp(-1.657 + 0.334Z_1 - 0.245Z_3 + 0.158Z_8)}{1 + \exp(-1.657 + 0.334Z_1 - 0.245Z_3 + 0.158Z_8)} \tag{6-13}$$

根据主成分分析结果，将式(6-11)的 Z_1、Z_3、Z_8 代入式(6-13)，则式中的 $M = -1.657 + 0.334Z_1 - 0.245Z_3 + 0.158Z_8$ 可以换算成式(6-14)

$$\begin{aligned}
M = {}& -1.6570 - 0.0109\text{std}X_1 - 0.0334\text{std}X_2 + 0.0181\text{std}X_3 - 0.0102\text{std}X_4 \\
& + 0.0291\text{std}X_5 - 0.0810\text{std}X_6 - 0.0890\text{std}X_7 + 0.0101\text{std}X_8 + 0.0221\text{std}X_9 \\
& + 0.0331\text{std}X_{10} - 0.0774\text{std}X_{11} - 0.0142\text{std}X_{12} - 0.1282\text{std}X_{13} + 0.0023\text{std}X_{14} \\
& + 0.1112\text{std}X_{15} + 0.1314\text{std}X_{16} + 0.0425\text{std}X_{17} + 0.0367\text{std}X_{18} + 0.0429\text{std}X_{19} \\
& + 0.0297\text{std}X_{20} + 0.0355\text{std}X_{21} + 0.0425\text{std}X_{22} + 0.0689\text{std}X_{23}
\end{aligned}$$

将式(6-12)代入式(6-14)，可以变换得到 M 与原自变量之间的关系

$$\begin{aligned}
M = {}& -1.5531 - 0.0218X_1 - 0.2233X_2 + 0.1070X_3 - 0.0239X_4 + 0.0680X_5 \\
& - 0.4793X_6 - 0.2523X_7 + 0.0204X_8 + 0.0693X_9 + 0.1314X_{10} - 0.3711X_{11} \\
& - 0.0367X_{12} - 0.4723X_{13} + 0.0157X_{14} + 0.3013X_{15} + 0.3366X_{16} + 0.1123X_{17} \\
& + 0.1125X_{18} + 0.3517X_{19} + 0.2931X_{20} + 0.2450X_{21} + 0.2469X_{22} + 0.1943X_{23}
\end{aligned}$$

$$\tag{6-15}$$

根据式(6-15)的最终结果，可以得到以下几个结论：第一，农村大学生的土地退出意愿与性别、年龄、是否独生子女、学历状态、毕业学校类型、对土地价格预期、家庭距县(区)中心的距离、农业人口比例 8 个自变量呈负相关关系，与其余 15 个自变量呈正相关关系。第二，农村大学生学历越高、毕业学校类型越好，对未来的工作、收入预期越高，越不愿意退出承包地。第三，工作状态、住房状态越稳定以及已婚的农村大学生，其城镇化程度越来越高，面临的城市住房开支、生活开支越高，承受的经济心理压力越大，越倾向于退出承包地。第四，农村大学生对未来土地价格预期越高，越希望保留承

包地以期获得更高的退地收益。第五，家庭距县(区)中心的距离越远，受城镇的辐射能力越低，对土地的农业收入越倚重。同时，家庭农业人口比例越高，表明非农收入渠道少，越不愿意退出土地。与之相反，家庭收入越偏向于非农业，家庭年总收入越高，越倾向于转出土地，年总收入每提高一个层次，土地退出的概率提高 30.13%，家庭需要赡养的人数越多，土地的闲置与低效利用可能性越大，农村大学生越倾向于退出土地，每增加一个需要抚养人，土地退出概率提高 1.57%。第六，政府专门负责土地退出机构的资金实力越强和盈利能力越高，农村大学生对自己退出土地获得较高补偿以及补偿货币如期兑现的信任度越高，他们越倾向于退出土地，其中，资金规模和盈利能力每提高一个层次，农村大学生土地退出的概率相应提高 11.23% 和 11.25%。第七，农村大学生家乡所在地经济发展水平越高，家庭收入渠道越多，土地的价值量越大，农村大学生越愿意将土地退出以获得高额的货币收益。第八，农村大学生家乡所在区位与土地退出呈正相关，越靠西部的农村大学生越希望通过自己已经跳出"农门"改变个人及家庭的命运，越希望退出农村土地向城市转移。

6.3.3 土地退出潜力及带动效应

根据农村大学生非农化土地流转潜力部分的测算结果，1999~2014 年农村大学生占有耕地数量的理论潜力为 914.36 万公顷。根据调查结果可知，农村大学生入学前分得承包地的人数占调查总人数的比例(κ)为 55.53%，入学后选择土地退出策略的农村大学生人数占总调查人数的比例(ε_2)为 16.90%。因此，农村大学生非农化过程中土地退出的实际潜力为 $S_2 = 914.36 \times 55.53\% \times 16.90\% = 85.81$ 万公顷，实际潜力值占全国总耕地面积的 0.635%。

农村大学生非农化过程中的土地退出行为往往不仅仅局限于个人土地权利的处理，在向第二批受访农村大学生问及"如果进行身份利益退出，您会选择哪种退出方式"时，选择"仅个人身份利益退出，家人保留农村户口"的占 46.68%，选择"部分家庭成员身份利益退出转为城市户口"的占 39.70%，选择"全家身份利益同时退出，全部转为城市户口"的占 13.62%。因此，在农村大学生土地退出行为的示范和号召作用下，考虑到未来家庭生活重心的城市转移，在农村大学生户内关于土地退出的家庭决策会议上，部分家庭会选择退出大部分承包地或者全部承包地，或者至少会引致整个家庭的退地行为提前(图 6-12)。

图 6-12 农村大学生土地退出的带动效应

通过以下赋值方式获得因变量 Y 值，即仅选择个人身份利益退出的人口数量赋值为 1，将选择部分家庭成员身份利益退出的人口数量赋值为 0.5 乘以家庭总人数，将选择全家身份利益同时退出的人口数量赋值为 1 乘以家庭总人数，运用 SAS 软件对 Y 与表 6-15

中 26 个自变量进行多元逐步线性回归（表 6-21）。

表 6-21　农村大学生土地退出对其他家庭成员带动力逐步回归参数估计结果

系数	参数估计	标准误差	F 值	p 值
截距项	2.937 17	0.432 09	46.21	<0.000 1
X_1	−0.175 28	0.076 50	5.25	0.022 1
X_2	−0.053 88	0.015 74	11.72	0.000 6
X_4	−0.263 14	0.089 07	8.73	0.003 2
X_{14}	0.144 17	0.033 99	17.99	<0.000 1
X_{15}	0.081 26	0.020 38	15.90	<0.000 1
X_{26}	0.162 79	0.052 58	9.59	0.002

根据运行结果，构建起多元线性回归方程为

$$Y = 2.93717 - 0.17528X_1 - 0.05388X_2 - 0.26314X_4$$
$$+ 0.14417X_{14} + 0.08126X_{15} + 0.16279X_{26}$$

根据调查问卷数据统计，X_1 的均值为 1.46，X_2 的均值为 21.68，X_4 的均值为 1.24，X_{14} 的均值为 1.56，X_{15} 的均值为 3.30，X_{26} 的均值为 2.00，将其代入方程可以得到 Y 的预测值为 2.005 492 4，约等于 2.00。这表明农村大学生的土地退出行为将带动剩余家庭成员中的 1 人退出土地，即农村大学生的土地退出潜力值将扩大一倍至 171.62 万公顷，占全国耕地面积的 1.2708%。

6.3.4　土地退出受偿价格实证研究

6.3.4.1　受偿价格数据获取方法

农村大学生通过土地退出机制转出宅基地及其附属物、承包地等权利，同时，获得相应补偿收益用于在城市购买住房（租房）或者创业，这就涉及一个核心问题即土地退出价格标准的问题。农民在是否愿意退出土地问题上会进行成本、收益与风险评估（王兆林，2011）。这个标准不能参照政府确定的征地及拆迁补偿标准，虽然政府制定的补偿标准在逐步完善和提高，但是距离公开市场价格仍然存在不少的差距。因此，农村大学生土地退出价格的确定应根据转出住房（结构类型、成新度、建筑面积等）和承包地（区位、等级等）的基本情况，依据让渡权利时不动产公司出具的市场估价给予补偿。鉴于宅基地及农民住房市场交易国家还没放开、在典型区域内收集案例的难度大等因素，本书选择对农村大学生的承包地退出补偿进行实证研究。对于承包地退出补偿价格数据按照条件价值法（CVM）价格测算方法进行调查获取。CVM 的理论依据为效用最大化理论，假设农村大学生的效用由可以通过市场交易的商品 x、不能通过市场交易的农地 q 共同决定，效用函数为 $U(x, q)$，商品 x 的消费受农村大学生的收入 y 和商品价格 p 决定。根据理性人假设，农村大学生总是力图在预算约束的情况下，实现个人效用最大化，用公式可表示为

$$\max U(x, q) \quad \text{s.t.} \quad \sum p_{x_i} \leqslant y \tag{6-16}$$

求解式（6-16），可以得到预算约束下的可交易商品的需求函数 $x_i = (p, q, y)$，设间接效

用函数为 $V(x, q) = U[(p, q, y), q]$。假定商品的价格 p 和农村大学生收入 y 保持不变，农村大学生的农地资源数量由 q 增加到 q_0，效用函数相应变为 $U[(p, q_0, y), q_0]$，且 $U[(p, q_0, y), q_0] > U[(p, q, y), q]$，即农村大学生因农地资源条件的改善而获得了更高的效用，假设此时从农村大学生的收入中取走 EV 数量的货币，刚好使得 $U[(p, q_0, y-EV), q_0] = U[(p, q, y), q]$，EV 即农村大学生为获得 $(q_0 - q)$ 数量的农地而愿意支付的最大货币量 WTP；当农村大学生的农地因土地退出由 q 减少到 q_1 时，效用函数相应变为 $U[(p, q_1, y), q_1]$，且 $U[(p, q_1, y), q_1] < U[(p, q, y), q]$，即农村大学生因农地资源条件受损而效用水平降低，假设此时使农村大学生的货币收入在原有基础上增加 CV，并且刚好使 $U[(p, q_1, y+CV), q_1] = U[(p, q, y), q]$，CV 即为农村大学生农地资源减少 $(q - q_1)$ 而愿意接受的最低受偿标准 WTA。

CVM 模型的关键步骤之一就是建立一个假想市场。在这个市场里农地可以突破现实法律政策对土地交易的限制，可以自由买卖，并反映出其价值，因此，假想市场构建得科学与否，直接影响 CVM 价值测算的准确性和科学性。为了获得正确的价值评估和预期，应该让受访者对假想市场内的评价对象有正确的理解，使之尽可能地接近现实市场，这是避免假想偏差的关键。这样有助于受访者对丧失农地资源或者获得农地资源对自身效用的影响有一个科学的"内在量化"，并据此给出准确的 WTA 和 WTP。因此，CVM 模型偏重于受访者基于承包地功能、权利等认识基础上的价格认知，在通过科学设置调查问卷、对调研人员进行认真培训以及采取科学的调查方式，达到有效规避各类偏差的基础上，可以获得受访农村大学生土地退出受偿价格的合理区间。

6.3.4.2 受偿价格分布及影响因素

1. 受偿价格分布

根据第二批调查获得的 1219 份问卷统计结果显示，农村大学生土地退出的水田受偿意愿（WTA水田）分布情况大致如下，分布区间前三位分别是：最多的为 10.0 万～11.0 万元，占 16.57%，其次为 5.0 万～6.0 万元，占 13.29%，再次为 4.0 万～5.0 万元，占 13.04%。最少的是 0.5 万元以下，占 0.33%（图 6-13）。

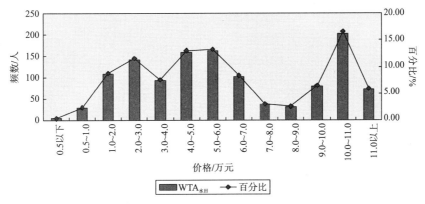

图 6-13　农村大学生土地退出 WTA水田 分布情况

农村大学生土地退出的旱地受偿意愿（WTA旱地）分布情况大致如下，分布区间前三位分别是：最多的为 1.0 万～2.0 万元，占 13.45%，其次为 2.0 万～3.0 万元，占

12.22％，再次为 4.0 万～5.0 万元，占 12.06％。最少的是 0.5 万元以下，占 1.15％。

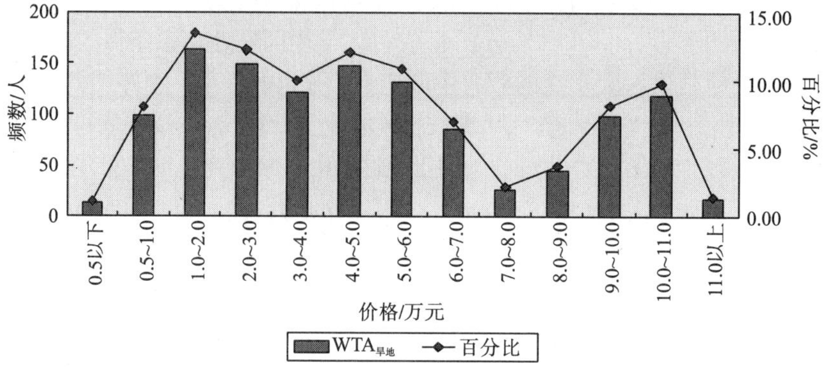

图 6-14　农村大学生土地退出 WTA$_{旱地}$分布情况

从 WTA$_{水田}$和 WTA$_{旱地}$的分布对比来看，WTA$_{水田}$分布于高值的频数大于 WTA$_{旱地}$，以 7.0 万～8.0 万元为临界点，WTA$_{水田}$在该临界点右侧的占 31.50％，WTA$_{旱地}$为 23.05％。WTA$_{水田}$分布于低值的频数小于 WTA$_{旱地}$，以 3.0 万～4.0 万元为临界点，WTA$_{水田}$在该临界点左侧的占 23.13％，WTA$_{旱地}$为 34.86％。通过计算获得 WTA$_{水田}$的均值为 60 744.46 元，WTA$_{旱地}$的均值为 49 704.68 元，水田比旱地的 WTA 值高 22.21％。可以看出，在对土地功能及权利充分认知的情况下，农村大学生土地退出的受偿价格预期并没有出现整体偏高的情况。

2. 受偿价格影响因素

本书构建起农村大学生个人基本情况、农村家庭基本情况、家乡所在地区社会经济情况三方面 21 个指标的受偿价格影响因素评价指标体系(表 6-22)。

表 6-22　农村大学生土地退出 WTA 影响因素指标体系

变量类型	指标名称	取值说明
因变量	土地退出受偿价格(Y)	WTA$_{水田}$与 WTA$_{旱地}$的均值
个人基本情况自变量	性别(X_1)	男=1，女=0
	年龄(X_2)	实际年龄数值
	婚姻状态(X_3)	未婚=0，已婚=1
	是否独生子女(X_4)	否=0，是=1
	是否迁户口(X_5)	没迁=0，迁了=1
	学历状态(X_6)	大专=1，本科=2，硕士=3，博士=4
	毕业学校类型(X_7)	高职高专=1，三本=2，二本=3，一本=4
	专业类型(X_8)	文科=1，理工=2
	工作状态(X_9)	在学校读书=1，找工作或待业中=2，有工作=3
	住房状态(X_{10})	集体宿舍=1，租房居住=2，已购买住房=3
	对土地未来价格的预期(X_{11})	大幅提高=5，略有提高=4，基本保持不变=3，略有降低=2，大幅降低=1

变量类型	指标名称	取值说明
农村家庭情况自变量	家庭距离县(区)中心距离(X_{12})	10 千米以内=5，10~20 千米=15，20~30 千米=25，30 千米以上=35
	农业人口比重(X_{13})	大学生家庭内从事农业劳动人数与总人数的比值
	家庭需要被抚养的人数(X_{14})	家庭需要被抚养的人口数值
	家庭年收入(X_{15})	小于 2.0 万元=1.5，2 万~4 万元=3，4 万~6 万元=5，6.0 万元以上=6.5
	家庭收入结构(X_{16})	以农业为主=1，农业和非农业各占一半=2，以农业为辅且非农业为主=3，完全依靠非农业=4
区域社会经济自变量	人均 GDP(X_{17})	大学生家乡所在地国内生产总值与总人口的比值
	人均固定资产投资(X_{18})	大学生家乡所在地固定资产投资与总人口的比值
	人均财政收入(X_{19})	大学生家乡所在地财政一般预算收入与总人口的比值
	城市化率(X_{20})	大学生家乡所在地城镇人口与乡村人口的比值
	地理区位(X_{21})	西部地区=1，中部地区=2，东部地区=3

运用 SPSS 软件采用最小二乘法(OLS)对受偿意愿价格和 21 个自变量因素做参数估计，得到运行结果。从表 6-23 可以看出，F 值为 3.724，p 值为 0，因此，整个模型具有统计学意义。

表 6-23　方差分析表

模型		平方和	自由度	均方	F 值	显著性
模型序号	回归分析	777.305	21	37.015	3.724	0.000[a]
	残差	11897.746	1197	9.940		
	总计	12675.051	1218			

根据表 6-24 的参数估计结果以及对应的 p 值，可以看出具有显著性的指标共有 7 个。分别是年龄、是否迁户口、专业类型、工作状态、住房状态、家庭距离县(区)中心距离和农业人口比例。意义如下：第一，农村大学生年龄越大，进入工作岗位的可能性越大，面临的生活、婚姻、住房等压力随之提高，对资金的需求量也会提高，这相应地会提高其对土地退出的价格预期。第二，户口迁出的农村大学生因成员资格瑕疵，担心土地被集体收回，或者因政策变动而丧失承包地，倾向于快速退出土地，故而，相较于没有迁户的农村大学生而言退地价格预期较低。第三，与文科学生相比，理工科学生的土地退出价格预期更高。第四，相对于在校学生而言，正在找工作、待业或者已工作的农村大学生，需要解决的问题更多，承受的经济心理压力更大，因此，他们迫切需要盘活土地缓解生活压力，故而，土地退出的价格预期较高。第五，住房是农村大学生非农化的重要障碍，如果该问题得到妥善解决，其生活心理压力会大幅降低，同时，能够解决住房问题的农村大学生往往是家庭条件、个人工作待遇较好的群体，故而，此时土地退出价格预期随之降低。第六，家庭距离县(区)中心距离越远，区位条件优越性随之降低，接受区域经济中心的辐射作用

减少,土地退出价格降低。第七,家庭农业人口占家庭总人数的比例越高,承包地对整个家庭而言,经济收入、就业保障等功能更加明显,但是由于整个家庭非农化程度偏低,对未来生活的预期也较低,故而土地退出的价格预期随之降低。

表 6-24   农村大学生土地退出 WTA 影响因素参数结果

模型		非标化系数		标化系数	t 值	p
		回归系数	标准误差	标准化回归系数		
1	常数	1.168	1.333		0.876	0.381
	X_1	0.169	0.205	0.026	0.823	0.411
	X_2	0.144	0.058	0.107	2.484	0.013 ***
	X_3	−0.677	0.659	−0.036	−1.027	0.305
	X_4	−0.076	0.234	−0.010	−0.325	0.746
	X_5	−0.569	0.235	−0.076	−2.420	0.016 ***
	X_6	0.054	0.281	0.008	0.192	0.848
	X_7	−0.017	0.131	−0.006	−0.132	0.895
	X_8	0.573	0.198	0.088	2.894	0.004 ***
	X_9	0.547	0.242	0.108	2.261	0.024 ***
	X_{10}	−0.801	0.292	−0.125	−2.746	0.006 ***
	X_{11}	0.119	0.110	0.031	1.083	0.279
	X_{12}	−0.025	0.008	−0.088	−2.998	0.003 ***
	X_{13}	−0.799	0.398	−0.067	−2.005	0.045 ***
	X_{14}	0.036	0.087	0.013	0.408	0.683
	X_{15}	−0.039	0.061	−0.022	−0.635	0.525
	X_{16}	−0.011	0.106	−0.004	−0.108	0.914
	X_{17}	0.212	0.131	0.130	1.619	0.106
	X_{18}	−0.056	0.146	−0.023	−0.385	0.700
	X_{19}	0.462	1.013	0.035	0.456	0.649
	X_{20}	0.004	0.013	0.018	0.328	0.743
	X_{21}	0.119	0.151	0.026	0.784	0.433

注:*** 表示在 5% 水平上显著

6.3.4.3   补偿收益归属与用途

1. 退地收益分配

由于我国农地属于集体经济组织所有,农民仅享有土地的承包经营权,实际上呈现出集体经济组织与农民共享土地产权的局面。土地退出模式仅在重庆、陕西等地进行探索和实践,在国家法律政策层面尚未有明确的规定,土地退出收益分配更是处于模糊的状态。对于集体所有者地位是否要在土地退出收益中有所体现,农村大学生的认识和看法存在着差异，在 1219 名受访农村大学生中，认为集体经济组织不应参与收益分配的 788 人，占 64.64%，认为应该参与收益分配的 431 人，占 35.36%。可见大多数农村大学生认为集体经济组织不应当成为土地退出收益的分配主体，这表明农村大学生对土地产权的私有意识增强，退地获得的收益不愿意拿出来与他人分享。从受访农村大学生对集体分得土地流转收益比例的认知来看，赞同集体经济组织不应成为土地退出收益分配主体的受访者，即认为土地退出收益应全部归农村大学生及其家庭成员所有。赞同集体经济组织可以作为土地退出收益分配主体的受访者，虽然认为集体经济组织和农村大学生之间围绕着退地收益存在分配关系，但是不同受访者对集体经济组织应分得退地收益比例的认知存在着较大分歧(图 6-15)。

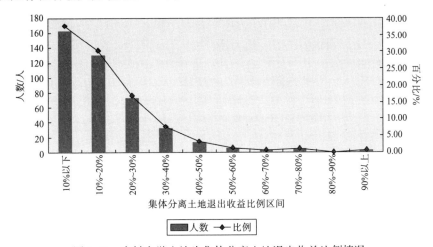

图 6-15　农村大学生认为集体分享土地退出收益比例情况

从图 6-15 可以看出，大部分农村大学生认为集体应参与分配的收益比例在 30% 以内，共 367 人，占 85.15%，其中 10% 以下的占 37.82%，在 10%~20% 的占 30.39%，在 20%~30% 的占 16.94%。虽然国家法律政策明确规定，集体经济组织不得截留、扣减土地流转收益，但是农村大学生选择土地退出处置土地权利，属于一次性完全让渡，意味着与集体经济组织在财产意义上的完全分割。因此，集体经济组织具有参与收益分配的现实合理性。使用 SPSS 软件运用多元逐步回归方法(stepwise)建立集体土地退出收益分配比例($Y_{集体比例}$)与表 6-22 的 21 个自变量的模型(表 6-25)。

表 6-25　农村大学生土地退出集体经济组织收益分配比例参数估计

模型		非标化系数		标化系数	t 值	显著性
		回归系数	标准误差	标准化回归系数		
1	常数	0.110	0.017		6.331	0.000
	X_{10}	0.052	0.013	0.196	4.135	0.000
2	常数	0.327	0.061		5.387	0.000
	X_{10}	0.075	0.014	0.281	5.411	0.000
	X_2	−0.011	0.003	−0.194	−3.724	0.000

续表

模型		非标化系数		标化系数	t 值	显著性
		回归系数	标准误差	标准化回归系数		
3	常数	0.289	0.063		4.605	0.000
	X_{10}	0.064	0.015	0.238	4.333	0.000
	X_2	−0.010	0.003	−0.166	−3.129	0.002
	X_{19}	0.069	0.030	0.115	2.324	0.021
4	常数	0.374	0.071		5.262	0.000
	X_{10}	0.064	0.015	0.240	4.382	0.000
	X_2	−0.010	0.003	−0.168	−3.192	0.002
	X_{19}	0.189	0.056	0.315	3.350	0.001
	X_{20}	−0.252	0.101	−0.232	−2.496	0.013
5	常数	0.321	0.075		4.262	0.000
	X_{10}	0.063	0.015	0.235	4.311	0.000
	X_2	−0.010	0.003	−0.169	−3.205	0.001
	X_{19}	0.177	0.056	0.296	3.147	0.002
	X_{20}	−0.220	0.102	−0.202	−2.157	0.032
	X_8	0.029	0.014	0.095	2.046	0.041

　　从模型运行结果看出，共运行 5 步进入模型的变量有 5 个，分别是 X_2、X_8、X_{10}、X_{19} 和 X_{20}，其中，集体应分得比例与 X_8、X_{10}、X_{19} 呈正向关系，与 X_2、X_{20} 呈负向关系，模型如下：

$$Y_{集体比例} = 0.321 - 0.010X_2 + 0.029X_8 + 0.063X_{10} + 0.177X_{19} - 0.220X_{20}$$

　　根据调查数据，测算出 X_2、X_8、X_{10}、X_{19} 和 X_{20} 的平均值分别为 21.65、1.45、1.25、0.26、0.45，代入方程预测出集体分得土地退出的收益比例为 17.23%。

　　2. 退地收益使用

　　在集体经济组织分得相应比例退地收益后，农村大学生享有剩余土地退出收益支配权，根据调查结果，农村大学生退出土地获得收益的用途情况如图 6-16 所示。

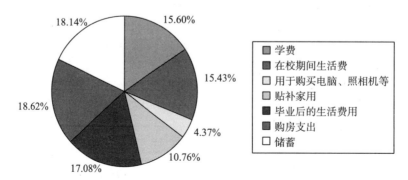

图 6-16　农村大学生土地退出收益资金使用方向情况

从图 6-16 可以看出，农村大学生对于分配获得的土地退出收益的用途选择，占据前三位的分别是购房支出、储蓄和毕业后的生活费用，所占比例分别为 18.62％、18.14％和 17.08％；其次是学费、在校期间生活费和贴补家用，所占比例分别为 15.60％、15.43％和 10.76％；最后是用于购买电脑、照相机等，所占比例仅为 4.37％。从中可以得出三个基本结论。第一，在大学生就业压力越来越大的情况下，农村大学生对未来的生活预期普遍不太乐观，因此，对于土地退出获得的收益倾向于用于未来的住房购买、生活费用等开支或者用于储蓄以满足未来的资金需求。第二，农村大学生的一个普遍的问题是家庭相对比较贫困，大学期间的学费和生活费也是一项不小的开支，但跨入高校门槛后，在政府和学校助学贷款等相关政策的支持下，相较毕业后的住房等城市生活压力，学费和在校期间的生活费用压力已降到较为次要的位置。第三，虽然随着电子产品的普及，电脑、数码相机等物品已经不再属于奢侈品范畴，但是农村大学生将土地退出收益用于这个方面的仅占很小一部分。总体来看，农村大学生的消费观念是非常理性的，懂得土地退出收益在何时段消费、如何消费才能实现效用的最大化。

6.3.5　土地退出的实施策略

现行土地退出机制存在较多问题，有学者将重庆模式的户籍制度改革界定为："在不根本改变城乡二元户籍制度和农村土地管理制度框架下，以政府行政力量为主要推力，以转户为基本动力的驱动农村剩余劳动力大规模进城的加速工业化和城市化运动。"（黄志亮　等，2011）可见，现行城镇化过程中的土地退出机制在实施过程中并没有很好地实现土地制度改革与户籍制度改革创新联动，存在着行政的强力干预、补偿标准不科学等问题。因此，政府制定的农村大学生土地退出策略的顺利实施需要对现有的相关政策进行必要的完善和创新，具体包括三个方面：政府相关制度的合理有效供给、农村大学生退出集体经济组织的物质经济利益科学计量、集体经济组织与农村大学生之间收益的合理分配。

6.3.5.1　政府相关制度的合理有效供给

现阶段，农村大学生非农化过程中的土地问题处于被动的保护状态的最根本原因在于政府相关制度的缺失，以至于农村大学生等特殊群体的土地权利状态不明确。在农村大学生土地退出策略实施过程中，政府应该加大相关配套政策制度的供给力度以助推土地退出策略的顺利实施，主要包括：①以法律法规的形式明确农村大学生农转非后对原承包土地权利的享有，避免出现农村大学生为维护土地权益而被动地选择"非转农""保留农村户口"等情况。②制定土地退出相关的公共物品供给及配套金融政策。公共物品供给主要包括政府应努力拓展农村大学生的就业渠道，降低农村大学生的失业率，提高农村大学生就业的满意率；为农村大学生、农民工等城市化主力军提供专门的保障性住房，使"第一代市民"受到经济适用房、廉租房等政策的覆盖。③为避免农民"两头占地"造成的资源浪费，建议将农村大学生退地与政策性保障房的申请资格挂钩，引导更多的农村大学生在向城市转移的过程中自愿退出承包地和宅基地。④为农村大学生在城市创业与置业开辟"金融绿色通道"，为其城镇化进程提供经济支持。⑤农村大学生可以选择个人份额的土地退出，也可以选择全家份额土地的退出；在财产选择上，既可以选择宅基地及其附属物或承包地单独退出，也可以选择两者同时退出，不能强迫农村大学生做违心选择，也不能因退出的类型不同而对其进行"利益歧视"。⑥由于土地退出补偿方式的一次性、存在通货膨胀预期，农户采取这种退出土地的方式存在一定风险性（周其仁，1995），因此，应积极探索退地信托、基金、债券以及"地票"收益反哺等多种"土地权益金融保障"（陈霄，2010）形式，进一步研究退地期权激励补偿的可行性，有效规避通货膨胀对农村大学生土地权益的影响。

6.3.5.2　集体物质经济利益的科学计量

集体经济组织各项物质经济利益科学计量到个人，是农村大学生土地退出前提条件之一，否则，农村大学生会顾忌部分利益的损失而影响其退出的积极性。具体包括以下几个方面。①宅基地使用权。虽然宅基地所有权属于集体经济组织，但这是农民基于成员权才能享有的一项特殊权利，因此，宅基地使用权可以以户为单位，按照证书上载明的面积核算出户内每个人的拥有量，即人均宅基地面积。②建筑物及附属物。这属于农户的私有财产，具体衡量和核算标准以实际的建筑面积为准。③承包地。以上轮土地延包时参与土地发包的人数为依据，可以将承包地面积分摊到个人。④集体年终分红。集体经济组织成员权涵盖了土地承包经营权、征地补偿款分配权、宅基地分配权、股份分红权、集体福利获得权等经济权利。因此，退出承包关系，并不意味着集体组织成员权涵盖的土地承包经营权以外的其他经济权利就必然丧失（吴兴国，2012）。农村大学生入学前享有分得集体土地和建筑物出租、集体企业经营获利等分红的权利不因户口转出而丧失，这部分收益可以根据集体年终分红的总额和参与分红的人数，将这部分分红收益核算到个人。例如，集体经济组织某年分红的总额为 M_i，参与分红的人数为 P_i，则农村大学生享有的分红数额为 M_i/P_i，农村大学生退出分红应获得的补偿为 $\sum\limits_{i=0}^{n}$ $\dfrac{M_i}{P_i \times (1+r)^i}$（式中，$i$ 为农村大学生参与分红的年份，本书建议以退休年龄为准核算出农村大学生可参与分红的剩余年限）。因此，要建立集体经济组织成员按人头共有的财产制度，将集体资产量化为股权，量化到个人，允许在集体经济组织成员内可转让、继承、抵押或变现等，保证集体经济组织内的成员无论身处何地、以何种身份，都能享受到其收益（长子中，2011）。

6.3.5.3　集体经济组织与农村大学生之间收益的合理分配

集体经济组织是集体资产的所有者，作为集体经济组织的普通一员，农村大学生享有与其他集体成员一样的相关权益，土地退出策略属于相关物质经济利益的一次性让渡处理，因此，所获得的收益应该在集体经济组织和农村大学生之间进行明确的界定，具体包括：集体经济组织有权参与哪些补偿分配？集体经济组织参与分配的比例是多少？只有这些问题得以明确才不至于使所有者经济利益被完全架空，才能调动起集体经济组织的积极性，同时，也能够使农村大学生在选择土地退出时自己在预估可获得的补偿总收益时拥有可依照的标准，不至于因标准不明确而引发利益冲突。具体而言，宅基地使用权、承包地使用权的格局总体上应该是"集体所有前提下的成员共有"，因此，集体经济组织都应享有相应份额的利益分配权。福利分红收益是在集体经济组织提取预留之后，成员分得的收益，因此，这部分收益应全部归农村大学生所有。宅基地上的住房及附属物属于私有财产，在退出时，集体经济组织没有参与分配的权利。假设宅基地使用权、承包地使用权、住房及附属物的补偿标准应由市场决定，且每个农村大学生的补偿标准分别为 X、Y、Z，集体经济组织参与宅基地使用权和承包地使用权退出收益的比例为 δ_1、δ_2，则每个农村大学生退出时获得的总收益应为 $(1-\delta_1)X + (1-\delta_2)Y + \sum_{i=0}^{n} \dfrac{M_i}{P_i \times (1+r)^i} + Z$。考虑到宅基地与附属物相连且不宜采用个人份额退出的现实，在农村大学生选择个人份额退出时，可以先核算其承包地和福利分红的退出补偿，家庭宅基地及其附属物待全家整体退出时再一并做出补偿。

6.3.5.4 建立农村大学生融入城市的城乡户籍利益对价机制

现阶段我国存在农业和非农业两种户口类型，两类居民均享有与之相对应的户籍利益，以此维持自身的生存和发展。持非农业户口的居民属于城镇居民，享受国家对城镇居民的生存保障和就业渠道，持农业户口的居民的生活保障来源于从集体经济组织分配而来的土地以及其他共享资源。在我国城乡二元户籍制度下，由于农村大学生融入城市的过程必然相应地退出其所占有的其他社区资源以及放弃村民所享受的各项待遇，同时享有市民身份所蕴含的各项福利待遇，针对成员权利内容宽泛与模糊可能导致退出方需要担负外部性的效率损失问题，合理地解决进城农户的城乡资源互换问题，是解决农民转户的核心和根本(吴康明，2011)。本书认为，应对城乡户籍所承载的利益要素进行剥离和功能价值衡量，并建立起城乡户籍身份利益对价交易置换体系，推进城乡要素平等互换，使身份利益不清诱发的负外部性内部化。城乡户籍利益对价机制的构建，使得农村大学生做出土地退出决策时的损益更加清晰，这无疑是一项促使农村大学生土地退出的激励机制，有利于实现更多农村大学生将退地的"潜在需求"转化为"有效需求"，提升农村大学生退地的速率和潜力额度。

农村大学生土地退出过程中城乡身份利益按照如下方式对接：首先，承包地、集体其他共享资源、福利分红所蕴含的收益、就业和养老功能与城镇就业体系、城镇养老体系相对接。其次，宅基地及其附属物所蕴含的居住功能与城镇住房保障体系相对接，政府部门优先给退出宅基地及其附属物的农村大学生家庭提供保障房指标，富裕的农村大学生家庭也可以购买商品房，政府给予相应的税费优惠、贷款支持。农村大学生在退地转户后，纳入城镇居民医疗保险体系和城镇居民最低生活保障，取代农村居民合作医疗和最低生活保障。退地转户的农村大学生子女按照城市居民的入学原则给予保障。至于农村大学生在城镇购买住房、参加养老保险、加入医疗保险等方面的支出，主要依靠退出承包地、宅基地及其附属物、其他共享资源以及福利分红折算等方面的补偿承担(表6-26)。

表 6-26　农村大学生土地退出过程中城乡身份利益对接图

集体成员身份利益		城市居民身份利益		对接方式
内容	核算方式	内容	核算方式	
承包地	按照市场价或者法定补偿标准核算	城镇就业、城镇养老	就业岗位及平均工资水平；养老保险缴纳标准、年限及待遇水平；失业保险缴纳标准、年限及待遇水平	对适龄的农村大学生及其后代提供技能培训以及就业援助；承包地、福利分红等补偿收入一部分用于缴纳养老保险与失业保险；失业人员可以领取失业保险金；退休人员领取养老金
承包地外其他共享资源	按照其他资源带来实际收益采用收益还原法等方法定量核算			
福利分红	按照集体分红实际收益采用收益还原法等方法定量核算			
宅基地及附属物	按市场价或法定补偿标准核算	城市住房	商品房均价、保障性住房价格	农村宅基地及住房补偿购买城市商品房；农村宅基地及住房退出与一定区域范围内的保障性住房指标挂钩，补偿用于城市保障性住房购买
农村居民合作医疗	按照缴费标准与待遇水平核算	城镇居民基本医疗保险体系	按照缴费标准与待遇水平核算	系统对接，直接纳入，转户后按城镇居民基本医疗保险缴纳标准缴费，享受城镇居民医疗保险待遇水平
子女教育	按照入学指标核算	进城农民子女入学	按照入学指标核算	建立农村大学生子女入学保障机制，落实入学指标、教育质量与缴费标准无差异
农村居民最低生活保障	按照保障标准核算	城镇居民最低生活保障	按照保障标准核算	符合条件的农村大学生纳入城镇最低生活保障体系，全额享受或差额享受城镇居民最低生活保障待遇

6.4　本　章　小　结

(1)土地保留策略的实证研究需主要解决四个问题：土地保留的期限多久？保留期间有何权利如何运行？土地保留期间集体如何收回？土地保留期间土地被征收如何补偿？土地保留期限的确定首先需要分析界定三个问题：集体经济组织与农户的土地权利关系、农户和个人丧失承包经营权的法律事由、农村土地制度的不确定性，农村大学生的土地保留期限分多种情况，主要有保留至剩余承包期为止、保留至本人死亡、保留至法定收回的期限为止等；土地保留期间，农村大学生的承包地可以采取一次性产权让渡、部分产权让渡和代耕三种形式进行运行；土地保留期限，集体经济组织收回农村大学生承包地分为法定收回和公平合理收回；土地保留期间，土地征收对农村大学生的影响应区分不同情况，转户大学生应只获得本轮剩余承包期经营权的补偿，未转户大学生可以获得承包权和经营权的补偿，但在"维持承包地位置、面积等情况不变，单纯地延长农户对土地的承包期限"的情况下，两者获得的补偿标准应该趋于一致。

(2)农村大学生可选择的土地流转方式主要有出租、入股、转让等，农村大学生的土地流转意愿受多种因素影响，其中，第一主要因素是家庭所在地的经济发展水平，第二是大学生年龄、是否迁户口、工作状态、住房状态，第三是学历、毕业学校类型，第四是家庭收入、农业人口占家庭总人口比例，第五是独生子女与否、GDP增长率。1999～2014年，农村大学生非农化过程中占有耕地面积914.36万公顷，实际可供流转的潜力数为229.91万公顷，分别占全国总耕地面积的6.77%和1.70%；农村大学生土地流转价格的排序为：土地转让＞土地入股＞土地出租，总体而言，农村大学生对土地流转的预期收益偏高，这主要受其在城市生活经济压力大、未来生活预期高等因素影响。

(3)土地退出策略应该设计出一套科学合理的操作步骤，才能保证土地退出策略的顺利实施。运用Logistic模型分析出土地退出意愿与性别、年龄、是否独生子女、学历状态、毕业学校类型、对土地价格的预期、家庭距县(区)中心的距离、农业人口比例8个自变量呈负相关关系，与婚姻状态、是否迁户口、专业类型、工作状态、住房状态、家庭需要被抚养的人数、家庭年收入、家庭收入结构、对政府专门土地机构资本规模的预期、对政府专门土地机构赢利能力的预期、人均GDP、人均固定资产投资、人均财政收入、城市化率、地理区位15个自变量呈正相关关系。1999～2014年农村大学生非农化过程中个人土地退出实际潜力为85.81万公顷，占全国总耕地面积的0.635 4%。同时，农村大学生非农化过程中个人土地退出对整个家庭的带动力将使潜力值增长1倍。本书使用CVM法调查获得农村大学生土地退出的受偿价格，$WTA_{水田}$的均值为60 744.46元，$WTA_{旱地}$的均值为49 704.68元。运用最小二乘法分析出农村大学生土地退出受偿价格的影响因素，分别是年龄、是否迁户口、专业类型、工作状态、住房状态、家庭距离县(区)中心距离和农业人口比例。土地退出获得的收益应该在集体经济组织和农村大学生及其家庭成员之间分配，并且集体经济组织分得收益应控制在17.23%。在土地退出时，应遵循已有的程序，政府部门应积极提供相关的配套制度和政策、集体物质利益应量化到个人并科学地进行计量、退出的补偿收益还应在集体经济组织和农村大学生之间进行合理分配、建立农村大学生融入城市的城乡户籍利益对价机制。

7 农村大学生非农化土地问题政府 应对策略的机制创新

7.1 农村大学生宅基地退出与城市建设 用地指标挂钩机制

7.1.1 农村大学生宅基地退出与城市建设用地挂钩的必要性

7.1.1.1 农村大学生非农化对城市建设用地的压力

根据《中共中央关于制定国民经济和社会发展第十二个五年规划的建议》，在"十二五"期间，我国将"统筹城乡发展，积极稳妥推进城镇化"作为发展战略目标之一，这就要把符合落户条件的农业转移人口逐步转为城镇居民当作推进城镇化的重要任务。城镇化是一个农业人口转化为非农业人口，农村地域转变为城镇地域，农业活动转化为非农业活动的过程。目前我国正处于城镇化加速阶段，这不仅表现在城镇人口增长，还表现在城镇空间区域的快速向外扩张以及乡村城镇化(赵可等，2010)。根据"城镇化进程中农村劳动力转移问题研究"课题组(2011)的推算，1979~2009 年从农村转移到城镇的人口数量应在 3.9 亿人左右，农业户籍转为城镇户籍的人口数量累计约为 1.7 亿人。根据中国社会科学院《国际城市发展报告 2012》的数据显示，预计到 2020 年中国城镇化率将达 55%，其中 1.5 亿中国人将完成从农民到市民的空间、身份转换。胡伟艳等(2009)利用中国 232 个地级及以上城市 1999 年和 2005 年两个时间段的截面数据，从一个整体的视角分析了人口、就业与土地非农化的关系，研究结果发现，城市人口和非农就业对农地非农化有显著的正的影响。刘灵辉、陈银蓉、刘晓慧等(2010)对全国 287 个地级以上城市的城市人口和城市用地规模进行计量分析研究发现，2004 年、2005 年、2006 年城市非农业人口每增加 1%，城市建设用地规模将增加 0.861 0%、0.825 4% 和 0.875 1%，表明非农业人口的数量与城市建设用地之间存在严格正相关的关系。因此，大量农村人口的城镇转移无疑将给城市建设用地的供应带来巨大的压力。

根据《中国城市建设统计年鉴(2000~2015)》数据资料显示，我国城市建设用地面积从 1999 年的 20 877 公顷增加到 2014 年的 49 982.70 公顷，年均增长率为 5.99%，远高于世界发达地区平均 1.2% 的城市扩张速度(刘英楠，2005)，人均城市建设用地面积从 1999 年的 55.54 平方米增加到 2014 年的 129.57 平方米(表 7-1)。

表 7-1   1999～2013 年城市建设用地情况示意图

年份	城市建设用地面积/公顷	城市人口/万人	人均城市建设用地/平方米
1999	20 877.0	37 590.0	55.54
2000	22 113.7	38 823.7	56.96
2001	24 192.7	35 747.3	67.68
2002	26 832.6	35 219.6	76.19
2003	28 971.9	33 805.0	85.70
2004	30 781.3	34 147.4	90.14
2005	29 636.8	35 923.7	82.50
2006	34 166.7	33 288.7	102.64
2007	36 351.7	33 577.0	108.26
2008	39 140.5	33 471.1	116.94
2009	38 726.9	34 068.9	113.67
2010	39 758.4	35 373.5	112.40
2011	41 805.3	35 425.6	118.01
2012	45 750.7	36 989.7	123.68
2013	47 108.5	37 697.1	124.97
2014	49 982.7	38 576.5	129.57

    土地非农化对中国的城市化、工业化和经济快速发展起到了重要的支撑作用(曲福田 等,2010)。然而,城市新增建设用地的重要来源是土地征收,农村土地成为城市空间扩张的"蓄水池"(范进 等,2012)。2000～2014 年,全国建设用地年供应面积从 4.86 万公顷增加到 60.99 万公顷,增长了 12 倍(刘守英,2015)。统计资料显示,1999 ～2014 年因城市建设累计征地面积 24 375.85 公顷,占同期城市建设用地增量的 83.75%。同时,征地不可避免要占用大量的耕地,2001～2014 年累计征地涉及耕地面积 10 486.06 公顷,占同时期征地面积的 43.02%。因此,快速城镇化带来的土地非农化,不仅给城市用地供应带来巨大压力,而且对我国的耕地保护战略也形成了一定的压力。

表 7-2   1999～2014 年城市建设征用土地与耕地面积情况

年份	征用土地面积/公顷	其中耕地/公顷	耕地占征用土地面积比例/%
1999	340.47	—	—
2000	447.25	—	—
2001	1812.19	370.20	20.43
2002	2879.86	1863.44	64.71
2003	1605.60	788.73	49.12
2004	1612.56	618.27	38.34
2005	1263.92	604.69	47.84

续表

年份	征用土地面积/公顷	其中耕地/公顷	耕地占征用土地面积比例/%
2006	1396.48	680.49	48.73
2007	1216.03	447.56	36.81
2008	1344.58	617.02	45.89
2009	1504.69	564.61	37.52
2010	1641.57	708.96	43.19
2011	1841.72	775.30	42.10
2012	2161.48	992.24	45.91
2013	1831.57	782.90	42.74
2014	1475.88	671.65	45.51

根据本书测算，农村高中生升学人数从 1999 年的 104.64 万人上升到 2014 年的 384.92 万人，15 年间，农村高中毕业生累计升学人数达 4933.30 万人，农村大学生是农村人口向城镇人口转移的主要力量之一。同时，农村大学生绝大部分会留在城市就业、生活并繁育下一代，不类似于农民工"两栖式""离土不离乡"的"伪城市化"[①]。然而，农村大学生非农化将新增大量的住房、道路、公共服务设施、绿地等配套用地需求，由于各个城市的项目用地受控于土地利用总体规划确定的新增的建设用地总量，以及与之相对应的年度土地利用计划，在耕地保护红线的压力下，各地区的新增用地指标通常处于偏紧状态，因此，大批农村大学生非农化无疑将给城市带来巨大的建设用地指标供应压力。

2012 年 1 月 1 日，住房和城乡建设部颁布施行的《城市用地分类与规划建设用地标准》（GB50137-2011）显示，规划人均城市建设用地指标如表 7-3 所示。

表 7-3　规划人均城市建设用地指标　　　　　　　（单位：平方米/人）

气候区	现状人均城市建设用地指标	允许采用的规划人均城市建设用地指标	允许调整幅度		
			规划人口规模≤20.0 万人	规划人口规模20.1 万～50.0 万人	规划人口规模>50.0 万人
Ⅰ、Ⅱ、Ⅵ、Ⅶ气候区	≤65.0	65.0～85.0	>0.0	>0.0	>0.0
	65.1～75.0	65.0～95.0	+0.1～+20.0	+0.1～+20.0	+0.1～+20.0
	75.1～85.0	75.0～105.0	+0.1～+20.0	+0.1～+20.0	+0.1～+15.0
	85.1～95.0	80.0～110.0	+0.1～+20.0	-5.0～+20.0	-5.0～+15.0
	95.1～105.0	90.0～110.0	-5.0～+15.0	-10.0～+15.0	-10.0～+10.0
	105.1～115.0	95.0～115.0	-10.0～-0.1	-15.0～-0.1	-20.0～-0.1
	>115.0	≤115.0	<0.0	<0.0	<0.0

---

① 虽然农民工有城市化的潜在需求，但是就城市化的人均概率、成功率而言，农村大学生要远高于农民工群体。

续表

气候区	现状人均城市建设用地指标	允许采用的规划人均城市建设用地指标	允许调整幅度		
			规划人口规模≤20.0万人	规划人口规模20.1万～50.0万人	规划人口规模>50.0万人
Ⅲ、Ⅳ、Ⅴ气候区	≤65.0	65.0～85.0	>0.0	>0.0	>0.0
	65.1～75.0	65.0～95.0	+0.1～+20.0	+0.1～+20.0	+0.1～+20.0
	75.1～85.0	75.0～100.0	−5.0～+20.0	−5.0～+20.0	−5.0～+15.0
	85.1～95.0	80.0～105.0	−10.0～+15.0	−10.0～+15.0	−10.0～+10.0
	95.1～105.0	85.0～105.0	−15.0～+10.0	−15.0～+10.0	−15.0～+5.0
	105.1～115.0	90.0～110.0	−20.0～−0.1	−20.0～−0.1	−25.0～−5.0
	>115.0	≤110.0	<0.0	<0.0	<0.0

注：气候区应符合《建筑气候区划标准》(GB50178−93)的规定，具体应按该标准附录 B 图 B 执行

其中，新建城市的规划人均城市建设用地指标应在 85.1～105.0 平方米/人内确定；首都的规划人均城市建设用地指标应在 105.1～115.0 平方米/人内确定；边远地区、少数民族地区城市，以及部分山区城市、人口较少的工矿业城市、风景旅游城市等，不符合表 7-3 规定时，应专门论证确定规划人均城市建设用地指标，且上限不得大于 150 平方米/人。

由于农村大学生非农化过程中户口迁入的城市十分分散，遍及所有开办大学(含公立、民办等)的城市，因此，测算农村大学生非农化所需城市建设用地的准确数据十分困难，根据《城市用地分类与规划建设用地标准》(GB50137−2011)的规定，规划人均建设用地指标的数值应在 65.0～150 平方米/人，因此，本书采用最小值 65.0 平方米/人、最大值 150.0 平方米/人和均值 91.29 平方米/人[①]三个标准，依据已测算出的 1999～2013 年农村高中生入学人数，即可以计算出 1999～2013 年农村大学生非农化所需的城市建设用地数量，再通过查阅《中国城市建设统计年鉴(1999～2013)》，获得 1999～2013 年全国城市建设用地面积，即可换算出历年农村大学生非农化所需建设用地面积占全国城市建设用地面积的比例(表 7-4)。

表 7-4　农村高中毕业生升学非农化所需的城市建设用地情况

年份 \ 指标	65.0 平方米/人标准下，大学生非农化所需城市建设用地 C_0/平方千米	150.0 平方米/人标准下，大学生非农化所需城市建设用地 C_1/平方千米	均值 91.29 平方米/人标准下，大学生非农化所需城市建设用地 C_2/平方千米
1999	68.02	156.96	95.53
2000	88.05	203.19	123.66
2001	109.31	252.26	153.52
2002	129.60	299.09	182.02
2003	156.64	361.47	219.99

① 1999～2011 年人均城市建设用地平均值。

指标 \ 年份	65.0平方米/人标准下，大学生非农化所需城市建设用地 C_0/平方千米	150.0平方米/人标准下，大学生非农化所需城市建设用地 C_1/平方千米	均值91.29平方米/人标准下，大学生非农化所需城市建设用地 C_2/平方千米
2004	187.53	432.75	263.37
2005	212.97	491.46	299.10
2006	237.02	546.96	332.88
2007	230.34	531.56	323.50
2008	253.51	585.02	356.04
2009	269.02	620.81	377.82
2010	279.96	646.05	393.19
2011	244.39	563.97	343.23
2012	243.66	562.29	342.21
2013	246.46	568.76	346.14
2014	250.20	577.38	351.39

根据表 7-4 所示，在 65.0 平方米/人、91.29 平方米/人、150.0 平方米/人标准下，1999～2014 年农村大学生非农化所需规划城市建设用地总面积分别为 3206.65 平方千米、4503.61 平方千米和 7399.95 平方千米，分别占 2014 年全国城市建设用地面积的 6.42%、9.01%、14.81%。如果再将农村大学生入学带动家庭内部其他成员非农化的人数考虑在内，那么所需的规划建设用地面积会更高。由于每年新增的农村大学生人数较多，这种用地累积效应会给地方政府建设用地指标的供应造成较大压力，使得地方政府千方百计地寻求扩大新增建设用地总量指标，才能保证未来用地空间不受太大的束缚。然而，"摊大饼式"的城市用地扩张模式，又造成了大量耕地被占用，对耕地保护和粮食安全又构成了巨大威胁，因此，对于农村大学生非农化过程中在城市形成的巨大用地需求问题亟待创新模式进行协调解决。

7.1.1.2 农村大学生家庭占有宅基地的整理潜力巨大

农村居民点是我国城乡建设用地的主要组成部分，是农村人地互动关系的表现核心（姜广辉，张凤荣，韩连盛，2009）。农村居民点是农民赖以生存的居住场所，也是一笔数额巨大的固定资产投资。现行城乡二元经济体制以及城市房价的不断攀升，使绝大多数农民工无法实现向城市永久性迁移，实现身份的彻底转变，因此，保留农村宅基地及其住房成为他们的理性选择，在城市他们主要依靠租房或单位提供的宿舍等形式解决居住问题。然而，农村居民点普遍存在着建设分散，多占地、占好地的土地浪费现象，土地利用粗放、效率下降（李裕瑞，刘彦随，龙花楼，2010）。特别是人均农村居民点超标十分严重，"一户多宅"情况相当普遍。据农业普查数据，2006 年年末，拥有两处住宅的农民有 11.81 万户，占 8.22%；拥有三处以上住宅的有 0.78 万户，占 0.55%（赵树枫，2009）。根据相关统计数据，在我国工业化、城镇化加速发展的过程中，出现了农村人口的历史性转移、迁徙，有 2 亿～3 亿农民从农村转向城市就业、居住。正是由于这部分农民从农村转向城市就业，全国 2 亿亩农村宅基地中有 10％～15％处于闲置状态(罗伟玲和刘禹麒，2010)。中国人均农村居民点面积的大幅超标、"空心村"大量存在以及农村建设用地存量远远超过城镇建设用地的现实，使得通过实施迁村并点、治理"空心村"、退宅还田等整理措施来增加耕地的潜力巨大。叶艳妹和吴次芳(1998)按公寓式楼房和农村统建联建方式，全国村庄整理潜力为 426.00 万公顷或更高。鹿心社(2001)按农地整理和村庄整理分项测算，2030 年全国村庄整理可增加 233.30 万～340.00 万公顷，占 25°以下耕地面积的 2％～3％。Dou 等(2007)创立了一个综合考虑城市扩展和复垦系数的定量数学模型，估算了中国农村居民点整理在 2010 年和 2020 年增加耕地的潜力，分别为 47 万公顷和 636 万公顷。

城镇化过程意味着大量农村人口的城市转移，那么，相应的比较理想的土地利用变化状态是"城市建设用地增加、农村居民点用地减少"。然而，现行法律政策严格限制宅基地的市场化流转，农村宅基地及其附属物缺乏盘活的途径，这不仅造成了城市化过程中"农村人口减少与农村居民点用地增加""农村居民点用地和城市建设用地双增长"的不合理现象，而且致使农民不能享受到城市化进程加快、房地产价格飙升带来的宅基地价值增值，丧失了分享工业化和城市化带来的丰硕成果的机会(李敏飞，2013)。因此，农村宅基地流转的限制性政策不仅干扰了城乡土地、资金、人才的双向流动，导致农村宅基地资源的大量浪费，也在很大程度上阻碍了城市化的进程(李萍　等，2012)。故而，随着城市化浪潮的推进，将有更多的农民离开农村进入城市生活，要妥善处理这部分人使用过的宅基地，必须尽快建立宅基地退出机制(岳永兵，2010)。

图 7-1　农村大学生家庭占有宅基地数量情况

对第二批受访的 1219 名农村大学生的调查问卷进行统计发现，农村大学生家庭占有的宅基地数量为 1 处的占 75.55％，2 处的占 20.34％，3 处的占 3.36％，4 处及以上的0.74％，"一户多宅"的比例高于农业普查数据。农村大学生入学前属于集体经济组织成员，享有申请宅基地的权利，并拥有其相应的宅基地份额。然而，农村大学生入学及毕业参加工作后，对于其宅基地的权利归属问题存在着不同的观点。持肯定说者认为，宅基地使用权同承包经营权一样属于物权，不因户口的迁移、职业的变更而丧失。持否定说者认为，宅基地具有人身性，使用权的身份属性通过居住事实被格式化为一种世袭身份，非因外嫁、升学等法定原因和程序不能改变，农村大学生升学应视为宅基地使用权丧失的法定条件之一(李敏飞，2013)。本书认为，虽然农村大学生非农化导致成员资格出现瑕疵，但由于我国宅基地实行"无偿、无期限"的政策，农村大学生剩余家庭成员仍居住在集体经济组织内部，宅基地对他们而言仍发挥着原有的功能和作用，因此，不能剥夺农村大学生享有宅基地使用权的权利。随着时间的推移，因婚嫁、死亡等原因，户内只剩下农村大学生一人，或者剩余家庭成员也随之城镇化，因此，农村大学生非农化将带来宅基地流转和退出的历史机遇。

1996～2008 年农村人口从 85 085 万人下降到 70 399 万人，农村居民点面积[①]从 1645.58 万公顷上升到 1654.11 万公顷，人均居民点面积从 193.40 平方米上升到 234.96 平方米，远远高于国家规定的 150.0 平方米/人的上限标准。可以说，农村居民点用地节约与集约利用程度偏低、农户宅基地流转与退出机制的缺失是造成农村人口减少而农村居民点用地反增逆势发展的根本原因（表 7-5）。

表 7-5　1996～2008 年农村人均居民点面积情况

年份	农村居民点面积[②]/万公顷	农村人口/万人	农村人均居民点面积/(平方米/人)
1996	1645.58	850 85	193.40
1997	1650.72	841 77	196.10
1998	1650.28	831 53	198.46
1999	1653.48	820 38	201.55
2000	1655.94	808 37	204.85
2001	1657.69	795 63	208.35
2002	1663.56	782 41	212.62
2003	1655.10	768 51	215.36
2004	1655.60	757 05	218.69
2005	1657.48	745 44	222.35
2006	1656.08	731 60	226.36
2007	1654.31	714 96	231.38
2008	1654.11	703 99	234.96

根据本书测算出的 1999～2014 年农村高中生入学人数，可以测算出在国家标准 150.0 平方米/人以及 1996～2008 年农村人均居民点面积均值下农村大学生家庭可供整理的宅基地面积（表 7-6）。

表 7-6　1999～2014 年历年农村高中生入学农村宅基地可供整理的潜力

年份	农村高中生升学人数/万人	国家标准(150.0 平方米/人)下农村高中生入学可供整理的居民点面积理论潜力/公顷	平均标准(212.65 平方米/人)[③]下农村高中生入学可供整理的居民点面积理论潜力/公顷
1999	104.64	15 695.76	22 251.70

---

① 最新公布的《中国国土资源统计年鉴(2015)》统计了 2009～2014 年"城镇村及工矿用地"，没有单列出农村居民点用地，因此，本书暂用 2008 年以前的农村居民点面积数据。

② 历年农村居民点数据引自杨玲莉. 中国农村居民点用地规模预测与差异化管理研究 [D]. 中国地质大学硕士学位论文，2012.

③ 1996～2008 年农村人均宅基地面积均值。

年份	农村高中生升学人数/万人	国家标准(150.0平方米/人)下农村高中生入学可供整理的居民点面积理论潜力/公顷	平均标准(212.65平方米/人)③下农村高中生入学可供整理的居民点面积理论潜力/公顷
2000	135.46	20 318.49	28 805.57
2001	168.17	25 226.24	35 761.35
2002	199.39	29 908.45	42 400.28
2003	240.98	36 147.65	51 244.40
2004	288.50	43 275.38	61 349.53
2005	327.64	49 145.97	69 672.65
2006	364.64	54 696.08	77 540.70
2007	354.37	53 155.24	75 356.78
2008	390.01	58 501.46	82 935.63
2009	413.87	62 080.23	88 009.46
2010	430.70	64 605.24	91 588.36
2011	375.98	56 397.14	79 952.34
2012	374.86	56 229.00	79 713.98
2013	379.17	56 875.50	80 630.50
2014	384.92	57 738.00	81 853.24

从表 7-6 可以看出，在国家标准(150.0 平方米/人)下，1999~2014 年入学的高中毕业生可供整理的农村居民点面积为 7399.96 平方千米，在平均标准下(212.65 平方米/人)农村高中生入学可供整理的农村居民点面积为 10 490.66 平方千米，如果再将农村大学生入学带动家庭其他成员非农化的人数考虑在内，可供整理的农村居民点面积会更大。同时，该潜力数据均高出农村高中生入学非农化所需的规划城市建设用地均值 4503.61 平方千米。因此，如果采取市场手段进行土地置换，减少一块农村宅基地，增加一块城市土地用地(朱劲松，2007)，将农村大学生宅基地退出与城乡建设用地增加相结合，不仅可以用来获得占补平衡指标，而且可以直接置换为城市建设用地指标，那么土地利用总体规划约束下的城镇建设用地指标紧张的局面也会得到极大缓解，并且这些新置换的建设用地指标是年度计划指标之外的增量指标，不受年度计划指标的限制(周立群 等，2011)，这无疑是未来城市建设用地指标来源的新途径。同时，城乡建设用地指标置换与调配会带来巨大的级差收益，激活土地资产效益，为社会经济发展增添新动力。

7.1.2 农村大学生宅基地退出与城市建设用地增加挂钩的机制构建

我国现行宅基地管理制度一方面严格限制了宅基地的市场化流转，另一方面又缺乏宅基地退出机制，导致在城市化快速推进过程中城镇用地与农村居民点用地的双增现象，加剧了城市化与工业化进程中建设用地供给紧张与耕地保护的双重压力(周军辉，2011)。根据农村大学生非农化对城市建设用地带来的巨大需求以及农村大学生家庭原有宅基地整理潜力两部分内容的分析，可以看出，探索构建农村大学生宅基地退出与城市建设用地增加挂钩的机制，对城乡建设用地资源进行空间优化配置，拓展城市建设用地指标来源新渠道，不仅能够缓解大量农村大学生非农化过程中新增的住房、公共设施等配套需求所带来的城市土地供应压力，而且可以提高农村居民点用地的集约利用程度，为农村大学生盘活宅基地和住房资产提供现实途径。同时，国土资源部相关负责人表示，我国将提高宅基地利用率，国土资源部在结合土地资源条件、抓紧修订宅基地标准的同时，正探索制定宅基地退出机制，重庆市、陕西省等地区已经率先开始实行宅基地退出补偿机制。结合本书第四章对重庆市、陕西省等地的宅基地退出机制的分析，在对其缺点优化的基础上，结合农村大学生群体的实际情况，本书构建起农村大学生宅基地退出与城市建设用地增加挂钩机制(图7-2)。

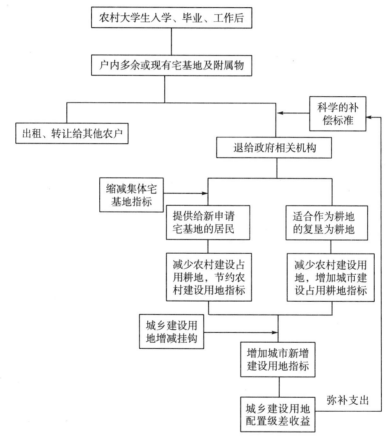

图7-2　农村大学生宅基地退出与城市建设用地增加挂钩机制示意图

第一步：农村大学生求学期间或者毕业工作后，如果家庭内有闲置或多余的宅基地，在征得其他家庭成员同意后，可以采取以下两种途径处置：①在保留宅基地及附属物权利的基础上，将其出租或转让给其他农户以获得流转收益；②完全让渡宅基地及附属物权利，将其让渡给政府成立的专门机构。然而，要想以补偿为吸引力引导农村大学生及其家庭成员退出宅基地，就必须制定足够有吸引力的补偿标准(徐小峰　等，2011)，合理的补偿标准应当是基于宅基地的住房保障特点，以宅基地使用权人放弃宅基地在城镇或社区新村获得相当住房保障为标准(欧阳安蛟　等,2009)。

第二步:政府相关机构对于因农村大学生退出获得的宅基地及其附属物,可以通过缩减新增宅基地指标、严控新增农村宅基地审批与盘活宅基地存量相结合等措施,预留给城市更多的新增建设用地指标数额。具体而言,对行政辖区内新增农村宅基地实行总量控制,严格新增居民点用地的审批管理,杜绝在农村普遍存在的"人情批地""先建后报""超额占地"等情况。将规划期内新增宅基地用地指标分解到行政村,在集体宅基地指标使用完毕后,申请宅基地的农户,只能等到下一轮规划调整后才能申请,或者通过农户之间的自由转让交易获得宅基地,或者向政府相关机构申请使用农村大学生家庭(含其他类型农户)退出的宅基地①。通过这些举措减少的宅基地建设占用耕地数量,可以直接用于地方政府"占一补一"平衡,也可以作为城市建设用地指标在相应的机构进行交易。

第三步:对于山区、丘陵地区零星的宅基地和集中连片退出的宅基地,可以复垦为耕地的,由政府专门机构负责复垦、农村大学生家庭自行复垦或者委托他人复垦(政府给予相应的补贴),这样可以达到两个实际效果:农村建设用地减少和耕地保有量增加。复垦出的耕地可以用于"占一补一"指标的平衡,农村建设用地减少带来的建设用地指标增量,可以作为"地票"在相应机构进行交易,并作为城市发展用地。

第四步:农村大学生宅基地的再利用与复垦为耕地所形成的指标利益,通过城乡建设用地挂钩机制的调配和置换得到的级差收益,在弥补了政府相关机构前期支付的补偿费用等支出后,应该在政府部门间、投资者、集体经济组织、农村大学生等主体之间科学分配,制定合理的利益共享机制,实现各方利益均衡。

7.2　农村大学生土地流转与水库移民生产安置相结合机制

水库移民是失地农民的一种特殊类型,由于国家兴修大中型水利水电工程淹没集体耕地而产生。据统计,新中国成立以来我国因兴建水利水电工程产生的非自愿性移民现状人口2500万人(傅秀堂,2007)。由于水库移民是水利水电工程的重要组成部分,同时,水库移民大多来自贫困落后的地区,并且要被迫搬迁到其他地区安置,移民安置的妥善与否直接关系到工程建设的成败,移民安置不妥极易引发群体性事件,影响社会的和谐与稳定。因此,无论是亚洲银行,还是世界银行,都鼓励"以土地换土地"的策略安置移民,《世界银行关于非自愿性移民政策》(OP/BP4.12)指出:对于依靠土地为生的移民,应当优先考虑以土地安置战略,向移民提供土地的生产潜力、位置优势和其他综合因素至少应等同于征收土地前的有利条件。我国2006年颁布的《大中型水利水电工程建设征地补偿和移民安置条例》(国务院471号令)也指出:农村移民安置应当坚持以农

---

①　一般而言,政府相关机构将宅基地及其附属物一同转移给宅基地申请人,对于符合条件的宅基地申请人,从政府相关机构获得的宅基地,仅需缴纳少量证书工本费,宅基地申请人仅需支付宅基地之上附属物的相关费用。由于宅基地之上附属物过于陈旧、属于危房等原因,致使宅基申请人不愿意接受的,政府相关机构可以适当补助资金帮助新申请的农户拆除原有建筑物及附属物。

业生产安置为主，农村移民安置后，应当使移民拥有与安置区居民基本相当的土地等农业生产资料。除水库移民之外的失地农民，目前，政府的安置策略基本以货币补偿为主，另外，还有留地与就业相结合安置、土地换社保安置、土地入股安置等，基本上不再采用农业安置模式，因此，探索农村大学生土地流转与水库移民生产安置相结合具有很强的现实意义。

7.2.1　国内外农村水库移民安置土地取得方式现状

7.2.1.1　国外农村水库移民安置土地取得方式

1. 购买方式

国家支付移民一定补偿金后，在政府的指导下，由移民自己选择去向。美国是一个以土地私有制为核心的国家，对于土地所有者来说，当政府征用其土地后，其很容易利用征地所获得的补偿在其他地方购得土地。这种移民安置方式的重点不在于库区的发展和创造新的就业机会，而在于强调水库移民补偿的协商性和公正性。西方发达资本主义国家采用这种方法，与其综合国力较强和崇尚自由、民主的国民性格有关（庄万禄，2007）。

2. 先征收后分配

征收方式是指政府通过征收水利工程受益地区的土地来安置移民。印度规定，政府除了补偿移民的财产损失外，还应出资搬迁所有受工程影响的村庄或人口及他们的各类财产，并将他们安置在工程受益地区。印度在兴修 Dhom 水利工程时，在工程受益地区，从拥有 3.23 公顷以上的土地所有者手里征收土地，少于 3.23 公顷的土地所有者受到保护。在工程受益地区征收土地后，政府按照每个移民家庭被淹没的土地面积以及家庭人口数量分配土地。印度政府规定，对成员超过 5 人的家庭，超过部分每 3 人可额外分到0.4 公顷的土地，但额外分到的耕地面积不能超过 2.83 公顷（能源部水利部水利电力信息研究所，1994）。

3. 转让和出租方式

转让方式是指水利工程受益地区将土地直接转给移民使用。印度科尔哈普尔地区的Dudhganga 工程于 1987 年竣工，全部受影响的村庄为 9 个，且受益村庄居民同意把他们的耕地转让给受影响村庄。出租方式是指移民通过租用土地的方式实现安置。加纳 Volta水库移民租用地主的土地，并给付租金，租期 33 年，租用权可以继承，可以延期，但土地使用受到一定的限制，不允许把土地分成小块。

7.2.1.2　国内农村水库移民安置土地取得方式

种植业是库区农村经济的主要来源，安置农村移民应尊重这一实际情况。种植业安置移民首要考虑的问题是落实土地来源，兴修水利工程使移民损失了赖以生存的生产资料——土地，安置规划就要采用各种方法，通过多种途径，使移民拥有一份可耕作的土地。在我国，移民获得土地主要有以下几种途径（傅秀堂，2007）：①开垦整理宜农荒山、荒坡，建成高标准的耕园地安置移民；②改造现有坡耕地、中低产田，提高土地的产量产值,可以利用产值的增长部分安置移民;③在土地容量相对充裕的村组,通过调整(有偿)一部分耕园地安置移民。除此之外,还有利用国有农(窑)场土地安置移民。

7.2.1.3　国内外水库移民安置土地取得方式利弊分析

1. 购买方式

购买方式以美国为代表,移民安置方式简单快捷,利益关系并不复杂,但需要以强大的综合国力为基础,对于国家来说需要支付巨额的淹没补偿金。同时,该方式适于受过高等教育、有技术特长、具有较强生活能力的家庭和个人,但不适合老人以及很看重社区环境的少数民族和贫穷农民。我国经济发展水平仍处于社会主义初级阶段,还没有达到完全按照土地公开市场价补偿移民征地损失的程度。同时,我国农民依赖心理较强,在移民将补偿资金用于其他商品消费而非用于购买土地时,移民生活遇到困难仍然会找政府解决问题,此时,如果政府以已经补偿货币为由而置之不理,可能会诱发社会不稳定因素。如果政府继续解决这部分人的生产安置问题,则可能陷入"赔不完"的怪圈。更重要的是,我国实行社会主义土地公有制,不允许私人买卖土地,土地买卖市场在我国根本不存在,因此该方式不适合我国水库移民安置。

2. 征收后分配

按照法律规定,以公共利益为前提,政府在水利水电工程受益地区征收土地分配给移民,同时,给予安置区被征地农民以相应的经济补偿,这较好地协调了工程受益地区和受损地区的关系,以及移民和安置区居民的利益。但该方式的缺点是占有较多土地的所有者倾向于选择较为贫瘠的土地被征收,且在安置区征收土地分配给移民使用,适于少部分人占用大量土地或者人均耕地面积大的国家,对于"人多地少"的国家而言,征地安置移民往往会造成新的失地农民。如果政府再着手解决这部分失地农民的安置问题,则会出现"推磨调地"[①] 的现象。

3. 转让和出租方式

工程受益地区村庄将土地转让给移民使用,优点是可以一次性集中安置多数移民,缺点是没有国家行政干预而自愿转让土地给移民使用的村庄较少,很容易产生搭便车等情形,进而影响该模式的推广。采用出租方式安置移民,移民在获得淹没损失的巨额赔偿后,每年需要缴纳的土地租金相对较少,经济负担较轻。但是水利水电工程兴建前移民享有的是土地所有权,而以出租方式安置移民,移民获得的是债权性质的土地权利,导致移民获得的土地权利缩水。当出租协议到期或者单方违约时,移民将彻底成为失地农民。加纳 Volta 水库以出租方式安置移民后,到 1968 年发现原来居民中 60% 已经搬走,直到政府采取更加有效的土地征收和分配方案,这种趋势才得到扭转。

4. 土地开发和土地改造

土地开发和土地改造模式能够获得较多的新增耕地,一次性实现较多移民的以土安置,但由于我国实行土地公有制,被开发改造的土地属于安置区集体经济组织所有,通过移民资金的投入开发改造安置区的荒山和中低产田,就必须首先解决开发改造出的新

---

① 推磨调地即在确定移民安置区域和用地范围后,将安置区居民的用地往后推移,通过土地再发包的方式解决安置区居民的土地问题,避免出现新的失地农民.

增耕地如何在移民和安置区集体分配的问题。另外新开发改造的土地往往需要一个熟化的过程，如土地开发改造投入的资金较低，新增土地质量较差，不利于移民的顺利安置。例如，在长江三峡工程库区重庆万州区天城农村移民安置过程中，八年试点[①]土地开垦面积有170.00公顷，主要集中在海拔600米，坡度25°以上，土地脊而薄，无法水利配套，经过调查评价，无法利用。这不仅造成了移民安置资金的巨额浪费，安置区居民的比例分成也无从谈起。

5. 土地（有偿）调整

土地（有偿）调整是指通过政府行政介入在划定的安置区村庄范围内采取全组调整和局部调整的方式获得耕地安置移民，这种做法的优点是简单快捷，便于移民迅速实现安置。同时，移民是为水利水电工程做出牺牲的群体，安置带有一定的"公共利益"的性质，政府部门以政策文件或行政命令的方式进一步使移民迁入安置区并共享土地获得了"形式上的合法性"。在给予一定补偿收益的情况下，该方式也不会激起安置区居民的强烈抵触。但是土地调整是违背现行法律政策的，实际上侵犯了安置区居民的土地权利。同时，移民通过土地调整获得的土地权利性质问题尚不明确，在土地调整安置移民过程中，还存在着给予安置区集体的补偿过低、补偿经费在安置区集体内分配和使用混乱导致的利益冲突等问题。

7.2.2　农村大学生土地流转与水库移民安置相结合的政策理论分析

7.2.2.1　法律政策层面

1. 农村大学生享有土地承包经营权

农村大学生土地流转与水库移民安置相结合的前提条件是农村大学生享有土地承包经营权。本书认为，农村大学生仍然享有入学前获得的承包地，该承包经营权不因农村大学生户口的转移、职业的转变、常住地的变化而丧失。在本轮承包期结束后，本书建议采用单纯延长承包期的方式衔接，并保持土地承包关系的"长久不变"，确保农村大学生能够享有长期的、稳定的、永续的土地权利，这与水库移民需要长期依靠土地作为生活来源和社会保障的内在需求相契合，并且不会导致水库移民获得的土地权利缩水。

2. 土地流转符合国家法律政策

国家加强基础设施建设兴修水利水电工程形成的大量非自愿性移民需要以土安置，而土地开发改造、土地（有偿）调整等安置方式存在着固有的弊端，在土地资源日益稀缺、人地矛盾日益突出的背景下，移民安置的难度越来越大，成为水利水电工程建设的重要制约。我国法律和政策允许农户按照依法自愿有偿原则，流转其土地承包经营权。因此，在农村大学生享有的承包经营权之社会保障功能日益减弱甚至完全消失的情况下，采用农村大学生土地流转与移民生产安置相结合的方式解决移民土地问题，不失为一条可靠的路径选择。

---

① 从1985年起到1992年止。

7.2.2.2　理论层面

1. 供给与需求理论

根据本研究的测算结果，从 1999 年高校扩招到 2014 年，农村高中生升入大学的人数约为 4933.30 万人，农村大学生土地流转的理论潜力和实际潜力分别为 914.36 万公顷和 229.91 万公顷，分别占全国总耕地面积的 6.77% 和 1.70%。虽然这个潜力仅仅是理论性的、潜在的。但是农村大学生人数众多、占有大量耕地是一个不争的事实。在可以获得较高预期收益的情况下，吸引足够多的农村大学生进入土地流转市场进行交易，以缓解其城市化过程中的资金紧张局面，从而转化为现实的土地供给方。随着农村大学生家庭剩余劳动力年龄的增大以及农村大学生本人在城市的逐步扎根，农村大学生非农化带来的土地流转规模可能会进一步扩大到整个家庭的承包地数量，进而产生更大的土地流转潜力。

专家预测 2020 年发电装机总量将达到 9 亿千瓦，其中水电装机容量达 2.5 亿千瓦，将比 2004 年增加 1.5 亿千瓦。今后 20 年，因工程建设还要淹没 150 万亩土地，搬迁安置近 310 万移民，其中水利移民约 150 万人、水电移民约 160 万人（张绍山，2007）。在社会保障体系缺失的农村，土地不仅是农民家庭的基本生活物质来源，而且承载着养老和就业的保障功能。因此，对农村移民而言，实现"搬得出、稳得住、能致富"目标的基本前提，就是拥有一块属于自己的土地，这是其安身立命的根本（施国庆，2008）。农村移民大部分都要进行农业生产安置，土地成为移民安置过程中必需的稀缺性资源，这就形成了土地流转市场上的需求方。

2. 潜在的帕累托最优

美国经济学家卡多尔、希克斯先后重新对福利标准进行了考察，在帕累托标准的基础上，研究了社会中某些人的福利增加，同时一些人福利受损的状态，从而提出了所谓的补偿原理。如果受到损失的人可以被完全补偿，而其他人的福利仍然比原来有所提高，那么这样整个社会福利是增加的，这种变革就是可行的（姚凯文，2008）。如果对移民被淹没的房屋、承包地进行充分足额的补偿并弥补移民的损失后，政府和业主仍然能够从项目建设中受益，这就实现了所谓的社会福利改进。如果通过与农村大学生进行土地流转，移民能够获得满意的承包地，将使水利水电工程兴建给移民造成的不利影响进一步降低。该模式实现了土地资源在不同群体之间的优化配置，减轻了政府安置农村移民所面临的土地筹措压力，降低了行政成本。这无疑实现了政府、业主、移民、农村大学生等多方利益主体受益。

7.2.3　农村大学生土地流转与水库移民生产安置相结合的模式

7.2.3.1　"移民—农村大学生"模式

移民在政府指定的安置区或者自己选择的安置区内，通过直接与大学生及其家庭成员进行协商，针对土地流转方式、期限、价格、支付方式等问题达成协议，签订合同后，移民获得农村大学生转出的承包地，同时按照合同约定支付相应的费用，具体流程（图 7-3）。

图 7-3　"移民—农村大学生"土地流转模式示意图

(1)政府根据兴修水库淹没移民的农地数量、质量等情况，给予移民充分足额的补偿，补偿资金直接发放到户或者以户为单位建立账户，专款用于移民的生产安置，即支付获得承包地的费用。

(2)移民根据中介机构交易平台发布的农村大学生土地流转信息，获得承包地的位置、价格、流转方式、流转期限等资料，从中选择适合自己的承包地，并与相应农村大学生进行接洽、协商谈判。

(3)移民与农村大学生达成协议后，双方签订土地流转合同，经集体经济组织备案，确认土地流转合同。

(4)移民将土地流转合同提供给迁出地政府，政府审核后，将账户内的土地补偿费直接转到农村大学生账户，或者由移民直接将资金支付给农村大学生，多余经费留给移民个人，不足部分由移民自行承担。

(5)政府为移民办理户口迁移手续，迁入地集体经济组织按照规定解决移民的宅基地问题，移民用淹没区获得的房屋补偿资金在安置区建房。另外，水库移民的住房问题，可以通过盘活农村大学生退出的宅基地及附属物的措施解决。例如，湖南省澧县主要采用"地随房走"的移民安置模式，即移民通过购买安置区的旧住房实现安居，同时接管出售旧住房居民的承包地实现以土安置。

7.2.3.2　"农村大学生—政府—移民"模式

农村大学生在校期间或者是毕业工作后，根据自身的实际情况，可以将自己享有的承包地以合适的价格转给地方政府或者地方政府成立的专门机构，同时获得相应的补偿收益；政府将这部分土地作为可供流转的对象，将承包地的位置、价格、质量等情况通过信息平台发布。在移民确定选择的承包地后，由政府或专门机构和移民签订土地流转合同，移民获得承包地并支付相应的费用(图7-4)。

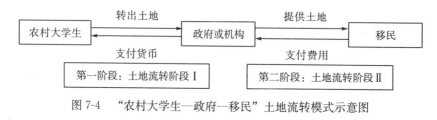

图 7-4　"农村大学生—政府—移民"土地流转模式示意图

(1)农村大学生在校期间或者毕业工作后，将其享有的承包地以合适的价格转给政府或政府成立的专门机构，并签订土地转出合同。

(2)政府或相应的专门机构将承包地的位置、质量、价格等信息，通过土地流转市场平台进行公布，供正在搬迁的移民或即将搬迁的移民选择。

(3)需要生产安置的移民在政府公布的可供流转的土地信息库中，选择适合自己的流转承包地。

(4)移民确定选择的流转对象后，由移民和政府或相关的专门机构签订土地流转合同，移民需要支付的费用从征地补偿款中支付，多余部分退还给移民，不足部分由移民自行承担。

(5)办理户口迁移手续，迁入地集体经济组织按照规定解决移民的宅基地问题，移民用淹没区房屋补偿资金在安置区修建新房，也可以采用购买农村大学生旧住宅的方式解决住房问题。

7.2.4　水库移民安置与农村大学生土地流转相结合的模式创新

农村大学生土地流转与水库移民安置相结合的两种模式的推广，还存在着另外一个很现实的问题，我国人多地少，每个农村大学生享有的承包地面积仅供安置单个移民，并且是分散的，而移民更多的是以家庭为单位搬迁安置的。因此，解决这个问题需要创新土地流转模式。

1. "绑定流转＋土地微调"方式

例如，集体经济组织 A 内有 3 名大学生愿意流转土地，那么在公布信息时，将这 3 名大学生所享有的承包地数量、位置、价格等情况作为一个整体对外发布，移民根据自身情况选定一个整体作为转入对象。签订土地流转合同并支付费用后，如果承包地的确过于分散，耕作半径过大，影响农业生产劳动的，可以通过农户间互换、集体土地微调等方式解决。

2. 股份化方式

移民通过土地流转获得的承包地是以股份的形式存在的，农村大学生转出其享有的承包地股份，移民一次性支付全部流转费用，且支付的流转费用应该为未来若干年承包地所代表股份收益的资本化。这样即使移民家庭获得的承包地在实物上是分散的，但由于移民及安置区居民并不实际从事生产经营，均凭借股份获得相应的粮食或分红，所以对移民安置不会产生较大的负面影响。对于承包地实物上的整合，可以在下次土地调整或者下轮土地发包时，移民凭借新村民的身份以户为单位获得成片承包地。

7.3　农村大学生宅基地退出与城市住房问题解决相结合机制

7.3.1　农村大学生城市住房难与农村宅基地低效利用现实困境

7.3.1.1　农村大学生融入城市的住房难问题

农村籍大学生融入城市生活的最大障碍就是住房问题，住房问题不但影响到大学生的生活质量，还会关系到大学生的成家问题(贾楠　等，2010)，由于很少有农村父母为其子女在城市准备现成的婚房，农村大学生的首套住房往往要靠自己打拼或者借贷完成，承受的经济和心理负担较重，在网络上甚至出现了"嫁人千万别嫁农村大学生"的论调。农村大学生通过购买商品房、经济适用房在城市实现"居有其所"，是其市民化过程中不可回避的问题。然而，由于房地产价格上涨能够为地方政府带来可观的土地出让金和税收收入，因此，地方政府在某种意义上希望房地产价格维持在一个较高而不是较低的水平(谢志岿，2015)。目前中国的房价和房型结构远远偏离了城市的中下阶层和来自农村的新移民的收入水平(文贯中，2014)。农村大学生毕业后，既面临着就业难、就业稳定性差、待遇低等现实问题，又要承担起回馈父母、成家立业等重任，从农村家庭中获得购房资助可能性低且数额小，故而，高额的房价使大部分农村大学生只能"望楼兴叹"。同时，由于农村大学生的收入一般处于所在城市的中等左右水平，常常被排除在经济适用房、廉租房等保障性住房的政策覆盖范围之外，使之成为名副其实的"购房无力""政策无份"的夹心阶层。

根据中国房地产指数系统百城价格指数对 100 个城市的全样本调查数据显示，2014年12月，全国100个城市(新建)住宅平均价格为 10 542 元/平方米，其中，城市房价超过 20 000 元/平方米的有 5 个，分别是北京(32 042 元/平方米)、上海(32 029 元/平方米)、深圳(30 719 元/平方米)、厦门(21 152 元/平方米)、三亚(20 852 元/平方米)。大多数城市房价集中在 4000～7000 元，占 51%，城市房价在 4000 元以下的仅有 1 个，即湘潭市，新建住宅样本平均价格为 3899 元/平方米，可见，城市房地产价格较高且不同城市之间的房价差距明显(表 7-7)。

表 7-7　2014 年 12 月全国 100 个大城市房价情况统计表　　　(单位：元)

价格区间	城市数量	平均价格
20 000 以上	5	27 358.80
15 000～20 000	2	16 800.50
10 000～15 000	9	12 264.33
9000～10 000	7	9 155.14
8 000～9 000	13	8 545.77
7 000～8 000	12	7 352.08
6 000～7 000	17	6 579.65
5 000～6 000	20	5 587.30
4 000～5 000	14	4 643.57
3 000～4 000	1	3 899.00

根据麦可思研究院独家撰写、社会科学文献出版社正式出版的《2015 年中国大学生就业报告》，2014 届大学毕业生半年后月收入 3487 元比 2013 届 3250 元增长了 237 元，其中，本科毕业生 2014 届 3773 元比 2013 届 3560 元增长了 213 元，高职高专毕业生2014 届 3200 元比 2013 届 2940 元增长了 260 元。在不计算大学毕业生在城市生活各方面支出的情况下，大学毕业生的平均月薪还不足以在 100 个房价最低的城市里购买 1 平方米的商品房，若要想在北京、上海、深圳等一线城市购买 1 平方米的商品房则需要连续

工作将近 8 个月。

在对高房价与低收入的实际状况进行权衡后，农村大学生在城市解决住房问题的重要途径是租房。然而，由于住房体系尚未健全、房屋租赁市场不规范以及配套法律法规尚未完善，使依靠租房解决住房问题的大学毕业生生活更加艰难(余晓香，2011)。部分农村大学生甚至以"蜗居""鼠族""蚁族"[①] 的方式，租住在城市的某一个狭小空间，或者仅仅租用一个床位，或者选择租住在社会秩序较差但租金相对便宜的城乡接合部，甚至租住在阴暗潮湿的地下空间。没有稳定的居所他们有时不得不在一年内多次搬家。即使通过各种途径筹资买房，常常会出现"一人买房全家返贫"的现象。

对第二阶段外业调查受访的 1219 名农村大学生城市住房情况进行统计显示，购买住房的共 59 人，占 4.84%，其中，在校学生购买住房的 26 人，占受访在校学生总人数的 2.48%，找工作或待业中的农村大学生购买住房的 2 人，占相应总人数的 5.71%，已参加工作的农村大学生购买住房的人数 31 人，占相应总人数的 23.13%。可以看出，农村大学生购买住房人数的比例随着工作状态的稳定性而提高。但是，从整体上看大部分已毕业的农村大学生仍需要通过租房(66.86%)、集体宿舍(13.61%)的途径解决住房问题(表 7-8)。

表 7-8　农村大学生住房情况统计表

住房状态	在校学生	找工作或待业中	有工作	合计
购买住房	26	2	31	59
租房居住	6	12	101	119
集体宿舍	1018	21	2	1041

大部分农村大学生购买城市住房，只能走商品房路线，资金来源主要依靠自己的积蓄、银行贷款和家庭资助。据调查资料显示，获得家庭资助最多的达到了 35 万元(购买的住房面积 120 平方米，单价为 3300 元/平方米)，基本上是家庭帮助其支付全额房款；贷款最多的 36 万元(购买的住房面积 85 平方米，单价 6200 元/平方米)，基本达到了银行放贷的最高额度 70%。

从农村大学生租住房屋情况[②]来看，租住面积在 10 平方米以下的占 2.90%，最小租住面积仅为 4 平方米，基本属于"蜗居"和"蚁族"的状态，租住面积在 90 平方米以上的占 11.59%，最大租住面积为 130 平方米，平均租住面积 40.65 平方米，可见农村大学生租住房屋情况差异较大(表 7-9)。

表 7-9　农村大学生租住房屋情况统计表

租住面积/平方米	10 以下	10~30	30~50	50~70	70~90	90 以上	平均值
比例/%	2.90	40.58	24.64	13.04	7.25	11.59	40.65

江苏省社会科学院区域研究中心王树华等专家认为，房租收入比在 25% 以内是合理

---

① 根据北大博士后廉思老师的定义，"蚁族"就是指受过高等教育，收入水平低，平均年龄集中在 22~29 岁，九成属于"80 后"一族，他们主要聚居于大城市城乡接合部或近郊农村，形成独特的"聚居村"。

② 租住房屋面积数据完全的调查样本数为 69 人，面积与租金样本数据完全的样本数 55 人。

的，房租收入比在 25％～30％处于居民可以承受的范围之内，一旦超过 30％则表明房租压力过大①。从农村大学生的房租收入比来看，在 25％合理值范围之内的占 61.82％，可见大部分农村大学生的房租在个人可以承受的范围之内，但是仍有 27.27％的农村大学生房租收入比在 30％以上，房租压力过大。其中，房租收入比最高的达到 51.43％，占个人月收入的一半以上。作为中低收入的农村大学生租房者，不仅购买不起城市住房，而且还不得不面对房租高位运行的现实，这不仅会影响他们在城市的生活质量，而且也会增加他们对城市的离心率。

从农村大学生的房租收入比来看，如图 7-5 所示。

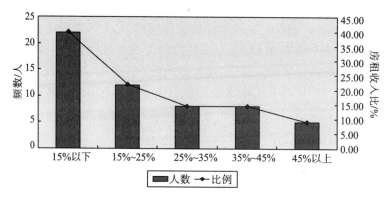

图 7-5　农村大学生房租收入比情况

7.3.3.2　农村大学生家庭宅地基低效利用问题

就业城镇化、收入非农化、居住社区化、住宅空心化成为我国农村地区快速城镇化与工业化转型过程中乡村人地关系地域系统显著变化的重要特征（王静　等，2015）。在我国工业化、城市化的加速发展过程中，出现了农村人口的历史性转移、迁徙，有 2 亿～3 亿农民从农村转向城市就业、居住，但由于缺乏与高速发展的城镇化、工业化进程相适应的农村宅基地流转与退出机制（欧阳安蛟　等，2009），全国 2 亿亩农村宅基地中有10％～15％处于闲置状态（罗伟玲和刘禹麒，2010），在农村不同程度地存在着"人走屋空"、宅基地"建新不拆旧"、新建住宅向外围扩展等现象（李裕瑞　等，2010），进而出现了在农民市民化过程中城市建设用地和农村居民点建设用地"双增长"的悖论局面（吴康明，2011）。《经济观察报》援引九三学社 2013 年发布的一份有关城镇化发展的调查报告显示，我国农村常住人口每年以 1.6％的速度减少，但农村宅基地却以每年 1％的速度增加。

深圳世联行地产顾问股份有限公司研究报告《2013 年中国房地产市场回顾与 2014年展望》显示，2011 年全国农村居民点用地面积约 16.61 万公顷（冯应斌　等，2015），2011 年全国农村人口 65 656 万人，则人均宅基地面积为 252.99 平方米，远超过国家规定的上限标准，按照 2011 年户均 3.90 人计算，每户占有的宅基地面积可达 986.66 平方米（计 1.48 亩）。根据第二批调查的 1219 名农村大学生的问卷数据统计显示，从农村家

---

① 　http://news.house365.com/gbk/njestate/system/2013/05/10/021732108.html

庭住房层数来看，2 层以上的，占 51.19%，其中，3 层的占 11.89%、4 层及以上的占 4.59%（表 7-10）。

表 7-10 农村大学生家庭住房层数情况统计表

住房层数	1层	2层	3层	4层及以上	合计
人数/人	595	423	145	56	1219
比例/%	48.81	34.70	11.90	4.59	100.00

从农村大学生家庭住房面积来看，家庭住房面积在 100 平方米以上的占 63.25%，300 平方米以上的占 10.66%（表 7-11）。

表 7-11 农村大学生家庭住房面积情况统计表

住房面积/平方米	100 以内	100~200	200~300	300~400	400~500	500~600	600~700	700 以上
人数/人	448	479	162	69	25	9	10	17
比例/%	36.75	39.29	13.29	5.66	2.05	0.74	0.82	1.39

通过查阅《中国统计年鉴（2000~2013）》，可以获得 1999~2012[①] 年历年的农村人均住房面积情况，结合已经测算出历年农村高中生升学人数，即可计算出 1999~2011 年农村高中生升学可供应的农村住房面积数额（表 7-12）。

表 7-12 1999~2012 年历年农村高中生入学占有的农村住房面积

年份	农村高中生升学人数/万人	农村人均住房面积/平方米	农村大学生占有的住房面积/万平方米
1999	104.64	24.20	2532.29
2000	135.46	24.82	3362.12
2001	168.17	25.70	4321.97
2002	199.39	26.50	5283.84
2003	240.98	27.20	6554.66
2004	288.50	27.90	8049.15
2005	327.64	29.68	9724.36
2006	364.64	30.70	11194.45
2007	354.37	31.60	11198.09
2008	390.01	32.40	12636.32
2009	413.87	33.58	13897.75
2010	430.70	34.08	14678.26
2011	375.98	36.24	13625.52
2012	374.86	37.09	13903.56

① 农村人均住房面积在《中国统计年鉴（2015）》中没有统计，《中国统计年鉴 2014》中给出的是 2012 年的数据，故该指标最新数据统计到 2012 年。

从表 7-12 可以看出，1999~2012 年农村高中毕业生升学占有的农村住房面积从 2532.25 万平方米增加到 13 903.56 万平方米，14 年累计占有农村住房面积 130 962.32 万平方米。根据《中国统计年鉴（2014）》资料显示，2012 年全国农村住房平均价值 681.90 元/平方米计算，农村大学生非农化占有的住房总价值为 8930.32 亿元，相当于 2012 年全国国内生产总值的 1.72%。

尽管农村大学生家庭占有的宅基地及其附属建筑物整体情况良好，但是极可能处于低效利用的状态。第一，实物利用上的低效。对于大学生而言，农村住房已不是经常居住场所，每年仅限于假期返乡短暂停留时居住，另外，随着计划生育政策作用的发挥，"80 后"和"90 后"农村大学生升学进城以后，户内基本上只剩下其父辈，因此，花大笔资金对农村住房进行改善已没有多大必要，如果农村大学生的父辈跟随其到城市居住或者去世，那么农村住房则直接变为空置房。第二，资产盘活上的低效。毋庸置疑，农村家庭宅基地及其附属物是农村大学生及其家庭的重要财产，然而，这些资产由于受法律政策的限制不仅不能通过自由买卖和抵押等途径变现，为农村大学生在城市购房提供"第一桶金"，反而可能因户籍非农化而成为其需要支付的机会成本，这使得农村大学生非农化过程呈现出与农民工相类似的"候鸟"型转移模式，形成"离土不离乡"的情况，甚至他们会选择"非转农"的逆城镇化行为以维护其在农村的承包地和宅基地权益，这既不利于农村大学生快速融入城市社会，也不利于已有城镇化水平的巩固和提高。

基于农村大学生融入城市社会面临的住房难题与农村宅基地低效利用相并存的现实状况，本书提出"宅基地换房"的政策构想，即农村大学生将宅基地退给政府部门组建的机构法人获得相应的补偿收益，同时，作为一项激励措施，农村大学生可以获得一定区域范围内的经济适用房购房指标。"宅基地换房"实现了农村大学生家庭内部宅基地资产盘活与城市住房问题解决挂钩，具有重要的现实意义。首先，宅基地的有偿退出，有利于带动承包经营权的有效流转，加快农业规模化经营步伐；其次，宅基地退出与农村大学生城市住房问题解决挂钩，不仅能实现区域间土地资源的合理优化配置，而且能有针对性地解决农村大学生的城市住房问题，这是推进"以人为核心"城镇化的重要体现，最后，在"宅基地换房"过程中，政府部门通过宅基地退出可以获得"地票"，集体经济组织可以获得相应的经营性建设用地并能够入市交易，因此，"宅基地换房"模式兼顾了国家、集体经济组织、农村大学生及其家庭成员、种粮大户等多方的利益，可谓一举多得。

7.3.2　农村大学生宅基地退出与城市住房问题解决相结合的瓶颈

7.3.2.1　宅基地及其附属建筑退出所形成资产的科学有效运营管理问题

农村大学生宅基地及其附属建筑物退出必然形成一定规模的资产积累，这些退地资产如何有效运营管理是困扰和制约"农村大学生宅基地退出与城市住房问题解决挂钩"政策实现的一项重要课题。农村大学生在进入大学的时间与决定退出宅基地及其附属建筑物的时间节点上呈现离散化的状态，同时，宅基地退出必须遵循自愿有偿原则，成熟一个退出一个，不得强迫农民退出（单金海，2010）。退地的农村大学生散布在多达 58.9 万个的行政村范围内，这些因素综合到一起注定了农村大学生退出宅基地及其附属建筑物在时间上和空间上均具有分散性，很容易出现退地规模大、数量大但不集中这类不便于后期经营管理的棘手问题，因此，由哪个主体负责承接退地资产的运营管理？如何科学运营管理这些退地资产以实现保值增值？增值收益如何在不同权利主体、不同区域政府之间进行分配等，这些问题是涉及农村大学生"宅基地换房"政策得到落实的核心和关键。如果农村大学生退地资产承接方的投资回报不理想、不稳定，或者各主体间的利益共享机制不合理，那么农村大学生"宅基地换房"机制的可行性和可持续性将大打折扣(刘灵辉，2014)。

7.3.2.2 家庭宅基地与期望换房在地域上的不匹配问题

改革开放以来，由于地区间经济发展速度不均衡，加之改革开放前地区间原有经济基础有差异，不同地区间的差距呈逐步扩大之势。发达地区拥有更多的资本、职位和发展机会，也有更适合人才培养与发展的社会环境和文化氛围，对人才具有更强的吸引力，"孔雀东南飞"的人才流动潮流就充分地说明了这一点。随着我国社会城市化、人口结构转变、劳动力市场转型、高等教育体制改革等一系列结构性因素的变化，越来越多的大学毕业生选择在大城市就业(廉思，2009)。高校毕业生的跨区域流动形成了"宅基地换房"推行中的另一大障碍，即农村大学生家庭宅基地与期望获得保障性住房指标在区位上的不一致性问题。

针对农村大学生"宅基地换房"问题，笔者于2014年12月至2015年3月开展了第三批问卷调查，对涉及27个省(直辖市、自治区)的501名农村大学生进行了调查，收回问卷464份，问卷回收率92.61%，剔除一些未填写和真实性不足的问卷，同时采用序列均值对少量题目未填写的问卷做缺失值处理，最终得到有效问卷445份，占收回问卷95.91%。受访的445名农村大学生中，对"宅基地换房"持"愿意"和"观望"态度的共264人，其中，选择跨省(自治区、直辖市)换房的占20.83%，省内跨市换房的占40.91%，地级市范围内换房的占38.26%(表7-13)。

表 7-13　农村大学生宅基地与期望置换住房的区位对比情况

"宅基地换房"的区位需求	跨省换房	省内跨市换房	地级市范围内换房
人数/人	55	108	101
比例/%	20.83	40.91	38.26

由于跨省(自治区、直辖市)"宅基地换房"的实现，往往需要国务院出台相应的政策统筹协调解决，而跨市"宅基地换房"的实现则需要省(自治区、直辖市)政府出台相应的政策予以支持，或者省(自治区、直辖市)之间、地级市之间达成相关"府际协议"以推进"宅基地换房"的落实，这无疑增添了政策落地的难度，增大了区域间利益协调问题以及行政协调成本。所以，亟须一个合理、可行的方案来化解农村大学生家庭宅基地与期望获得的保障性住房在区位上的不一致性问题。

7.3.2.3 宅基地及其附属物退出补偿与期望保障性住房售价差额的支付能力不足

在"宅基地换房"过程中，农村大学生有着四个明显的心理特征：第一，期望获得的区位优势明显城市的保障性住房指标。符合"人往高处走"的社会流动规律,受访的农村大学生中有65.39%期望获得的保障性住房指标位于京、沪、深、穗等一线城市或省会城市,其余农村大学生也期望获得的保障房指标位于家乡所在地或工作所在地的地级市辖区内。第二,期望获得的保障性住房面积较大。受访农村大学生中期望获得的住房面积在90平方米以下的仅占25.38%,90~110平方米的占41.29%,110平方米以上的占33.33%。第三,期望获得的保障性住房售价偏低。农村大学生期望保障性住房售价在2000元以下的占30.30%,2000~4000元的占48.86%,4000元以上的仅占20.83%。第四,购买保障房的支付意愿偏低。在向受访者问及"如果您家让渡宅基地及住房附属物获得的补偿收益不足以弥补在城市购买保障性住房的支出,您能够承受最大的购房支付额度(S)是多少"时,农村大学生的承受额度在5万元以内的占18.56%,5万~15万元的占45.83%,15万~25万元的,占16.29%,25万元以上的,仅占19.32%(表7-14)。

表7-14　农村大学生宅基地换房期望值预期情况表

期望面积/平方米	人数/人	比例/%	期望售价/元	人数/人	比例/%	支付差额(S)/万元	人数/人	比例/%
≤70	4	1.52	≤2000	80	30.30	≤5	49	18.56
70~90	63	23.86	2000~4000	129	48.86	5~15	121	45.83
90~110	109	41.29	4000~6000	50	18.94	15~25	43	16.29
110~130	62	23.48	6000~8000	5	1.89	25~35	35	13.26
≥130	26	9.85	≥8000	0	0.00	≥35	16	6.06

相对于沿海发达地区和大中城市郊区的宅基地价值飙升而言,内地一般农业地区,远在城市经济有效辐射范围以外,农民宅基地很难从城市经济中获得附着增值收益,这些地区宅基地所谓"财产权"的含义并不明显(贺雪峰,2014),由于并非所有农村大学生均来自于城乡接合部或者城市近郊,故而,宅基地以及附属建筑物退出所获得的补偿款是比较有限的。因此,宅基地及其附属建筑物退出所获得补偿与在期望城市购买理想状态的保障性住房售价的差额超过农村大学生家庭实际承受能力这一问题应当给予妥善解决,否则,此问题会对"宅基地换房"形成实质性的阻碍。

7.3.3　农村大学生宅基地退出与城市住房问题解决相结合机制构建

农村大学生"宅基地换房"带动了城乡建设用地之间的关联互动,解决了农村大学生这一城镇化主力军的住房问题,盘活了农村大学生家庭的资产,推进了农地流转与规模化经营,具有重要的社会意义。然而,该模式的落实面临着"宅基地及其附属建筑退出所形成资产的科学有效运用管理""家庭宅基地与期望换房在地域上的不匹配"以及"宅基地及其附属建筑物退出补偿与期望保障性住房售价之间差额的支付能力不足"三大问题,本书遵循"宅基地换房"的理论依据,着眼于"宅基地换房"过程中实际问题的解决,构建起农村大学生"宅基地换房"机制(图7-6)。

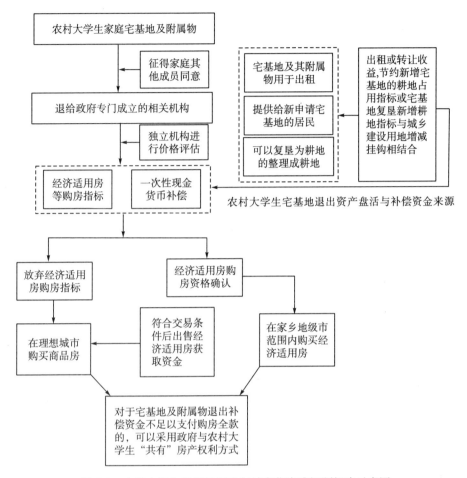

图 7-6　农村大学生宅基地退出与城市住房难问题解决示意图

第一，在我国"房地分离"的土地制度下，农村大学生家庭享有对宅基地上住房及其附属物的所有权，对宅基地仅享有使用权。因此，家庭成员对住房及其附属物的权利和义务关系应属于民法上的"共同共有"，对宅基地上的权利和义务关系应参照民法上的"共同共有"方式定义为"共同共用"（刘灵辉　等，2010），不分份额的"共有"或"共用"属性的财产权处置，应事先征得全体权利人的同意，因此，农村大学生决定将宅基地及其附属物退给政府部门组建的机构法人时应事先征得家庭其他成员的同意，否则不能进入市场进行交易。

第二，宅基地退出补偿是为了建立一项引力机制来合理地引导农户自愿退出宅基地（徐小峰　等，2011），为确保制定的宅基地及其附属建筑物补偿之标准公平合理，应探索引入第三方评估机制，由具备相应资质的第三方评估机构和评估人员依据法定规程对补偿标准进行测算和评估（孔东菊，2014），以获得退出宅基地及其附属建筑物在估价时点的客观市场价值，并以之作为政府专门成立的相关机构支付补偿款的重要参考。

第三，政府部门组建的机构法人支付农村大学生家庭一次性货币补偿款，同时，给予农村大学生经济适用房购房资格（或指标）凭证。关于农村大学生购买经济适用房的区域范围，本书建议限定在农村大学生家乡所在地的地级市范围内，即农村大学生仅能将宅基地及附属物退给家乡所在地地级市政府组建的机构法人，并获得该区域内的经济适用房购买资格。经济适用房住房指标的"地域限制"能有效避免区域范围跨度过大引起的行政协调成本大幅攀升或跨区域达成"府际协议"失败而导致的政策难产，同时，也有利于促使农村大学生的理性回归，在一定程度上减少农村大学生家乡所在地的人才流失，促进农村大学生家乡所在地的社会经济发展。

第四，对于农村大学生退出的宅基地及其附属物，政府专门成立的相关机构可以选择多种途径对其进行盘活利用：①将宅基地及其附属物出租，获得相应的流转收益；②将宅基地及其附属物转让给新申请宅基地的村民，这样不仅获得了一笔转让资金，同时节余出了一定的宅基地占用指标；③对于集中连片且可以复垦成耕地的，由政府部门组建的机构法人出资进行土地整合，这样可以新增出部分耕地指标。政府部门组建的机构法人可以将节约和新增耕地指标与城乡建设用地增减相挂钩，获得相应的"地票"收益，同时，退出宅基地性质可转换为集体经营性建设用地，在合法合规的前提下，农村集体经营性建设用地可以出让、租赁、入股，与国有建设用地使用权同等入市、同地同价。政府部门组建的机构法人通过经营退出宅基地及其附属物获得的收益可以用于弥补支付宅基地及其附属物退地补偿的垫资以及建造保障性住房以优惠价出售的让利性损失等。

第五，农村大学生可以选择放弃使用获得的保障性住房购买指标，直接在理想城市购买相应的商品性住房，如果农村大学生使用经济适用房购房指标则首先要通过城市住房管理部门的资格确认，然后，按照家乡所在地地级市的政策购买经济适用房。为应对"地域限制"下部分农村大学生对购买经济适用房城市区位不满意的情形，本书认为，应积极发挥市场机制在"宅基地换房"过程中资源配置作用，即在一定年限后，农村大学生可以出售购买的经济适用房，然后，再综合利用经济适用房的售房款、个人和家庭积蓄以及银行贷款等手段在理想城市购买商品性住房，这在一定程度上能够化解农村大学生宅基地所在地域与期望换房城市空间上的不一致问题，此时，农村大学生购买保障性住房只是一种临时性过渡手段。

第六，在农村大学生利用退出宅基地及其附属物的补偿资金、家庭和个人积蓄资金、借贷不足以支付理想城市经济适用房的购房款时，本书建议可以选择政府与农村大学生"共有产权"的购房方式，政府和农村大学生按出资额比例享有相应的"共有产权"份额，农村大学生参照市场租金和政府享有的共有份额按月支付租金给政府。同时，应允许农村大学生在有足够的购买能力时"赎回"政府拥有的产权部分，变"共有产权"为"自有产权"。对于农村大学生对所在城市购买的经济适用房不满意并打算出售以在理想城市购买商品房的情形，也可以采用"共有产权"模式。"共有产权"模式有效解决了农村大学生"宅基地换房"过程中的购房款不足、地域限制两大问题，使得中低收入农村大学生以其所拥有的共有产权份额分享国民经济发展和城市发展所带来的资本收益，达到改善中低收入居民居住条件的同时缩小由住房消费引发的贫富两极分化的目的（陈淑云，2012）。

7.3.4 农村大学生宅基地退出与城市住房问题解决相结合的意愿

7.3.4.1 影响因素指标体系构建

理性选择理论认为行动者的行动原则是最大限度地获取效益,他们是依据这一原则在不同的行为或事物之间进行有目的的选择(潘华 等,2010),因此,在"宅基地换房"问题上,农户理论上的决策都是依据"理性经济人"的利益最大化假设,追求风险最小,收益最大化。因此,从"理性经济人"角度出发,农户自身特征必将成为影响农户宅基地换房考虑的因素(魏凤 等,2012)。农村大学生退出宅基地及其附属物以换取城市经济适用房指标,这是农村大学生由农村向城市空间流动转移而产生的现实需要,因此,根据"推拉理论",流出地(家庭所在地)和流入地(目前所在城市)的社会经济状况对比差异会对农村大学生"宅基地换房"决策行为产生影响;同时,农村大学生"宅基地换房"涉及家庭共同财产的处置,因此,该模式的适用与否还取决于家庭收入、成员构成等因素。综上所述,农村大学生"宅基地换房"意愿会受到区域社会经济情况(宏观层面)、家庭背景情况(中观层面)和个体特征情况(微观层面)众多因素的综合影响。据此,本书筛选出 20 个指标构建起农村大学生"宅基地换房"意愿影响因素指标体系(表 7-15)。

表 7-15　农村大学生宅基地换房意愿影响因素指标体系

变量类型	指标名称	取值说明	预期作用方向
因变量	宅基地换房意愿(Y)	愿意=3,观望=2,不愿意=1	
农村大学生目前所在城市与家乡所在地社会经济情况比较(宏观层面)	区位之比(X_1)	东部=3,中部=2,西部=1 目前所在城市区位/家乡所在地城市区位	+
	人均 GDP 之比(X_2)	目前所在城市人均 GDP/家乡所在地城市人均 GDP	+
	地方财政收入之比(X_3)	目前所在城市一般预算内财政收入/家乡所在地城市一般预算内财政收入	+
	城镇化率之比(X_4)	目前所在城市城镇化率/家乡所在地城市城镇化率	+
农村大学生家庭背景情况(中观层面)	距县(区)中心距离(X_5)	10 千米以内=1,10~20 千米=2,20~30 千米=3,30 千米以上=4	−
	家庭总人口(X_6)	家庭实际总人口数量	−
	收入结构(X_7)	以农业为主=1,农业和非农业各占一半=2,以农业为辅且非农业为主=3,完全依靠非农业=4	−
	宅基地块数(X_8)	1块=1,2块=2,3块=3,4块=4,5块及以上=5	+
	宅基地面积(X_9)	100 平方米以内=1,100~200 平方米=2,200~300 平方米=3,300~400 平方米=4,400~500 平方米=5,500~600 平方米=6,600~700 平方米=7,700 平方米以上=8	+
	住房面积(X_{10})	100 平方米以内=1,100~200 平方米=2,200~300 平方米=3,300~400 平方米=4,400~500 平方米=5,500~600 平方米=6,600~700 平方米=7,700 平方米以上=8	+

变量类型	指标名称	取值说明	预期作用方向
农村大学生个人特征情况（微观层面）	性别（X_{11}）	男=1，女=0	+
	年龄（X_{12}）	实际年龄值	+
	是否独生子女（X_{13}）	是=1，否=0	+
	是否迁户口（X_{14}）	是=1，否=0	+
	学历情况（X_{15}）	博士=1，硕士=2，学士=3，专科=4	+
	毕业学校类别（X_{16}）	一本院校=1，二本院校=2，三本院校=3，高职高专=4	+
	工作状态（X_{17}）	学校读书=1，找工作或待业中=2，有工作=3	+
	住房状态（X_{18}）	已在城市购买住房=0，没有在城市购买住房=1	+
	婚姻状况（X_{19}）	已婚=1，未婚=0	+
	在城市的生活压力状态（X_{20}）	非常大=5，比较大=4，一般=3，较小=2，很小，没感觉=1	+

7.3.4.2　实证方法选取与数据来源

根据农村大学生"宅基地换房"意愿的强烈程度，本书将其分为三种类型：愿意、观望和不愿意，在分析离散选择问题时概率模型（Logistic、Probit 和 Tobit）是理想的估计方法，对于因变量离散数值数大于两类的，研究时须采用多元概率模型（林毅夫，2000）。由于农村大学生"宅基地换房"意愿因变量定义和赋值具有等级次序的性质，故选择有序 Logistic 模型更能反映不同农村大学生选择"宅基地换房"模式的意愿差异的性质。有序 Logistic 回归模型的基本形式如下

$$\text{Logit} \frac{\prod_1}{1-\prod_1} = \text{Logit} \frac{\prod_1}{\prod_2 + \prod_3} = -\alpha_1 + \beta_1 x_1 + \cdots + \beta_n x_n \qquad （式 ①）$$

$$\text{Logit} \frac{\prod_1 + \prod_2}{1-(\prod_1 + \prod_2)} = \text{Logit} \frac{\prod_1 + \prod_2}{\prod_3} = -\alpha_2 + \beta_1 x_1 + \cdots + \beta_n x_n \quad （式 ②）$$

其中，$\prod_1$、$\prod_2$、$\prod_3$ 分别为因变量农村大学生"宅基地换房"意愿类型相应的取值水平概率，愿意=3、观望=2 和不清楚=1，且 $\prod_1 + \prod_2 + \prod_3 = 1$；影响农村大学生"宅基地换房"意愿的因素，$a_i$ 为常数项，且必然 $a_i < a_{i+1}$，且为待估系数，$i = 1$，2，n。

实证数据主要来源有两个。第一，外业调查问卷。通过对第三批外业调查的 445 份问卷进行数据整理可以得到 $X_5 \sim X_{20}$ 的观测值。第二，对于 GDP、财政收入，主要通过查阅《中国城市统计年鉴（2013）》获取，对于总人口、城镇人口、乡村人口，主要通过查阅 27 个省（自治区、直辖市）2013 年的统计年鉴获得。对于不同省（自治区、直辖市）的城镇化率统计口径存在着"户籍城镇化率"和"常住人口城镇化率"的差异问题，本书在数据处理过程中借助搜索引擎等手段全部统一为"常住人口城镇化率"，这样可以获得 $X_2 \sim X_4$ 的观测值。

7.3.4.3 模型运行与结果分析

本书使用 Stata10 软件对农村大学生"宅基地换房"意愿影响因素样本数据做有序 Logistic 模型估计，得到的运行结果如表 7-16 所示。

表 7-16 有序 Logistic 模型回归结果

Y	系数	标准差	Z 统计量	显著性	95％置信区间	
X_1	0.3153	0.2447	1.2900	0.1980	−0.1643	0.7949
X_2	−0.1021	0.1699	−0.6000	0.5480	−0.4350	0.2308
X_3	0.0037	0.0113	0.3300	0.7410	−0.0184	0.0259
X_4	0.2198	0.4171	0.5300	0.5980	−0.5978	1.0374
X_5	0.0085	0.0831	0.1000	0.9190	−0.1544	0.1714
X_6	−0.1160	0.0801	−1.4500	0.1480	−0.2731	0.0410
X_7	−0.2049	0.0935	−2.1900	0.0280 **	−0.3882	−0.0216
X_8	0.1948	0.1061	1.8400	0.0660 *	−0.0131	0.4028
X_9	−0.0369	0.0758	−0.4900	0.6260	−0.1855	0.1116
X_{10}	0.1432	0.0831	1.7200	0.0850 *	−0.0198	0.3061
X_{11}	−0.0741	0.1934	−0.3800	0.7020	−0.4532	0.3050
X_{12}	−0.0171	0.0296	−0.5800	0.5620	−0.0751	0.0408
X_{13}	0.6542	0.2267	2.8900	0.0040 ***	0.2100	1.0985
X_{14}	0.4021	0.2787	1.4400	0.1490	−0.1440	0.9483
X_{15}	0.0453	0.2244	0.2000	0.8400	−0.3944	0.4851
X_{16}	−0.1079	0.1375	−0.7800	0.4330	−0.3774	0.1617
X_{17}	0.7597	0.1752	4.3400	0.0000 ***	0.4163	1.1031
X_{18}	0.9670	0.3372	2.8700	0.0040 ***	0.3061	1.6278
X_{19}	−0.2469	0.3905	−0.6300	0.5270	−1.0122	0.5185
X_{20}	0.3348	0.1254	2.6700	0.0080 ***	0.0890	0.5805
cut_1	2.4703	1.2823			−0.0430	4.9835
cut_2	3.5991	1.2883			1.0740	6.1242

观测数值(Number of obs)＝445　　　　对数似然比(Log likelihood) = −439.0124
伪判决系数(Pseudo R^2)＝ 0.0828　　卡方检验统计量 LR chi2(20) = 79.24
Prob > chi2 = 0.0000

注：*** 表示在 1％的水平上显著，** 表示在 5％的水平上显著，* 表示在 10％的水平上显著

根据表 7-16 所示，模型的伪判决系数（Pseudo R^2）0.0828，对数似然比（Log likelihood）数值较大，对应的 Prob＞ chi2＝0.0000，表明模型整体显著。在 1％的显著水平下，X_{13}、X_{17}、X_{18}、X_{20} 四个自变量与因变量之间有统计学意义，在 5％的显著水平下，自变量 X_7 与因变量之间有统计学意义，在 10％的显著水平下，X_8 和 X_{10} 两个自变

量与因变量之间有统计学意义。根据运行结果得到的启示主要有以下几项。

第一，农村大学生"宅基地换房"意愿与农村家庭收入的非农化程度呈负相关。农村大学生家庭收入的非农化程度越高，意味着整个家庭承包地以外的收入渠道越多，这类家庭的收入一般高于平均水平，具有较强的经济实力，因此，这些家庭的农村大学生更倾向于直接在理想城市购买商品房以解决住房问题，不需要选择退出宅基地及其附属物来换取货币补偿和家乡所在地保障性住房指标这一过渡性策略。

第二，农村大学生"宅基地换房"意愿与家庭宅基地数量呈正相关。家庭宅基地数量每增加一块，农村大学生"宅基地换房"意愿将提高 19.48%，这主要由于家庭内宅基地数量越多，通过"宅基地换房"退出一块宅基地，不仅不会造成整个家庭在农村的居住场所消失，而且可以形成城市住房和农村住房并存的理想格局，因此，这类家庭的农村大学生更倾向于盘活部分宅基地资产以换取城市经济适用房指标。

第三，农村大学生"宅基地换房"意愿与家庭住房面积呈正相关。根据"房地一体"的原则，地上的房屋及附属物应与宅基地使用权退出是同步进行的，那么，在补偿标准确定的情况下，住房面积越大，获得的补偿款就越多，对农村大学生支付购买经济适用房所需资金的支持力度就越大。

第四，属于独生子女的农村大学生倾向于选择"宅基地换房"模式。这主要是由于属于独生子女的农村大学生，其个人的发展方向就代表着整个家庭的未来走向。农村大学生的最终归宿在城市，而住房问题是解决其城市化进程中的最重要一环，同时，独生子女家庭内部成员少，不涉及户内其他兄弟姐妹对宅基地及住房的使用和主张权利问题，在家庭内部就"宅基地换房"问题较容易达成一致。

第五，已找到工作的农村大学生倾向于选择"宅基地换房"。在校读书的农村大学生有学校提供的集体宿舍居住，生活重心以学业为核心，对住房问题往往处于"暂未考虑"的状态；待业的农村大学生虽然是租房居住，但是生活重心围绕着找工作展开，购买住房对他们而言处于"暂无能力考虑"的状态；然而，已工作的农村大学生跨入社会的第一步便是租房，相对于微薄工资而言的高额房租，以及寻找房源、来回搬家过程中的艰辛，使他们拥有一套城市住房的愿望异常强烈，因此，他们迫切希望找到一条能够快速解决城市住房问题的捷径，而"宅基地换房"给他们提供了农村家庭资产盘活与城市住房问题解决相结合的途径。

第六，在城市无房的农村大学生更倾向于选择"宅基地换房"模式以解决住房问题。农村大学生属于从农村进入城市的"第一代市民"，没有像城市大学生家庭那样已经拥有一套、二套甚至多套城市住房，城市大学生工作以后可以选择和父母居住在一起，或者居住在父母购置的房子里，即使城市大学生需要再购买住房，其获得家庭、亲友等资助买房的概率也远远超过农村大学生，同时，还可以通过出售家庭现有住房的途径获得大笔资金。相对而言，城市住房对于农村大学生来说是绝对的"刚性需求"，住房问题得不到妥善解决将影响农村大学生在城市的长远发展。因此，相对于有房的农村大学生，无房的农村大学生选择"宅基地换房"的意愿会提高 96.70%，在诸多因素中排名居首。

第七，农村大学生"宅基地换房"意愿与其所在城市的生活压力状态呈正相关。农村出身的大学生群体在大学毕业后，由于源于村庄的、既有的社会资本、经济资本不能有效转化，因而不能为他们在城市的生存与可持续发展提供有效的支持（贾滕，2013）。

由于在城市没有家庭依靠、缺乏社会关系、工作竞争能力不强、无法得到稳定的就业机会，留在城市的生活压力较大（董玥玥，2009）。住房问题得不到妥善解决无疑是农村大学生融入城市的重要压力来源。

7.4　本　章　小　结

（1）农村大学生非农化过程中对城市建设用地构成的压力十分巨大，在均值91.29平方米/人标准下，1999~2011年农村大学生非农化所需规划城市建设用地总面积为3463.86平方千米，该数值占2011年全国城市建成区面积的8.27%。另一方面，农村大学生入学可供盘活的宅基地及其附属物的潜力巨大，国家标准（150平方米/人）下，1999~2011年入学的高中毕业生可供整理的宅基地面积为5691.53公顷，在平均标准下（212.65平方米/人）农村高中生入学可供整理的居民点面积8068.69公顷，都远远高于农村大学生进城所耗费的用地指标，如果将"农村大学生非农化与城乡建设用地增减挂钩"相结合，将给城市建设用地指标来源增添新渠道，同时，也提供了新的宅基地盘活途径。

（2）我国实行开发性移民方针，农村移民主要采取以土安置，这是农村大学生土地流转与水库移民安置相结合的重要契合点。根据已测算出的土地流转潜力162.25万公顷，以2011年人均耕地面积推算，这部分潜力可以安置876.08万水库移民，占新中国成立以来移民总数的38.29%。农村大学生土地流转与水库移民安置相结合可以采取两种模式进行："移民—农村大学生"和"农村大学生—政府—移民"，为避免农村大学生土地流转获得的土地过于分散，可以采取两种方式加以协调："绑定流转＋土地微调"方式和股份化方式。

（3）城市不断攀升的住房价格已远远超出农村大学生的购买能力，在调查中，仅有4.84%的农村大学生购买了住房，同时，部分租房的农村大学生所承受的房租收入比已经超出25%的合理区间，住房难已成为农村大学生真正城市化的最大障碍，承包地、宅基地及其附属物是其农村最大的财富。1999~2011年，农村高中毕业生升学累计可以供应农村住房面积117 062.73万平方米，总价值为7660.23亿元，相当于2011年全国国内生产总值的1.62%；1999~2010年，农村高中毕业生升学占用的承包地面积645.28万公顷，价值量也十分巨大，如果实现将农村大学生户内宅基地退出与城市住房问题解决相结合，将大大缓解农村大学生毕业后面临的住房压力。基于此，本书构建了农村大学生宅基地退出与城市住房问题解决相结合的机制，并对农村大学生宅基地退出与城市住房问题解决相结合的意愿进行了实证分析。实证研究结果表明，农村大学生宅基地退出与城市住房问题解决相结合与家庭宅基地数量、家庭住房面积、是否独生子女、有无工作、购房情况、在城市的生活压力六项指标呈正相关，与家庭收入非农化程度呈负相关，最后，根据农村大学生宅基地退出与城市住房问题解决相结合实施过程中可能遇到的问题以及实证研究结论，提出了相应的对策和建议。

8 农村大学生非农化土地问题政府应对策略配套建议

8.1 完善法律明确农村大学生享有入学前承包土地的相关权利

《农村土地承包法》和《物权法》等法律法规仅从宏观层面对土地承包经营权的属性进行了界定，通过这些法律条款，只能得到土地承包经营权属于物权，承包期内，发包方不能调整承包地，不得剥夺和非法限制承包方的土地权利等内容，对于土地承包经营权与土地所有权的关系及权利边界、土地承包权和经营权的获得与丧失事由、土地承包经营权的内在运行机制等微观设计基本处于缺失状态。因此，对农村大学生入学前获得的土地承包经营权，在户口迁出及毕业工作以后应该如何处理等特殊情况，既不能从法律条款分析中解决，也没有对该问题进行专门的规定或出台相关的司法解释，导致司法实践中缺乏具体的法律依据(叶芬，2011)。农村集体经济组织有自身的实际管理者，管理阶层有着自身的利益取向和价值目标，在法律政策不完善和权力运作不规范的综合作用下，集体经济组织管理者凭借其土地所有者的地位，在经济人的逻辑思维下，很可能通过利用法律政策漏洞造成的灰色地带侵害农村大学生的土地承包经营权，以追求自身利益的最大化。针对目前农村土地制度过于宏观不便于操作，进而造成农村大学生的土地承包经营权受到侵害的事实，政府应尽快着手从微观视角对农村土地制度进行精细化设计，具体包括以下五个方面。

第一，明确农村大学生入学前享有的土地承包经营权，不因户口的转移、工作性质的变化、经常居住地的变更而丧失，并且与其他农民一样和集体经济组织的土地承包关系应该保持"长久不变"。当征地涉及农村大学生的承包地时，农村大学生享有与其他集体成员获得同样征地补偿的权利，不因户口不在集体经济组织内而被取消或者降低补偿标准。建议参照《农村土地承包法》对农村妇女的土地权益保护规定，对农村大学生等特殊群体的土地问题制定专门条款。

第二，明确集体土地所有权与农户土地承包经营权之间的关系、权利边界及权利内容，将农地权利的对应主体从农户细化到个人，并在承包经营权证书上予以明确。通过立法明确成员权的获得与丧失的法律事由。

第三，明确两轮土地承包期过渡阶段的权利衔接策略。采用下轮承包期打乱再重新分配的方法，从根本上来说仅仅是"三年一小调，五年一大调"的土地调整期限间隔的简单化延长而已，并且在农村存在着土地征收已获得补偿款的群体、水库移民由政府负责安置获得较好农地的群体等，如果再采用打乱再重新分配，无疑将是一次土地利益的重新分配，那么已获得征地补偿款的农民继续主张承包权、水库移民不愿意退出好田好地等矛盾冲突会瞬间爆发，影响社会和谐与稳定。因此，应明确本轮承包期结束后，采用"维持承包地位置和面积不变，统一采取单纯延长承包期"的方式进行衔接，降低农地使用制度的不确定性。

第四，在就业包分配的制度下，户口迁移政策原本是农村大学生摆脱农民身份，向上层社会流动的一条光明大道。然而在就业双向选择的制度下，户口迁移却可能成为农村大学生丧失土地权利的陷阱。因此，应明确户口非农化、成员权、土地承包权、土地经营权之间的逻辑关系，明确土地承包权基于成员权获得，但是基于成员权获得的土地经营权不因户口非农化导致的承包权丧失而被剥夺，实现农地经营权的永续化，割断农村人口的变动和农地变动的联系(钟涨宝，2010)。

第五，明确土地承包经营权的继承问题。根据法律政策的规定，目前继承人可以继承的范围只有承包人应得的承包收益、林地承包经营权以及通过招标、拍卖、公开协商等方式取得的土地承包经营权，对通过家庭承包方式取得的土地承包经营权继承问题没有做出明确规定。由于农村大学生获得土地权利的途径基本是家庭承包，在"维持承包地位置和面积不变，统一采取单纯延长承包期"的衔接模式下，农村大学生是未来家庭土地权利的合法继承人，土地承包经营权继承可以作为实现土地承包关系"长久不变"的纽带(刘灵辉，2015)，故而，对该问题应该给予明确界定。

8.2 搭建多层次、创新型的农村大学生土地资产盘活平台

农村大学生作为拥有高学历的知识分子，与普通农民相比，有更多的利益诉求，因此，应该开辟更多的土地资产盘活途径，尽可能地满足其价值目标诉求。目前，法律政策认可的土地资产盘活方式主要是土地流转，农村大学生可根据自身的实际情况，选择出租、转包、入股、转让等方式流转土地，这就需要在政府的参与和引导下，构建土地流转市场的交易平台，实现供求信息的及时发布，土地流转双方在固定场所内公平竞价、公正交易。除此之外，针对农村大学生在城镇化过程中所遭遇的住房难问题，应该借助国家户籍制度改革之机，推进统筹城乡一体化进程，鼓励符合条件的农村大学生及其家庭成员通过土地退出的方式让渡出在集体拥有的宅基地和承包地，并获得相应的退地收益，使农村大学生拥有的"地票"能置换为住房的部分首付款或者一定期限的房屋使用权，或者给予退出土地的农村大学生保障性住房指标，缓解其住房压力，巩固农村大学生在城市"中产阶级"地位，不至于"因房致贫"，助推其城镇化进程。但是在无法一步到位解决农地退出问题的情况下，应分类管理，分阶段推进，对于那些同意退出土地承包经营权的农村大学生，应给予一定时间的冷静期(王建友，2011)，比如说2~3年，让农村生源的大学生可以充分考虑自己的选择，确保自己的权益(丁玲　等，2015)。同时，土地流转、土地退出都存在着一个很现实的问题，每个农村大学生享有的承包地面积较少，并且是零碎的、分散的，这增加了土地流转和土地退出的难度，解决这个问题需要

通过"绑定流转＋土地微调"的方式、土地股份化方式等途径创新土地管理模式。政府将通过土地退出获得的农地资源，在合法合规的情况下用于城市开发（农村大学生宅基地退出与城市建设用地指标挂钩），或者用于安置失地农民（农村大学生土地与水库移民安置相结合），用城市开发获得的利润或失地农民的补偿资金支付农村大学生的退地成本，从而实现土地资源在不同区域间、不同人群间的合理优化配置。同时，应该创设"失地农民身份互换机制"，即由于土地征收位置具有固定性，可能会出现农户 X_1 对土地的依赖程度较高而被纳入征地的范围，而农村大学生 X_2 对土地依赖程度低而没有被征地，故而，在征地区域划定后，农村大学生 X_2 为了取得货币补偿以提高自己的效用水平，可以将其承包地与农户 X_1 的承包地进行交换，使自己代替农户 X_1 成为失地农民，以实现双方效益的最大化。

8.3　政府制定农地权利让渡价格标准
参照体系，避免价格混乱

农村大学生土地产权处置的类型很多，包括市场化土地流转、土地退出和土地征收等。市场化土地流转的转包费、租金、入股分红、转让费等，主要由当事人双方协商确定，能够很好地体现农地的市场价值。然而，土地退出、土地征收价格主要由政府确定，更多地体现政府的意志，这难免会造成农地权利让渡价格偏离市场价值，使得土地退出机制缺乏经济吸引力，更多的农村大学生为维护未来的期望利益而持有农地或者选择继续保留农村户籍，造成政府的应对策略大打折扣。农村大学生及其家庭成员围绕农地及宅基地等所做的一切文章，其实质都是为了经济利益最大化。因此，首先政府应该做出最大幅度的让利，让农村大学生更多地参与到土地增值收益分享中来，杜绝政府演变成为逐利主体。其次，政府应分门别类地制定农村大学生土地产权让渡价格参照体系，对于市场化土地流转让渡一定期限土地产权的行为，应公布年度土地流转价格参照标准，供市场交易双方参考。对于农村大学生或主动或被动完全让渡土地产权（土地退出和土地征收）的情况，政府制定的价格标准应做到以下几个方面：第一，界定权利让渡性质。避免出现同类型的土地权利让渡存在不同类型价格标准而导致的利益混乱；第二，完全体现农地的市场价值，避免土地退出补偿简单地参照征地补偿标准制定价格标准；第三，政府制定的价格标准应该具有一定的稳定性，对于因政府政策频繁变动造成的农村大学生利益损失，农村大学生应获得不同政策之间的最高价格收益，以维护政府的信赖利益。第四，政府制定的农地价格参照体系应具有动态性，适时地调整农地权利价格参照体系。

8.4　规范农村大学生与集体经济组织间
的土地收益分配关系

在我国集体经济组织和农民共享土地产权的情况下，集体经济组织的土地所有者地位在农村大学生的土地资产处置行为中应该有所体现，尤其是经济利益方面。在土地流转时，农村大学生流转土地并获得相应的流转收益，这部分流转收益法律明确规定归承包方（农村大学生）所有，任何组织和个人不得擅自截留、扣缴，此时，集体经济组织的土地所有者地位更多地体现在管理职能方面。在土地征收时，补偿内容包括土地补偿费、安置补助费以及地上附着物和青苗补偿费。其中，土地补偿费是支付给集体经济组织土地所有权的补偿，安置补助费、地上附着物和青苗补偿费主要支付给农村大学生。由于现行征地制度以户籍制度为基础，否定拥有土地承包经营权的"农转非"人员得到安置补偿的权利和参与集体资产补偿资金分配的权利，这势必侵害身份非农化先于土地非农化涉及群体的利益，诱发集体内部利益冲突（刘灵辉，2014）。因此，农村大学生有权获得承包经营权的补偿。同时，在农地产权体系解构的基础上，处理好具有物权性质的土地承包经营权与集体土地所有权的关系，相对清晰地界定两种权利在征地补偿费分配中的权能（李菁，2011），应对土地所有权和承包经营权分别进行补偿，而且按照定限物权优先于所有权的原理，承包方获得土地补偿的权利优先于所有权人（张宏东，2012）。对于集体经济组织分配获得补偿收益的具体用途应以村民会议表决的方式决定，既可以用于集体基础设施建设、发展二三产业、偿还债务等方面，也可以在集体组织的成员内部按照人数平均分配，即最终确立承包经营权补偿分配以"地权"为依据，土地所有权补偿分配以"成员权"为依据，破除集体经济组织和农民之间的利益交织问题。在农村大学生选择土地退出，处置土地承包经营权、宅基地使用权时，由于是土地权利的一次性完全让渡，往往伴随着集体成员资格的放弃，因此，在这种情况下，集体经济组织理应从农村大学生的土地退出补偿中分得相应收益份额，并建议参照法律政策规定的征地补偿收益中集体经济组织和农户之间的收益分配比例来确定。

8.5　推进统筹城乡户籍制度改革，剥离户籍依附的物质经济利益

农村大学生非农化过程中土地问题产生的直接诱因是由非农化诱致的成员资格瑕疵。现行城乡二元制户籍结构造成城市和农村户口之间的天然分割和利益差异，户籍附加了许多不合理的社会功能，成了各种利益和权益的分配依据。现行的农村大学生户籍制度是在计划经济体制下形成的，从属于我国在全社会范围内实行的城乡二元户籍制度，服务于计划经济（孙修真，2012）。农村大学生户口转出前享有集体成员的各项权利（土地承包、集体资产收益分红、宅基地申请及自主建房、参加农村合作医疗等），在升入大学将户口转往城市以后，按照固有的二元经济逻辑思维，就应当收回农村大学生在集体享有的承包地等利益，这种户籍制度与土地制度及其他公共政策存在着天然耦合关系，不仅严重阻碍了土地承包经营权的流转（邓海峰　等，2010），而且阻碍了城乡劳动力及土地等生产要素的自由流动，影响了农民将财产转移到城市以购买住房、开办企业、融入城市的能力。现行户籍制度和农村土地与房屋制度互相深刻影响甚至互为表里，因此，要避免农村大学生非农化所带来的土地问题，政府就应以城乡一体化为目标对现行户籍制度进行改革，户籍制度与土地制度改革同步进行，剥离附加在户口背后的各种利益，把隐藏在户口之后的劳动、人事、工资、物价、教育、卫生、社会福利等诸多制度与户口

脱钩，实现农村大学生非农化不以牺牲承包地、宅基地等财产权利为代价。

统筹城乡户籍制度改革具体可分为以下三个层面逐步实施：第一层次，实现农村户口与城市户口之间的自由转移。国家需要进一步深化改革、打破藩篱、促进公平，让城市进得来，农村回得去（吕德文，2016）。农村大学生入学可以自愿选择保留农村户口或将户口迁往学校所在地，同时，农村大学生毕业后，可以随时选择将户口迁回原集体经济组织，任何单位和个人不得对此设置障碍，改变农村大学生"回村"比"进城"更难的状况。第二层次，建立农村户口退出的补偿机制。农村大学生渴望"非转农"，是因为其利益被忽略，担心户口转出丧失原身份所蕴含的土地、宅基地等各项权利及衍生福利，因此，可参照重庆市统筹城乡户籍制度改革的办法，分情况建立农村大学生户口退出补偿机制，农村大学生及家庭成员全部转为城市户口并自愿退出宅基地使用权及农房的，政府参照同时期市场价格标准对农村住房及其附着物给予一次性补偿，并给予宅基地使用权一次性补偿及购房补助，对自愿退出承包地的，政府按农地市场价格给予一次性补偿。对于农村大学生家庭部分成员转为城镇居民的，保留其原有宅基地、承包地等相关权利以及未来选择退出承包地、宅基地等获得补偿的权利。第三层次，实现全国户口统一登记制度，实行一元户籍管理模式的居民居住登记制度。建立居民户口在居住地登记，以身份证号码为标识，集住房、就业、婚育、社会保险等一系列与人口基本信息管理系统为一体的户籍制度（孙修真，2012），居民户口随居住地变动而变动，在全国范围内取消农业户口、非农业户口所造成的权利差异，让进城农民与原有的城市居民享有同等待遇（彭长生，2012）。

农村大学生升学属于自然的人口区域间流动，对其原有的承包地、宅基地等财产不产生任何影响，农村大学生及家庭成员对拥有的财产具有完全处置权。并且集体应将除土地以外的其他资产收益量化到个人，每人按照其拥有股份数量获得相应的分红收益，且分红不因户口的迁移而丧失。同时，农村大学生非农化过程中的土地问题不仅是户口问题，更是事关公民权益保障和利益分配格局调整的综合性问题，政府应将该问题涉及的相关法律政策进行综合改革，清理与法律有冲突的政策文件，完善法律法规，避免不同政策之间衔接不畅、衔接缺失等问题。比如，建议删除或修改《农村土地承包法》第十六条第三款："承包期内，承包方全家迁入设区的市，转为非农业户口的，应当将承包的耕地和草地交回发包方。承包方不交回的，发包方可以收回承包的耕地和草地。"农村大学生全家户口迁移，其原有利益应当保留，或选择退出获得补偿，而不应是交回或被集体收回。

8.6　建立农村大学生城市社会保障机制，加速其与土地完全脱离

农村大学生要想完全实现城市化，大体要经过五个步骤：户籍的非农化、职业的非农化、生活的非农化、住房的非农化和下一代的非农化，而并非简单的户口"农转非"问题。有人做过测算，一个农村人完全融入城市依其级别不同需要承担的成本完全货币化后，在几十万至百万元之间（魏登峰，2011）。贫富分化的代际传承、阶层趋固化进一

步降低了农村大学生扎根城市的可能性(范绪枝, 2012)。然而, 现阶段农村大学生的就业状况为: 压力大、收入低、不稳定、满意率低; 住房状况为: 商品房价格过高, 农村大学生申请廉租房和经济适用房遭遇资格障碍, 处于夹心层。同时, 我国城乡正在建立相对完善的社会保障系统, 但实际上, 许多农村大学生仍然未被纳入城市社会保障体系, 无法享受到与市民同等的社会待遇、同等的社保体制和公共服务(何永丽, 2013)。因此, 在就业与城市住房问题解决以前, 农村大学生享有的承包地和宅基地仍然起着较强的社会保障作用。

对于农村大学生而言, 高校教育最直接的功能就是能令其找到一份满意的工作, 获得稳定的收入来源, 逐步融入城市社会, 改变自己所属的社会阶层和社会环境。

因此, 农村大学生城镇化的关键环节是稳定的就业, 这也是住房非农化、生活非农化、下一代非农化的前提基础。故而, 政府应在教育支出方面向农村倾斜, 缩短农村高中生和城市高中生在成长、学习环境方面的差距。高等学校要在专业设置、课程设置等方面与社会需求接轨, 避免成为只顾经济效益的"文凭工厂"培养出质次价高的"作秀人才", 通过提高教学质量提升农村大学生的就业率和就业质量。在长期以来形成的二元户籍制度影响下, 学生上大学的目的就是在城市就业。大学毕业后回农村发展, 绝大多数家长是持否定态度的(邢安刚, 2012)。因此, 政府应提高大学生基层发展的待遇和发展空间, 鼓励大学生到基层就业, 有效利用"大学生志愿服务西部计划""大学生进村、进社区计划""支农、支教、支医和扶贫计划"等项目, 使他们能够安心基层、创业基层、扎根基层、发展基层。同时, 鼓励大学生创业, 给予大学生创业在税收、信贷等方面更多的优惠。通过这些途径相结合实现农村大学生毕业后获得合适的满意的职业、避免"毕业即失业"的窘境。在住房方面, 政府应该对来自农村、接受过高等教育、被社会边缘化的年轻人的生计和前途给予高度关注(刘笑　等, 2007), 加快完善城市公共服务保障体系, 出台措施解决房价过高、社会保障不足等城市问题, 首先, 政府应逐步将大学生的住房纳入保障性住房体系和范围(黄一苋, 2009), 使经济条件一般的农村大学生能通过廉租房、经济适用房、公租房等途径在城市解决住房问题。若能通过廉租房等政策措施解决好大学毕业生的住房问题, 不仅能完善廉租房制度, 缓解大学生住房问题, 还能推动房地产的理性发展(余晓香, 2011)。其次, 创新农村土地制度, 使农村大学生能够将其享有的农村"地票"与城市住房相互置换, 同时, 对于退地的农村大学生, 在申请经济适用房和廉租房时, 应享有优先权。只有妥善解决农村大学生城市住房问题, 缓解其经济压力, 才能使农村大学生更加坚定其城镇化的"决心", 稳定其在城市发展的"恒心"。另外, 要使农村大学生享受到城市居民一样的社保、医保、养老、子女入学等各项待遇。通过政府这些联合举措使农村大学生毕业后能够"居有其所""工作稳定""收入较丰""后顾无忧", 实现农村大学生与土地承包经营权的社会保障功能逐步脱离。

8.7　规范农村大学生土地问题纠纷解决途径, 缓解社会矛盾

农村大学生入学后享有的土地承包经营权受到侵害主要表现在以下两个方面: ①直

接侵害，即土地承包经营权的直接收回。②间接侵害，即土地征收后，得不到合理补偿或者公平对待。目前，土地承包经营权的侵害来源主要为政府部门和集体经济组织，由于对农村大学生土地承包经营权的侵害罩上了"农转非"这个理由，使得侵害者的行为获得了形式上的"合理性"。如果纠纷解决机制缺失和不完善，会导致更多的农村大学生通过上访、非法游行等非正常途径表达利益诉求。因此，现阶段在明确农村大学生对土地承包经营权合法权益的前提下，应该建立农村土地承包经营权纠纷解决机制，当农村大学生面临侵权时，首先应在集体内部通过调解的方式解决，调解不成的，可以向人民法院对集体经济组织及其管理者提起物权侵权诉讼，集体经济组织和农村大学生之间的土地利益关系应属于民法调整的财产关系，人民法院不得拒绝受理①。同时，集体经济组织所决定的事项不得与国家法律和政策相抵触，集体经济组织以"村民自治"或者"村规民约"等理由，否定农村大学生享有的土地权利或者征地补偿收益分配权的，人民法院应当不予认同，并做耐心的解释。同样，当农村大学生的土地权利受到政府部门的侵害时，农村大学生及其家庭成员可以向法院提起行政诉讼的方式解决。农村大学生是农村走出来的精英群体，在土地承包经营权受到侵害时，应该给予其解决纠纷的恰当途径，这样才能使农村大学生群体感觉到自身权益受到法律的保护，不会一味抱怨社会的不公。这有利于化解社会矛盾、缓和社会冲突、建立和谐社会。

---

① 《最高人民法院研究室关于人民法院对农村集体经济所得收益分配纠纷是否受理问题的答复（法研〔2001〕51号）》中指出："农村集体经济组织与其成员之间因收益分配产生的纠纷，当事人就该纠纷起诉到人民法院，只要符合《中华人民共和国民事诉讼法》第一百零八条的规定，人民法院应当受理。"

参 考 文 献

艾建国，吴群. 2002. 不动产估价 [M]. 北京：中国农业出版社.

蔡昉. 2013. 破除大学毕业生就业难的误读 [J]. 行政管理改革，(10)：13-17.

蔡运龙，傅泽强. 2002. 区域最小人均耕地面积与耕地资源调控 [J]. 地理学报，57(2)：129.

蔡志荣. 2010. 农村土地流转方式综述 [J]. 湖北农业科学，49(5)：1209-1212.

曹建华，王红英，黄小梅. 2007. 农村土地流转的供求意愿及其流转效率的评价研究 [J]. 中国土地科学，21(5)：54-60.

长子中. 2011. 城市化进程中农民的土地权益保障问题 [J]. 开放导报，(2)：34-37.

常素巧，齐丽红，邹爱荣. 2006. 高等教育公平的制度性障碍及政策建议 [J]. 保定师范专科学校学报，19(3)：87-89.

晁倩娜. 2012. 浅析农村大学生就业难的现状、原因及对策 [J]. 教育教学论坛，(4)：9-10.

陈华威. 2011. "土地换社保"掩盖下失地农民的利益受损分析 [J]. 经济视角(下)，(6)：22-23.

陈淑云. 2012. 共有产权住房：我国住房保障制度的创新 [J]. 华中师范大学学报(人文社会科学版)，51(1)：48-58.

陈莹，谭术魁，张安录. 2009. 武汉市征地过程中的土地增值测算 [J]. 中国土地科学，23(12)：16-21.

陈雷，鲍家伟. 2010. 重庆市农村宅基地抵押问题调查研究 [J]. 经济纵横，(8)：88-90.

陈昱，陈银蓉，马文博. 2011. 基于 Logistic 模型的水库移民安置区居民土地流转意愿分析——四川、湖南、湖北移民安置区的调查 [J]. 资源科学，33(6)：1178-1185.

"城镇化进程中农村劳动力转移问题研究"课题组. 2011. 城镇化进程中农村劳动力转移：战略抉择和政策思路 [J]. 中国农村经济，(6)：4-14.

程灵芝. 2015. 基于供求关系的现阶段我国大学生失业问题分析 [J]. 商场现代化，(30)：205-206.

程胜. 2010. "农村大学生比例下降"现象审思 [J]. 新课程学习(学术教育)，(5)：150-151.

楚德江. 2011. 我国农地承包权退出机制的困境与政策选择 [J]. 农村经济，(2)：38-42.

崔世泉. 2013. 中国地方普通高等学校学杂费增长的实证研究——基于省级面板数据的联立方程的检验 [J]. 现代教育管理，(3)：16-21.

戴红兵. 2004. 中国农村土地物权制度研究 [D]. 武汉大学博士学位论文，2004：24

戴青兰. 2006. 农村土地使用权流转中的农民权益保护 [J]. 黑龙江教育学院学报，25(2)：11-13.

戴威. 2012. 农村集体经济组织成员权制度构建中的难点及其对策 [J]. 中国集体经济，(4)：10-11.

邓大才. 2007. 农地流转价格体系的决定因素研究 [J]. 中州学刊，(3)：44-48.

邓海峰，王希扬. 2010. 户籍制度对土地承包经营权流转的制约与完善 [J]. 中国人口·资源与环境，20(7)：97-101.

丁关良，陈琴. 2004. 农村土地承包经营权流转方式 [J]. 中共长青市委党校学报，(12)：17.

丁关良. 1999. 农村土地承包经营权性质的探讨 [J]. 中国农村经济，(7)：23-30.

丁关良. 2007. 土地承包经营权基本问题研究 [M]. 杭州：浙江大学出版社.

丁玲，钟涨宝. 2015. 农村生源大学生土地承包经营权退出意愿及影响因素研究——来自武汉部属高校的实证 [J]. 农业现代化研究，26(6)：1032-1037

丁小浩，梁彦. 2010. 中国高等教育入学机会均等化程度的变化 [J]. 高等教育研究，(2)：1-5.

丁亚鹏. 2010-6-2. 大学生回乡务农难享村民待遇 [N]. 新华日报.

董玥玥. 2009. 飘在城市的农村籍大学毕业生——一个新的移民群体 [J]. 传承，(12)：118-119.

杜文骄，任大鹏. 2011. 农村土地承包权退出的法理依据分析 [J]. 中国土地科学，25(12)：16-21.

杜文星，黄贤金，方鹏. 2005. 基于农地流转市场分析的区域土地利用变化研究——以上海市、南京市、泰州市农户调查为例 [J]. 中国土地科学，19(6)：3-7.

段亮采. 2006. "农转非"户可继续承包土地吗 [J]. 农村新技术，(9)：49-50.

法治斌，董保城. 2004. 宪法新论 [M]. 台湾：元照出版有限公司.

范进，赵定涛. 2012. 土地城镇化与人口城镇化协调性测定及其影响因素［J］. 经济学家，(5)：62-67.

范绪枝. 2012. 贫富分化代际传承趋势下的农村大学生向上流动分析［J］. 知识经济，(8)：44-45.

冯应斌，杨庆媛. 2015. 农户宅基地演变过程及其调控研究进展［J］. 资源科学，37(3)：442-448.

冯英. 2006. 论土地征收过程中农民的权利配置与利益保护［J］. 北京科技大学学报(社会科学版)，22(4)：89-93.

付婷，李化树. 2010. 对农村新"读书无用论"的深层反思［J］. 现代中小学教育，(1)：4-6.

付永，郑燕峰，卢金增. 2007-1-24. 想当"村民"咋还这么难? 返乡大学毕业生遭遇"村民待遇"困局［N］. 中国社会报.

傅秀堂. 2007. 水利水电工程移民安置规划［M］. 北京：中国水利水电出版社.

高进云，乔荣峰，张安泉. 2007. 农地城市流转前后农户福利变化的模糊评价——基于森的可行能力理论［J］. 管理世界，(6)：45-55.

高进云，周智，乔荣锋. 2010. 森的可行能力理论框架下土地征收对农民福利的影响测度［J］. 中国软科学，(12)：59-69.

辜胜阻，武兢. 2011. 城镇化的战略意义与实施路径［J］. 求是，(5)27-29.

顾海兵. 2002. 建议采用"非农化"概念［J］. 经济学家，(4)：117-118.

关涛. 2004. 我国农村集体土地所有权制度的完善——以"三农"问题为背景的分析［J］. 烟台大学学报(哲学社会科学版)，17(3)：269-273.

郭虹. 2004. "农转非"与中国的户籍制度改革［J］. 经济体制改革，(4)：68-71.

郭继. 2012. 农村集体成员权制度运行状况的实证分析——基于全国12省36县的实地调查［J］. 南京农业大学学报(社会科学版)，12(1)：30-36.

郭丽莹. 2013. 农村大学生的就业困境及救济［J］. 教育评论，(2)：72-74.

郭平. 2007. 农地征收制度的变革契机——土地承包经营权的征收补偿制度［J］. 华南农业大学学报(社会科学版)，6(3)：124.

郭天玉，崔利兴. 2011. 谈如何理解和界定农村集体经济组织成员资格［J］. 农业经济，(12)：64-66.

韩姝. 2011-10-18. 大学生"农转非"悄然降温［N］. 西部时报.

韩松. 2000. 集体所有制、集体所有权及其实现的企业形式［M］. 西安：陕西师范大学出版社.

韩松. 2005. 论成员集体与集体成员——集体所有权的主体［J］. 立法研究，(8)：41-50.

韩晓宇，王芳. 2013. 农户土地依赖性的测度及其与土地承包经营权流转意愿关联性分析［J］. 福建师范大学学报(哲学社会科学版)，(3)：72-78.

韩星焕，田露. 2012. 农户土地流转意愿及其影响因素实证分析——以吉林省为例［J］. 吉林农业大学学报，34(2)：225-229.

何·皮特. 2008. 谁是中国土地的拥有者——制度变迁、产权和社会冲突［M］，北京：社会科学文献出版社.

何文俊. 2010. 论农转非大学生土地承包经营权的保护［J］. 法商论坛，(3)：48-49.

何亦名. 2009. 教育扩张下教育收益率变化的实证分析［J］. 中国人口科学，(2)：44-54.

何永丽. 2013-5-7. "城里人"当得虚假"村里人"当得委屈——"大学生农民工"群体现状实录［N］. 农民日报.

贺雪峰. 2014. 宅基地退出应当缓行［J］. 中国土地，(6)：16-17.

贺振华. 2006. 农户外出、土地流转与土地配置效率［J］. 复旦学报(社会科学版)，(4)：95-103.

侯志军. 2011. "土地换社保"的理论与实践［J］. 法制与社会，(4)：181-182.

胡家强. 2008. 论农村土地承包经营权的征收［J］. 乡镇经济，(6)：28-31.

胡吕银. 2004. 土地承包经营权的物权法分析［M］. 上海：复旦大学出版社.

华生. 2015. 新土改：土地制度改革焦点难点辨析［M］. 北京：东方出版社，322.

黄恒振. 2011. 非农化社区治理模式［J］. 宜宾学院学报，11(2)：77-80.

黄惠. 2010. 城市适应与农村籍大学生的社会化研究［J］. 河北青年管理干部学院学报，(3)：21-24.

黄一览. 2009. 关于我国当前刚就业大学生住房难问题的研究［J］. 新疆石油教育学院学报，10(6)：215-216.

黄志亮，2011. 刘昌用. 户籍制度改革的重庆模式探索［J］. 国家行政学院学报，(2)：90-94.

胡伟艳，张安录，渠丽萍. 2009. 人口、就业与土地非农化的相互关系计究［J］. 中国人口资源与环境，19(5)：104-110.

吉建军. 2010-12-5. 农村大学生毕业后的尴尬现状 [J/OL]. 记者观察.

贾春娟. 2010-08-26. 农村户口失踪记：读完大学就无权做村里人了？[N]. 国际先驱导报.

贾根良，赵凯. 2006. 演化经济学与新自由主义截然不同的经济政策观 [J]. 经济社会体制比较，(2)：137-143.

贾楠，叶敏. 2010. 农村大学生的城市化生存 [J]. 大家，(12)：71.

贾滕. 2013. 当代农村大学生群体阶层突破研究——以豫东黄淮平原 M 村为个案 [J]. 中国青年研究，(10)：10-14.

江腾蛟. 2010. 论农村集体成员资格的认定 [D]. 吉林财经大学.

姜广辉，张凤荣，韩连盛. 2009. 农村居民点用地调控与城乡一体化 [J]. 城市问题，(5)：59-63.

蒋满元. 2007. 农村土地流转的障碍因素及其解决途径探析 [J]. 农村经济. (3)：23-25.

蒋平，王正惠. 2009. 高考"弃考"后的冷思考："弃考"弃掉了什么？[J]. 中国青年研究，(8)：29-33，44.

焦扬，敖长林. 2008. CVM 方法在生态环境价值评估应用中的研究进展 [J]. 东北农业大学学报，39(5)：131-136.

金成林. 2010. 二元教育背景下农村籍大学生数量变化研究 [D]. 山西财经大学硕士学位论文.

金荣标. 2008. 论农村集体经济组织成员权 [J]. 甘肃政法成人教育学院学报，(1)：24-27.

靳相木. 2005. 中国乡村地权变迁的法经济学研究 [M]. 北京：中国社会科学出版社.

孔东菊. 2014. 户籍改革背景下农村宅基地退出机制研究 [J]. 华南农业大学学报(社会科学版)，13(4)：46-53.

雷寰. 2005. 农民集体土地产权权益与失地农民利益保障研究 [J]. 经济界，(4)：92-96.

李春兰. 2008. 农村大学生就业的困惑与对策 [J]. 中国大学生就业，(15)：32-33.

李飞，杜云素，2013. "弃地"进城到"带地"进城：农民城镇化的思考 [J]. 中国农村观察，(6)：13-20.

李洪波. 2010. 关于"长久不变"几个关节点的分析与思考 [J]. 农村经营管理，(11)：23-25.

李惠平. 2006. 再论我国农村土地集体所有权 [J]. 理论月刊，(1)：158-160.

李晋蓉. 2011. 我国高等教育入学机会的公平性研究——以普通全日制高等教育为研究对象 [D]. 山西财经大学，2011.

李菁，颜丹丽. 2011. 集体成员权和土地承包收益权的冲突与协调：稳定地权与不稳定地权的对比——以西水村第八村民小组两次征地补偿费分配为例 [J]. 中国农村观察，(2)：26-35.

李景锟. 2010-01-28. 全面理解和准确把握有关法规政策精神妥善解决我区当前小城镇建设中农转非人员农村集体经济组织成员资格认定问题 [OL]. www.chinalaw.gov.cn/article/dfxx/zffzyj/201001/20100100194675.shtml.

李具恒，杨宗政. 2011. 就业倒逼机制、农户教育理性变迁与大学生非正规就业 [J]. 西北人口，32(6)：111-114.

李开国. 2005. 物权与债权的比较研究 [J]. 甘肃社会科学，(2)：232-236.

李敏飞. 2013. 农村城镇化进程中宅基地资源配置研究 [J]. 福建论坛·人文社会科学版，(1)：51-55.

李萍，黄义忠. 2012. 城市化进程中农村宅基地流转的探讨 [J]. 浙江农业科学，(7)：1063-1066.

李庆华，贾方彪. 2008. 农村集体经济组织成员资格的确认是解决土地补偿费分配的前提 [J]. 国土资源，(1)：43-45.

李少学. 2003-12-9. 农村征地款分配纠纷的法律适用 [N]. 人民法院报.

李涛，邬志辉. 2015. "乡土中国"中的新"读书无用论"——基于社会分层视角下的雍村调查 [J]. 探索与争鸣，(6)：79-84.

李微，翟居怀. 2008. 农村籍大学生城市社会化分析 [J]. 河南职业技术师范学院学报(职业教育版)，(2)：47-48.

李蔚. 2011. 浅谈毕业大学生的住房保障 [J]. 劳动保障世界，(5)：76-77.

李新合. 2008. 女大学生讨回承包地 [J]. 乡镇论坛，(34)：38.

李艳华. 2010. 毕业大学生住房保障问题的困境及出路 [J]. 四川理工学院学报(社会科学版)，25(3)：19-21.

李宴. 2009. 关于农业集体经济组织成员权的法律探讨 [J]. 农村经济，(7)：126-129.

李裕瑞，刘彦随，龙花楼. 2010. 中国农村人口与农村居民点用地的时空变化 [J]. 自然资源学报，25(10)：1630-1638.

廉思. 2009. 蚁族：大学毕业生聚居村实录 [M]. 广西师范大学出版社.

梁小春. 2008. 在户籍改革的热潮中探讨现行高校户籍制度 [J]. 黑龙江史志，(6)：37-38.

梁亚荣，万颖萍. 2003. 对土地承包经营权应予以补偿——《农村土地承包法》对土地征用补偿的影响 [J]. 中国土地，(4)：9-12.

廖筠. 2003. 城市化进程中的"逆城市化现象"——"非转农"问题分析 [J]. 上海经济研究，(6)：15-19.

林刚. 2005. 中国他物权制度研究 [D]. 西南政法大学博士学位论文.

林江枰. 2006-12-11. "非转农"是挤出效应的延续 [N]. 上海证券报.

林毅夫. 2000. 禀赋、技术和要素市场：中国农村改革中关于诱致性制度创新假说的一个自然实验 [M]. 北京：北京大学出版社.

刘京甫. 2005. 农村集体经济组织收益分配纠纷案件审理问题研究 [J]. 河南社会科学, (1)：101.

刘娟. 2008. 农村因教致贫现象的政府责任探究 [D]. 南京农业大学, 硕士学位论文.

刘灵辉. 2013. 农村大学生非农化过程中承包经营权现状及流转意愿——基于对 319 名农村大学生的调查 [J]. 中国土地科学, 27(6)：15-21.

刘灵辉. 2014. 进城农民土地资产处置意愿影响因素研究 [J]. 中南财经政法大学学报, (2)：38-45.

刘灵辉. 2015. 土地承包关系"长久不变"政策的模糊性与实现形式研究 [J]. 南京农业大学学报(社会科学版), 15(6)：107-116.

刘灵辉, 陈银蓉, 刘晓慧. 2009. 农村土地流转市场构建的困局与破解——基于理性人视角 [J]. 乡镇经济, (7)：4-8.

刘灵辉, 陈银蓉, 刘晓慧. 2010. 农村大学生农转非土地流转潜力研究 [J]. 中国土地科学, 24(1)：61-65.

刘宁. 2006. 农民集体成员征地补偿款分配权的司法保护 [J]. 厦门大学法律评论, (1)：230-240.

刘荣材. 2009. 二元经济制度环境下新农村建设的制度创新思考 [J]. 农村经济, (4)：42-45.

刘守英. 2015. 适应新常态的中国土地政策与城市化 [J]. 小城镇建设, (10)：18-19.

刘喜广, 刘朝晖. 2006. 农村居民点用地存在的问题与整理措施 [J]. 中国国土资源情报, (11)：45-48.

刘小红, 郭忠兴, 陈兴雷. 2011. 基于成员权的农地产权改革路径 [J]. 江汉论坛, (7)：80-84.

刘笑, 邵金. 2007. 农村大学生的现状分析及对策 [J]. 教育探索, (2)：24-25.

刘英楠. 2005-1-10. 城市化进程蚕食耕地惊人 [N]. 科学时报.

刘月喜. 2006. 农村土地产权制度存在的主要问题和改革思路 [J]. 武汉学刊, (2)：11-13.

刘昭吟, 赵燕菁. 2007. 在征地城市化中重构城乡土地产权：厦门模式 [J]. 世界地理研究, 16(3)：51-58.

刘志侃, 唐萍萍. 2014. 农村生源大学生返乡创业意愿与影响因素研究——基于陕西省 10 所高校的调查分析 [J]. 调研世界, (7)：30-35.

卢金增, 石丽华, 王燕. 2007. 大学生毕业后迁回原籍身份引争议 [J]. 乡镇论坛, (2)：37-38.

鲁宁. 2010. 公务员为何绞尽脑汁当农民？ [J]. 农村·农业·农民(B版), (7)：9.

陆益龙. 2002. 1949 年后中国户籍制度：结构与变迁 [J]. 北京大学学报(哲学社会科学版), (2)：123-130.

鹿心社. 2001. 全国土地利用总体规划 [M]. 北京：中国大地出版社：74.

路平. 2013. 大学生就业难视角下的高校扩招与停止扩招 [J]. 河南教育学院学报(哲学社会科学版), 32(2)：78-80.

路万忠. 2008. 我国大学毕业生一次性就业与起薪研究 [J]. 中国青年研究, (1)：90-92.

吕德文. 2016. 农村大学生"失业"具有两面性 [J]. 中国老区建设, (1)：21.

罗剑朝, 赵雯. 2012. 农户对村镇银行贷款意愿的影响因素实证分析——基于有序 Probit 模型的估计 [J]. 西部金融, (2)：18-24.

罗立祝. 2011. 高校招生考试制度对城乡子女高等教育入学机会差异的影响 [J]. 高等教育研究, (1)：32-41.

罗伟玲, 刘禹麒. 2010. 基于产权的宅基地退出机制研究 [J]. 国土资源科技管理, 27(3)：122.

马道明. 2015. 输在起点的流动：农村大学生的城市之路 [J]. 中国青年研究, (10)：56-61.

马晓河, 胡拥军. 2010. 中国城镇化的若干重大问题与未来总体战略构想 [J]. 农业经济问题, (11)：4-10.

马岳君. 2010. "逆城市化"：大学生不愿进城落户 [J]. 报刊荟萃, (11)：6-7.

孟丽芝. 2010-06-03. 在校就读的大学生能否获得农村土地补偿费 [N]. 人民代表报.

孟勤国. 2009. 中国农村土地流转问题研究 [M]. 北京：法律出版社, 2009.

能源部水利部水利电力信息研究所. 1994. 国外水库移民安置与补偿 [M]. 北京：水利部移民办公室.

聂盛. 2005. 我国农民的"退出"与"呼吁"机制分析——透视农民问题的新视角 [J]. 湖北社会科学, (2)：160-161.

宁传华. 2007. SPSS 与统计分析 [M]. 北京：电子工业出版社.

牛建立. 2008. 城市化进程中失地农民利益保护问题的思考 [J]. 安徽农业科学, (8)：3386.

欧阳安蛟, 蔡锋铭, 陈立定. 2009. 农村宅基地退出机制建立探讨 [J]. 中国土地科学, 23(10)：26-30.

潘华, 卓瑛. 2010. 理性与感性的双重变奏：新生代农民工定居县城行为研究 [J]. 兰州学刊, (5)：65-68.

潘晓路, 俸娅楠. 2013. 农村大学生比例下降的经济学分析 [J]. 法制与社会, (4)：99-100.

庞宏. 2006. 中国农地流转的市场机制研究 [D]. 长安大学硕士学位论文：14.

彭长生，范子英. 2012. 农户宅基地退出意愿及其影响因素分析——基于安徽省 6 县 1413 个农户调查的实证研究 [J]. (2)：154-162.

钱正武，何虹. 2014. 城乡二元结构的烙印："大学生农民工"现象解读 [J]. 中国青年研究，(3)：74-78.

钱忠好. 2002. 农村土地承包经营权产权残缺与市场流转困境：理论与政策分析 [J]. 管理世界，(6)：35-45.

钱忠好. 2003. 乡村干部行为与农地承包经营权市场流转 [J]. 江苏社会科学，(5)：41-45.

秦大忠. 2009. "集体所有和农户承包经营"制度下农地的权利构造分析——从促进农地流转和有效利用的视角出发 [J]. 山东大学学报(哲学社会科学版)，(1)：94-100.

邱良君. 2009. 40 户农民供养大学生的调查报告 [J]. 法治与社会，(3)：56-58.

邱瑞贤. 2009-1-23. 农村娃上大学比重下降隐情何在？[N]. 广州日报.

曲福田，谭荣. 2010. 中国土地非农化的可持续治理 [M]. 北京：科学出版社.

渠涛. 2008. 物权法实施中农民土地财产权保护 [J]. 南都学坛(人文社会科学学报)，28(6)：84-86.

任宝林. 2011. 推拉理论视角下的农村宅基地退出机制研究——基于南京市农户意愿调查 [D]. 南京农业大学硕士学位论文.

任丹丽. 2008. 关于集体成员资格和集体财产权的思考 [J]. 南京农业大学学报(社会科学版)，8(1)：64-68.

任旭峰. 2010. 农业资金非农化流动成因论析 [J]. 金融发展研究，(2)：71-74.

瑞冒市农业局. 2010. 关于农村大学土地承包经营权的解答. http：www. guotuzy. cnfntml/20110318/n-31254：html.

单金海. 2010-04-09. 对农村宅基地有偿退出机制的构想 [N]. 中国国土资源报，第 006.

沈东. 2016. "非转农"：逆城市化的本土实践与现实反思 [J]. 福建论坛·人文社会科学版，(5)：98-105.

沈叙元，张建华. 2006. 农村土地承包经营权流转的思考——以嘉兴市为例 [J]. 浙江经济，(2)：56-57.

施国庆，徐俊新，孔令强等. 2008. 水电工程移民农业安置模式风险研究 [J]. 人民黄河，(4)：1-2.

石婷婷. 2010. 大学就业后的住房贫困现象探析——基于浙江省普通高职毕业生的调查 [J]. 浙江社会科学，(5)：112-115.

石婷婷. 2011. 农村籍大学生的就业、住房调查与政策建议 [J]. 中共宁波市委党校学报，(3)：75-80.

史方倩. 2011. 对农村贫困家庭教育投资与回报矛盾的分析 [J]. 成人教育，(6)：109-110.

史舒畅. 2011. 农村集体经济组织成员权法律问题研究 [D]. 辽宁大学硕士学位论文.

宋刚. 2006. 论土地承包经营权的征收 [J]. 法学杂志，(2)：83-85.

孙启明，王娜，王珏，张一钒. 2009. 充分就业的核心地位及当前难点的解析 [J]. 经济学动态，(2)：77-82.

孙修真，江义知. 2012 当代中国农村大学生户籍问题研究——以重庆市户籍改革实践为例 [J]. 西南农业大学学报(社会科学版)，10(2)：32-37.

孙莹. 2012-08-24. 产改遭所有市长应对 [N]. 西部时报.

索文斌，宋欣. 2015. 农村大学生就业现状分析 [J]. 青年研究，(3)：4-7.

谭玲. 1986. 论土地承包权的性质 [J]. 社会科学研究，(4)：29-32.

谭小辉. 2007. 在读大学生的村民待遇之争 [J]. 政府法制，(8)：27-29.

滕亚为. 2011. 户籍改革中农村土地退出补偿机制研究——重庆市为例 [J]. 国家行政学院学报，(4)：101-105.

铁明太. 2011. 农村籍大学生就业风险与对策 [J]. 求索，(5)：181-182.

童大焕. 2007-1-30. 户籍和土地改革的同步进行时 [N]. 东方早报.

童玉英. 2000. 农村籍大学生城市社会化问题初探 [J]. 青年研究，(10)：35-38.

王长乐. 2010. 高校扩招政策出台的根本性原因及对高等教育活动的影响 [J]. 河北师范大学学报(教育科学版)，12(2)：33-38.

王东京. 2010. 质疑"土地换社保"[J]. 农村工作通讯，(1)：51.

王海波，罗莉，汪海玲. 2010. SAS统计分析与应用——从入门到精通 [M]. 北京：人民邮电出版社.

王浩军. 2011. 农民非农化进程中的农民工就业问题研究 [J]. 农业现代化研究，32(3)：281-284.

王环. 2005. 我国农村土地产权制度存在的问题与改革策略 [J]. 农业经济问题，(7)：53-56.

王建友. 2011. 完善农户农村土地承包经营权的退出机制 [J]. 农业经济与管理，(3)：47-52.

王金红. 2011. 告别"有意的制度模糊"——中国农地产权制度的核心问题与改革目标 [J]. 华南师范大学学报(社

会科学版），（2）：5-13.

王景新. 2005. 现代化进程中的农地制度及其利益格局重建 [M]. 北京. 中国经济出版社.

王景新. 2008. 中国农村土地制度变迁 30 年：回眸与瞻望 [J]. 现代经济探讨，（6）：5-11.

王静，于战平，李卉. 2015. 农户宅基地退出意愿及其影响因素分析——基于王口镇和独流镇的调查 [J]. 农村经
　　济，（1）：33-37.

王俊秀，闵捷. 2009-04-09. 农村大学生是否应保留责任田 [N]. 中国青年报.

王克强，刘红梅. 1998. 地产对农民多重效用理论的实证分析 [J]. 农业技术经济，（4）：40-41.

王利明. 2002. 物权概念的再探讨 [J]. 浙江社会科学，（2）：82.

王瑞雪. 2006. 关于成员权及其推出问题探索 [J]. 调研世界，（10）：19-22.

王松梅. 2013. 土地征用补偿分配过程中保护特殊群体权益的建议 [J]. 现代农业科技，（9）：340-341.

王世宁. 2010. 农村大学生成为"新知青"城里没房回乡没地 [J]. 决策探索，（10）：28-30.

王万茂，臧俊梅. 2006. 试析农地发展权的归属问题 [J]. 国土资源科技管理，23（3）：8-11.

王万茂. 2001. 人均耕地 0.8 亩警戒线透视 [J]. 中国土地，（10）：32.

王曦. 2007. 当代中国农村土地法律制度发展研究 [D]. 南京师范大学博士学位论文.

王习明，王子愿. 2015. 城镇化视野下的农村土地与社保制改革研究 [J]. 中国名城，（2）：22-26.

王燕. 2006-10-18. 农村大学生能否享受村民待遇 [N]. 济南日报.

王越江，宋保卫. 2009. 以寨说法 [J]. 农家参谋，（1）：38.

王兆林，杨庆媛，张佰林，等. 2011. 户籍制度改革中农户土地退出意愿及其影响因素分析 [J]. 中国农村经济，
　　（11）：49-61.

王珍珍. 2014. 征地视角下的农村大学生土地权益问题研究 [J]. 经济界，（6）：59-62.

魏登峰. 2011. 喜看农村大学生"跳了龙门，不跳农门" [J]. 农村工作通讯，（21）：32-33.

魏凤，于丽卫. 2012. 基于 Logistic 模型的农户宅基地换房意愿影响因素分析——以天津市宝坻区为例 [J]. 经济体
　　制改革，（2）：90-94.

魏文斌，焦毅，罗娟，等. 2006. 村民资格问题研究 [J]. 西北民族大学学报，（2）：83-89.

温世扬. 1999. 集体所有土地诸物权形态剖析 [J]. 法制与社会发展，（2）：39-43.

温铁军. 2006. 农民社会保障与土地制度改革 [J]. 学习月刊.（10）：22-23.

文贯中. 2008. 市场畸形发育、社会冲突与现行的土地制度 [J]. 经济社会体制比较，（2）：45-51.

文贯中. 2008. 土地制度必须允许农民有退出自由 [J]. 社会观察，（11）：10-12.

文贯中. 2014. 吾民无地：城镇化、土地制度与户籍制度的内在逻辑 [M]. 北京：东方出版社：103

吴康明. 2011. 转户进城农民土地退出的影响因素和路径研究——以重庆为例 [D]. 重庆：西南大学.

吴克明，卢同庆. 2013. 农村籍大学生比例下降现象探究：城乡比较的视角 [J]. 现代大学教育，（1）：22-27.

吴克明，王平杰. 2010. 大学毕业生与农民工工资趋同的经济学分析 [J]. 中国人口科学，（3）：67-76.

吴树畅，曾道荣. 2010. 中国房地产价格运行轨迹及驱动因素 [J]. 财经科学，（2）：26-32.

吴兴国. 2006. 集体组织成员资格及成员权研究 [J]. 法学杂志，（2）.91-94.

吴兴国，储松华. 2008. 土地承包经营权人应为征补偿费的独立受偿主体——兼及农地发展权的归属 [A] // 段应
　　碧. 纪念农村改革 30 周年学术论文集，北京：中国农业出版社，564-573.

吴兴国. 2009. 土地承包经营权流转中集体组织成员优先权行使问题研究 [J]. 政法论丛，（2）：51-54.

吴兴国. 2012. 农村土地承包关系退出法律问题初探 [J]. 求索，（2）：159-161.

吴艳君. 2003. 我国政府的制度供给研究 [D]. 郑州大学硕士学位论文.

吴要武，赵泉. 2010. 高校扩招与大学毕业生就业 [J]. 经济研究，（9）：93-107.

吴元波. 2007. 我国农村土地承包经营权的债权与物权分析 [J]. 探索，（5）：117-121.

肖富群，张登国. 2015. 农村与城镇大学生初次就业的差异——兼论农村大学生的就业特征 [J]. 广西师范大学学报
　　（哲学社会科学版），51（5）：67-75.

肖晓玛. 2004. 农村大学生的自卑心理及其超越 [J]. 社会心理科学，19（3）：110-113.

谢志岿. 2015. 弹簧上的行政 [M]. 北京：商务印书馆：147.

邢安刚. 2012. 大学生农村创业的影响因素及对策研究 [J]. 中国农业教育，（1）：70-72.

熊升银，董涛涛. 2008. 高校扩招所带来的人口效应初探［J］. 全国商情(经济理论研究)，(2)：141-142.

徐丽娜. 2012. 农村大学生户口迁移的分析［J］. 时代教育(教育科学)，(1)：188.

徐小峰，胡银根，魏西云，等. 2011. 农村宅基地退出与补偿的几点思考［J］. 国土资源情报，(8)：31-33.

宋玉峰，李春丽. 2011-04-14. 大学生要求参与分配村里征地补偿款［N］. 人民法院报.

闫坤，康晶晶. 2015. 回原籍农村大学毕业生土地流转现状及问题［J］. 石家庄职业技术学院学报，27(1)：29-32.

杨枫. 2009-01-23. 农村大学生比例逐年降低 家长认为成本高谋生难［N］. 广州日报.

杨江. 2007. 从"跳农门"到"非转农"［J］. 浙江人大，(6)：52-54.

杨江. 2007. 台州"非转农"真相［J］. 乡镇论坛，(3)：7.

杨攀. 2011. 农村集体经济组织成员资格标准的法律分析与实践［J］. 西南政法大学学报，13(3)：24-35.

杨新. 2008. 农村征地补偿款分配纠纷的成因和处理原则——对新市区人民法院审理农村征地补偿款分配纠纷案的调研［J］. 新疆警官高等专科学校学报，28(4)：41-43.

杨志宏，李世亮. 2010-01-03. 四川省成都市农村产权制度改革中集体经济组织成员权资格的认定问题［OL］. 中国农经信息网，http://www.caein.com/index.asp? xAction=xReadnews&newsid=50416.

杨子生，杨咙霏，刘彦随，等. 2007. 我国西部水电移民安置的土地资源需求与保障研究——以云南省为例［J］. 水力发电学报，26(2)：9-13.

姚进凤，李志德. 2010. 高校收费对农村学生升学意愿的影响［J］. 学校党建与思想教育，(3)：54-55.

姚凯文. 2008. 水库移民安置研究［M］. 北京：中国水利水电出版社.

姚洋. 2000. 中国农地制度：一个分析框架［J］. 中国社会科学，(2)：54-64.

叶芬. 2011. 土地承包经营权新探——浅析农村大学生毕业后在原籍的权利主体问题［J］. 韶关学院学报(社会科学)，32(11)：144-147.

叶剑平，蒋妍，丰雷. 2006. 中国农村土地流转市场的调查研究——基于2005年17省调查的分析和建议［J］. 中国农村观察，(4)：48-53.

叶剑平. 2000. 中国农村土地产权制度研究［M］. 北京：中国农业出版社.

叶璐璐. 2016. 农村大学生户籍迁往学校后是否还可以获得征地补偿？［J］. 人民论坛，(5)：48.

叶伟民，何谦. 2010. 从"读书改变命运"到"求学负债累累"［J］. 教师博览，(5)：8-11.

叶香丽. 2007. 中国农村人口向城市流动的原因和对经济发展的影响——基于农民工和农村大学生视角的分析［J］. 经济问题探索，(4)：75-79.

叶艳妹，吴次芳. 1998. 我国农村居民点用地整理的潜力、运作模式与政策选择［J］. 农业经济问题，19(10)：54-57.

尹振贤. 2015. "农村户口"越来越值钱了吗？［J］. 中国乡村发现，(1)：188-190.

于洋，戴蓬军. 2003. 我国农村土地使用权流转问题研究综述［J］. 经济纵横，(3)：60.

余家林，肖枝洪. 2008. 多元统计及SAS应用［M］. 武汉：武汉大学出版社.

余秀兰. 2010. 从被动融入到主动整合：农村籍大学生的城市适应［J］. 高等教育研究，31(8)：91-99.

袁晖光. 2010. 中国高校扩招背景下大学生就业和工资调整研究［D］. 辽宁大学博士学位论文.

袁淑清，臧小林. 2012. 论普通高校应届大学毕业生充分就业［J］. 中国人才，(8)：115-116.

袁震. 2010. 论集体土地所有权与土地承包经营权之间的冲突与协调［J］. 河北法学，28(9)：155-165.

岳永兵. 2010. 浅议宅基地退出机制［J］. 西部资源，(5)：29-30.

翟辉，杨庆媛，焦东东，等. 2011. 农户土地流转行为影响因素分析——以重庆市为例［J］. 西南师范大学学报(自然科学版)，36(2)：175-181.

张宏东. 2012. 论土地补偿费的分配对象［J］. 河南机电高等专科学校学报，20(4)：49-52.

张建. 2012. 高校农村籍大学生户籍迁移意识转变及原因分析［J］. 中外企业家，(5)：150-151.

张静. 2003. 土地使用规则的不确定：一个解释框架［J］. 中国社会科学，(1)：113-124.

张立. 2011. "逆城市化"之"真伪"［J］. 经济管理者，(15)：244.

张立功. 2007. 不确定条件下土地非农化问题理论与实证研究——基于城市快速发展时期［J］. 重庆大学硕士学位论文.

张玲. 2003. 试析与农业劳动力转移相配套的土地制度改革［J］. 江西社会科学，(7)：229-230

张绍山. 2007. 水利水电工程移民政策法规 [M]. 北京：中国水利水电出版社：96.

张涛, 段同锋, 李斌等. 2013. 大学生状告村组 [J]. 农村·农业·农民(A版), (1)：48.

张西方. 2010. 论高等教育功能的拓展 [J]. 山东师范大学学报(人文社会科学版), 55(6)：98-101.

张先贵, 王敏. 2010. 农村土地承包经营权征收补偿制度构建——基于对失地农民权益保护之理念 [J]. 黑龙江省政法管理干部学院学报, (3)：71-74.

张晓梅. 2010. 户籍制度下土地承包经营权人在土地征收时的权益保障 [J]. 前言, (10)：96-98.

张晓明, 张晓华. 2010. 试论"农村大学生比例逐年下降"的潜在危机和对策 [J]. 九江学院学报(哲学社会科学版), (4)：104-107.

张晓忠. 2014. "逆城市化"对新型城镇化建设的影响及对策 [J]. 中共福建省委党校学报, (2)：57-63.

张秀智, 丁锐. 2009. 经济欠发达与偏远农村地区宅基地退出机制分析：案例研究 [J]. 中国农村观察, (6)：23-30.

张怡然, 邱道持, 李艳, 等. 2011. 农民工进城落户与宅基地退出影响因素分析——基于重庆市开县 357 份农民工的调查问卷 [J]. 中国软科学, (2)：62-68.

张颖聪, 张文秀. 2005. 农村土地流转市场的委托代理关系分析 [J]. 农村经济, (4)：31-32.

赵可, 张安录, 马爱慧, 等. 2010. 中国 1981 年~2007 年经济增长与城市建设用地关系分析 [J]. 资源科学, 32(12)：2329-2335.

赵强, 齐志国. 2013. 如何维护农村籍大学生土地权益 [J]. 中国土地, (9)：51-53.

赵善庆. 2012. 合理调整我国高等教育收费标准的路径 [J]. 价格月刊, (6)：14-16.

赵树枫. 2009. 改革农村宅基地制度的理由与思路 [J]. 理论前沿, (12)：10-15.

赵威蝶. 2011. 农民工工资与大学生工资趋同的政治经济学分析 [J]. 经济研究导刊, (25)：150-151.

郑风田. 2010. "大学生农民工"有出路吗 [J]. 现代物业, (12)：64-65.

郑小虎. 2011. 农村籍大学生城市社会化问题分析 [J]. 重庆科技学院学报(社会科学版), (11)：74-76.

郑振源. 2006-05-08. 征用农地应秉持"涨价归农"原则 [N]. 中国经济时报.

钟涨宝, 聂建亮. 2010. 建立健全农村土地承包经营权退出机制初探 [J]. 理论与改革, (5)：78-80.

钟涨宝, 聂建亮. 2012. 论农村土地承包经营权退出机制的建立健全 [J]. 经济体制改革, (1)：84-87.

周诚. 2005-10-18. 再论我国农地征收的合理补偿 [N]. 中国经济时报.

周诚. 2006. 我国农地转非自然增值分配的"私公兼顾"论 [J]. 中国发展观察, (9)：27-29.

周建, 施国庆, 李菁怡. 2011. 城市化与农村土地制度创新——对无锡市农村"双置换"政策的研究 [J]. 城市发展研究, 18(10)：19-24

周菊生. 2006. 在校大学生能否分得土地补偿费——兼议农村集体经济组织成员资格的认定 [J]. 井冈山医专学报, (6)：99.

周军辉. 2011. 基于城乡统筹的宅基地流转与退出机制研究 [J]. 现代商贸工业, (1)：31-32.

周立群, 张红星. 2011. 农村土地制度变迁的经验研究：从"宅基地换房"到"地票"交易所 [J]. 南京社会科学, (8)：72-78.

周觅. 2011. 土地征收对农民生计影响的研究 [J]. 湖南社会科学, (6)：106-110.

周其仁. 1995. 中国农村改革：国家和所有权关系的变化——一个经济制度变迁的回顾(上) [J]. 管理世界, (3)：178-189.

朱道林, 董为红. 2002. 我国农村土地产权制度如何适应 WTO [J]. 中国土地, (2)：18-20.

朱冬亮. 2006. 建国以来农民地权观念的变迁 [J]. 马克思主义与现实, (6)：124-129.

朱东恺, 施国庆. 2011. 水利水电移民制度研究——问题分析、制度透视与创新构想 [J]. 北京：社会科学文献出版社.

朱介鸣. 2011. 制度不确定性下中国城市化过程中的土地开发 [J]. 公共行政评论, (1)：62-75.

朱金东, 孙婷婷. 2012. 论征地补偿费分配的反思与重构 [J]. 政法论丛, (6)：115-120.

朱劲松. 2007. 能否用土地置换法解决城市住房问题 [J]. 中国房地产, (10)：19-20.

朱镜德. 2003. 高等教育强劲扩张对城市化进程及经济增长的影响 [J]. 中国人口科学, (1)：32-38.

朱玉蓉, 杨锦秀, 石川, 等. 2009. 博弈论视角下的农民工社会保障问题研究——基于对四川省返乡农民工的调查 [J]. 农业经济问题, (8)：87-91.

庄万禄. 2007. 四川民族地区水电工程移民政策研究 [M]. 北京：民族出版社.

Henderson J V. 2007. 中国的城市化：面临的政策问题与选择 [J]. 城市发展研究，(4)：32-41.

P·麦卡利. 2005. 大坝经济学 [M]. 周红云译. 北京：中国发展出版社.

Besley T. 1995. Property rights and investment incentives：theory and evidence from China [J]. Journal of Political Economy，(103)：903-937.

Blondel A. 2006. Brinkman. Farmland Preservation and Conversion：An Econometric Analysis of the Impact for the Northeastern United States [D]. Indiana：Purdue University Graduate School.

Brabec E Smith C. 2002. Agricultural land fragmentation：the spatial effects of three land protection strategies in the eastern United States [J]. Landscape and Urban Planning，(58)：255-268.

Chamber R，Conway G. 1992. Sustainable Rral Livelihoods：Practical concepts for the 21st Century [R]. IDS Discussioa Paper 296. Brighton：IDS.

Ellis F. 2000. Rural Livelihoods and Diversity in Developing Countries [M]. Oxford University Press.

Hammack J，Brown G M. 1974. Waterfowl and Wetlands：Toward Bioeconomic Analysis [M]. Baltimore：Johns Hopkins University Press.

Henry G. 1979. Progress and Poverty：A new and condensed edition [M]. London：The Hogarth Press LTD.

Huang X J，Heerink N. Ruben R. 2002. Qu Futian. Rural land markets during economic reform in main land China [A]. in：A Van Tiburg，H A J Moll，A Kuyvenhoven eds. Agricultural Markets Beyond Liberalization [C]. Massachusetts：Kluwwer Academic Publishers：9-114.

Hu W. 1997. Household land tenure reform in China：its impact on farming land use and agro-environment [J]. Land Use Policy，14(3)：175-186.

Kung K S，Cai Y S. 2000. Property rights and fertilizing practices in rural China：evidence from Northern Jiangsu [J]. Modern China，26(3)：276-308.

Kung K S，Liu S Y. 1997. Farmers' Preferences Regarding Ownership and Land Tenure in Post-Mao China：Unexpected Evidence from Eight Counties [J]. The China Journal，(38)：3-63.

Nosal E. 2001. The taking of land：market value compensation should be paid [J]，Journal of Public Economics，(12).

Peter. 2005. Institutions in Transition：Land Ownership，Property Rights and Social Conflict in China [M]. Oxford University Press.

Rosen S. Hedonic prices and imPlicit markets：Product differentiation in pure competition [J]. Journal of Political Economy，1974，82(1)：35-55.

Shackle G L S. 1961. Decision Order and Time in Human Affairs [M]. Cambridge：Cambridge University Press.

Wen G. 1995. The Land tenure system and the saving and investment mechanism：the case of modern China [J]. Asian Economic Journal，9(3)：233-260.

附录1：农村大学生土地承包经营权调查问卷（第一批）

各位同学：

　　首先，十分感谢你们参与填写《农村大学生土地承包经营权调查问卷》。问卷实行匿名调查，仅供科研教学使用，对于您填写的一切资料，课题组承诺绝对保密。其次，此次调研的最终目的是希望通过著作或调研报告等形式引起全社会（尤其是政府部门）对农村大学生这一特殊群体土地问题的关注，进而保护农村大学生城市化过程中的合法权益，因此，请各位同学根据问卷提示认真填写，不要有漏项或空项，否则将导致问卷失效，谢谢！

一、家庭及个人基本情况

1. 家庭住址：＿＿＿省＿＿＿市＿＿＿县＿＿乡（镇）＿＿＿村＿＿＿组
2. 您家共有＿＿＿＿人，其中农业人口＿＿＿＿人，从事农业劳动＿＿＿＿人
3. 家庭人口构成及基本情况信息（只填序号，填写全家人的信息，在自己的信息前打√）

调查项	与户主关系	性别	年龄	婚姻状况	受教育情况程度	主要职业	承包地情况
选项	1. 户主 2. 配偶 3. 子女 4. 媳婿 5. 孙子女 6. 父母 7. 祖父母 8. 兄弟姐妹 9. 其他（请说明）	1. 男 2. 女	*按实际年龄填写	1. 已婚 2. 未婚 3. 离婚 4. 丧偶	1. 未受教育 2. 小学 3. 初中 4. 高中 5. 中专 6. 大专 7. 本科 8. 研究生及以上	1. 在家以农业为主 2. 在家以非农业为主 3. 外出打工 4. 学生 5. 军人 6. 民办教师 7. 医生 8. 国家工作人员（含合同制和离退休干部） 9. 其他	1. 有承包地 2. 无承包地

4. 家庭年收入情况（ ）

A. <1万元　　　　　B. 1万~2万元　　　　　C. 2万~3万元

D. 3万~4万元　　　　E. >4万元

5. 家庭土地承包情况（单位：亩）

承包土地类型		1. 耕地	2. 园地	3. 林地	4. 其他承包地	总计
面积	旱地					
	水田					

6. 您于_____年进入_____大学（学院），入学时您是否将户口迁往学校所在地（ ）

A. 迁了　　　　　　B. 没有迁

7. 您觉得农村大学生将户口迁到城市，其承包地是否应该被集体收回（ ）

A. 应该　　　　　　B. 不应该

8. 你现在的状态是（ ）

A. 在学校读书　　　B. 毕业找工作中　　　C. 待业中

D. 有工作无住房　　E. 有工作，有住房

二、土地流转意愿调查

9. 您觉得农村土地归谁所有（ ）

A. 国家所有　　　B. 地方政府所有　　　C. 集体所有　　　D. 个人所有

10. 入学前，集体土地发包时，您在家是否分配到了承包地（ ）

A. 分到了——请回答11　　　　　B. 没有分到——结束问卷

C. 不清楚

11. 入学后，您承包的土地是否被集体收回（ ）

A. 被收回，补偿款为_____元——结束问卷

B. 没有被收回——请回答12

12. 入学后，您承包的土地是否被国家征收或者征用（ ）

A. 被征收或征用，补偿款为_____元——结束问卷

B. 没有被征用——请回答13

13. 您是否愿意将自己承包的集体土地通过土地流转转出（ ）

A. 愿意——请回答14　　　　　B. 不愿意

14. 您更愿意将土地流转给（ ）

A. 自己的亲属、朋友　　　　　B. 本村组内成员

C. 出价高的任何人　　　　　　D. 企业或单位

15. 您觉得哪种方式最适合自己在土地流转市场上找到承包地需求方（ ）

A. 自己去找卖家　　　　　　　B. 通过中介机构

C. 政府提供的信息　　　　　　D. 朋友或者亲戚介绍

16. 您愿意采取哪一种方式转出自己的承包地，并选择相应方式转出承包地的期望收益，在相应的框里打√

转出方式	转出一亩承包地您期望获得的收益/(元/亩)或[元/(亩·年)]		
□出租	□<800　　□800~900　　□900~1000		
	□1000~1100　　□1100~1200　　□>1200		
□入股	□<800　　□800~900　　□900~1000		
	□1000~1100　　□1100~1200　　□>1200		
□转让	□<1万　　□1万~1.5万　　□1.5万~2万		
	□2万~2.5万　　□2.5万~3万　　□>3万		
□一次性卖出	□<2万　　□2万~3万　　□3万~4万		
	□4万~5万　　□5万~6万　　□>7万		

17. 您觉得土地流转价格的确定方式是？（　　）

A. 双方谈判协商确定　　　　　　　　　　B. 由市场确定

C. 由中介机构评估，参考决定　　　　　　D. 根据政府制定的价格标准决定

18. 转出土地获得的收益，您期望用于哪些方面（　　）（可多选）

A. 学费　　　　　　B. 在校期间生活费　　　　C. 用于购买电脑、照相机等

E. 贴补家用　　　　E. 毕业后的生活费用　　　　F. 购房支出　　　　G. 储蓄

19. 您觉得土地流转收益是否应该分给村集体一部分（　　）

A. 应该——请回答 19.1　　　　　　　　B. 不应该——请回答 20

19.1 您认为土地流转中留给村集体的收益应该用做什么用途（　　）（可多选）

A. 缴纳村民各种社会保险费用

B. 用于田间道路、农田灌排等设施建设

C. 用于村内公共基础设施建设

D. 用于投入村办企业，发展二三产业

E. 用于增加村级积累

F. 用于村内行政管理费用支出

G. 本村组居民内分配

H. 归村干部支配使用

20. 您是否愿意将自己的承包地用于支付大学毕业后在城市住房的首付款（　　）

A. 愿意　　　　　　　　　　　　　　　　B. 不愿意

21. 您觉得自己父母同不同意自己理分自己的承包地（　　）

A. 同意　　　　　　　　　　　　　　　　B. 不同意

22. 您对大学生土地问题，还有什么好的看法和建议？

_____

_____

附录2：农村大学生土地承包经营权调查问卷(第二批)

各位同学：

    首先，十分感谢你们参与填写《农村大学生土地承包经营权调查问卷》。问卷实行匿名调查，仅供科研教学使用，对于您填写的一切资料，课题组承诺绝对保密。其次，此次调研的最终目的是希望通过著作或调研报告等形式引起全社会(尤其是政府部门)对农村大学生这一特殊群体土地问题的关注，进而保护农村大学生城市化过程中的合法权益，因此，请各位同学根据问卷提示认真填写，不要有漏项或空项，否则将导致问卷失效，谢谢！

第一部分　农村家庭基本情况

1. 家庭地址：_____省_____市_____县(区)_____乡(镇)_____村
2. 家庭所在集体距离县(区)中心的距离(　　　)
A. 10千米以内　　　B. 10~20千米　　　C. 20~30千米　　　D. 30千米以上
3. 家庭总人口为_____人，其中非农业人口_____人，从事农业劳动_____人。需要被照顾抚养的_____人
4. 家庭的收入结构是(　　　)
A. 以农业为主　　　　　　　　　　　B. 农业和非农业各占一半
C. 以农业为辅，非农业为主　　　　　D. 完全依靠非农业
5. 家庭年总收入情况是(　　　)
A. <2万元　　　B. 2万~4万元　　　C. 4万~6万元　　　D. 6万元以上
6. 您是否知晓家庭承包地面积情况(　　　)
A. 知道——请回答6.1　　　　　　　B. 不知道——请回答7
6.1. 家庭内部承包地总计_____亩
7. 您家承包的土地一共分为几块？(　　　)
A. 1或2块　　　B. 2~4块　　　C. 4~6块　　　D. 6块以上
8. 您家水田每年每亩纯收益(　　　)元，旱地每年每亩纯收益为(　　　)元
A. >1200　　　　B. 1100~1200　　　C. 1000~1100
D. 900~1000　　　E. 800~900　　　F. 700~800
G. 600~700　　　H. 500~600　　　I. 400~500
J. 300~400　　　K. 200~300　　　L. 100~200

M. 0～100　　　　　　　N. 自由填写_____

9. 您家有宅基地(　　)处，住房是几层(　　)

A. 1　　　　　　　　B. 2　　　　　　　　　C. 3　　　　　　　　D. 4 或大于 4

10. 您家宅基地面积(　　)，住房建筑面积(　　)

A. 100 平方米以内　　　B. 100～200 平方米　　　C. 200～300 平方米

D. 300～400 平方米　　　E. 400～500 平方米　　　F. 500～600 平方米

G. 600～700 平方米　　　H. 700 平方米以上

第二部分　个人基本情况

11. 性别_____，年龄_____，是否独生子女_____

12. 您第一学历于_____年考入_____大学(学院)，攻读专业类型为
(　　)

A. 文史　　　　　　　B. 理工　　　　　　　C. 学士　　　　　　　D. 专科

13. 您目前的学历状态是(　　)

A. 博士　　　　　　　B. 硕士　　　　　　　C. 学士　　　　　　　D. 专科

14. 您获得最高学历的学校类别是(　　)

A. 一本院校　　　　　B. 二本院校　　　　　C. 三本院校　　　　　D. 高职高专

15. 您高中升入大学时是否将户口迁往了学校所在地(　　)

A. 迁了——请回答 16、17　　　　　　　　B. 没有迁——请回答 18

16. 您入学时户口迁入城市类型为(　　)

A. 省会城市　　　B. 地市级城市　　　　　C. 县级城市　　　　D. 乡镇

17. 您有没有考虑过将户口重新迁回农村以便继续享受村民的各项福利待遇(　　)

A. 有　　　　　　　　B. 没有　　　　　　　C. 不清楚

18. 您现在的实际状态是(　　)

A. 学校读书——请回答 23

B. 找工作或待业中——请回答 23

C. 有工作——请回答 19～22

19. 您工作的单位性质是(　　)

A. 行政机关　　　B. 事业单位　　　　　C. 外资企业　　　　D. 民营/个体
企业

20. 您工作单位为职工办理的保险类型为(　　)

A. 三险一金　　　　　　　　　　　B. 五险一金

C. 七险一金　　　　　　　　　　　D. 没有缴纳各种保险

题目说明：

三险一金：养老保险、失业保险、医疗保险，住房公积金

五险一金：养老保险、失业保险、医疗保险、工伤保险和生育保险，住房公积金

七险一金：养老保险、失业保险、医疗保险、工伤保险、生育保险、补充养老金(企

业年金）、补充医疗金或补充公积金，住房公积金

21. 您与单位是否签订了劳动合同（　　　）

A. 签订——请回答 21.1　　　　　　　　B. 没有签订——请回答 22

21.1. 签订的合同期限为（　　　）

A. 1～3 年　　　　　　　　　　　　　B. 3～5 年

C. 5～10 年　　　　　　　　　　　　D. 无限期合同

22. 您个人在工作单位的年收入是（　　　）

A. <2 万元　　　　　　　　　　　　　B. 2 万～4 万元

C. 4 万～6 万元　　　　　　　　　　　D. 6 万～8 万元

E. 8 万元以上

23. 您在城市的住房状态是（　　　）

A. 已购买住房。面积为_____平方米，房屋单价为_____元/平方米

购房时有没有享受到政府保障房待遇（A. 有　B. 没有），哪种类型房源_____

购房时有没有得到家庭的经济支持（A. 有　B. 没有），资助金额_____元

购房时有没有到银行贷款（A. 有　B. 没有），贷款金额_____元

B. 租房居住。个人租住面积为_____平方米，每月租金为_____元

C. 在校学生。没有住房，住学校集体宿舍

24. 您目前的婚姻状况（　　　）

A. 已婚——请回答 25

B. 未婚——请回答 26

25. 子女数量_____个，子女户口在（A. 城市　B. 农村），子女每月平均支出_____元，家庭总支出为_____元

26. 您个人在城市生活的月平均支出为（　　　）

A. 500 元以下　　　B. 500～1000 元　　　C. 1000～2000 元

D. 2000～3000 元　　E. 3000 元以上

27. 您感觉在城市生活压力大吗（　　　）

A. 非常大　　　　　B. 比较大　　　　　C. 一般　　　　　D. 没感觉

28. 对比城市与农村，您更喜欢哪种生活方式（　　　）

A. 城市　　　　　　B. 农村

第三部分　土地流转调查

概念说明：

土地流转：是指将享有承包地的权利通过出租、入股、转让等方式让渡给他人，获得相应收益的行为，仍保留对承包地的最终权利。

出租：即短期内租出承包地并获得收益。

入股：将自己的承包地以股份形式参股到公司，获得相应的收益分红。

转让：农地承包期为 30 年，转让是将剩余年限承包地的权利一次性转出，获得

收益。

29. 入学前，您在农村是否分配到了承包地（　　　）

A. 分到了——请回答 30~34　　　　　　　B. 没有分到——请回答 35

30. 入学后，您承包土地的现状是下列哪一种情况，请根据实际情况选择并填空（　　　）

A. 承包地仍保留在家庭内部，由亲属代为经营管理

B. 承包地被集体收回，总补偿款为_____元，补偿标准为_____元/亩

C. 承包地被政府征收，总补偿款为_____元，补偿标准为_____元/亩

D. 其他情况（请说明）：_____

31. 您是否愿意将自己承包的集体土地通过流转方式转出，并获得收益（　　　）

A. 愿意——请回答 32~34

B. 不愿意——请回答 35

32. 您更愿意将土地流转给（　　　）

A. 亲戚朋友　　　　　　　　　　　　　　B. 本村组内成员

C. 出价高的任何人　　　　　　　　　　　D. 企业或单位法人

33. 您觉得哪种方式最适合自己在市场上找到土地需求方（　　　）

A. 自己去找卖家　　　　　　　　　　　　B. 通过中介机构

C. 政府提供的信息　　　　　　　　　　　D. 亲戚朋友介绍

34. 您觉得土地流转价格的确定方式应该是（　　　）

A. 双方谈判协商确定　　　　　　　　　　B. 由市场机制确定

C. 由中介机构评估，参考决定　　　　　　D. 参照政府制定的价格标准决定

35. 如果您有一份承包地，您更愿意采用哪种方式转出承包地，期望的预期收益是多少，请在相应的框里打√或者加粗或者注明标记

流转方式	转出一亩承包地每年您期望获得的收益
□出租	□<800 元　□800 万~900 元　□900 万~1000 元
	□1000 万~1100 元　□1100 万~1200 元　□>1200 元
□入股	□<800 元　□800 万~900 元　□900 万~1000 元
	□1000 万~1100 元　□1100 万~1200 元　□>1200 元
□转让	□<1 万　□1 万~1.5 万　□1.5 万~2 万
	□2 万~2.5 万　□2.5 万~3 万　□>3 万

36. 您对承包地的未来价格走势判断是（　　　）

A. 大幅提高　　　　　　　　　　　　　　B. 略有提高

C. 基本保持不变　　　　　　　　　　　　D. 略有降低

E. 大幅降低

第四部分　身份退出调查

概念说明：

身份退出：是指农民转为城市户口，自愿选择将农民身份所蕴含的各项利益(宅基地及其附属物、承包地等)完全让渡给政府部门组建成立的相关机构或法人，获得一次性补偿收益的行为，同时，承包地、宅基地及附属物的权利完全丧失。

37. 身份利益退出是将承包地、宅基地及其附属物等财产权利完全让渡给政府组建成立的相关机构或法人，您对该机构(法人)的经济规模预期是(　　　)

A. 0.1 亿元以下　　　　　　　　　　B. 0.1 亿~0.5 亿

C. 0.5 亿~1 亿　　　　　　　　　　D. 1 亿~1.5 亿

E. 1.5 亿元以上

38. 您对该机构(法人)的盈利能力预期是(　　　)

A. 具有很高的盈利能力　　　　　　　B. 盈利能力一般即可

C. 盈亏平衡即可

39. 如果进行身份利益退出，您会选择哪种退出方式(　　　)

A. 仅个人身份利益退出，家人保留农村户口

B. 部分家庭成员身份利益退出转为城市户口

C. 全家身份利益同时退出，全部转为城市户口

40. 如果进行身份退出，你会选择退出以下哪几种权利(　　　)

A. 仅退出承包地

B. 仅退出宅基地及房屋

C. 同时退出承包地、宅基地及房屋

41. 假设政府为公共利益和社会发展需要占用您的承包地，耕地占用后您将永久丧失这部分耕地的使用权，那么一亩水田您可以接受的最低补偿价格是(　　　)，一亩旱地您可以接受的最低补偿价格是(　　　)(请将认可的答案填入括号内)

A. 0.5 万元以下　　　　　　　　　　B. 0.5 万~1 万元

C. 1 万~2 万元　　　　　　　　　　D. 2 万~3 万元

E. 3 万~4 万元　　　　　　　　　　F. 4 万~5 万元

G. 5 万~6 万元　　　　　　　　　　H. 6 万~7 万元

I. 7 万~8 万元　　　　　　　　　　J. 8 万~9 万元

K. 9 万~10 万元　　　　　　　　　　L. 10 万~11 万元

M. 11 万元以上

如果认为高于 11 万元年或者低于 0.5 万元，请自由填写＿＿＿＿＿元

42. 假设通过土地整理等手段，集体增加了部分耕地或者村内某人想要出售自己的承包地，按照相关法律规定，您作为集体经济组织成员享有优先购买权，土地购买后您将享有这部分土地的永久权利，且可以留给子孙继承，那么一亩水田您愿意支付的最高价格是(　　　)，一亩旱地您愿意支付的最高价格是(　　　)(请将认可的答案填入括号内)

A. 0.5 万元以下   B. 0.5 万~1 万元

C. 1 万~2 万元   D. 2 万~3 万元

E. 3 万~4 万元   F. 4 万~5 万元

G. 5 万~6 万元   H. 6 万~7 万元

I. 7 万~8 万元   J. 8 万~9 万元

K. 9 万~10 万元   L. 10 万~11 万元

M. 11 万元以上

如果认为高于 11 万元年或者低于 0.5 万元，请自由填写_____元

43. 您觉得退出承包地获得的补偿收益是否应该分给集体经济组织一部分（   ）

A. 应该——请回答 44   B. 不应该——请回答 45

44. 您觉得集体经济组织应分得的比例是（   ）

A. 10%以下   B. 10%~20%   C. 20%~30%

D. 30%~40%   E. 40%~50%   F. 50%~60%

G. 60%~70%   H. 70%~80%   I. 80%~90%

J. 90%~100%

45. 土地流转和身份利益退出获得的收益，您期望用于哪些方面（   ）（可多选）

A. 学费   B. 在校期间生活费   C. 购买电脑、照相机等

D. 贴补家用   E. 毕业后的生活费用   F. 购房支出   G. 储蓄

46. 综合起来考虑，您更倾向于选择哪种方式处置自己的承包地（   ）

A. 保留承包地由家人耕种   B. 土地流转

C. 身份利益退出

47. 您对大学生土地问题，或者对政府部门有哪些期望，还有什么看法和建议？

附录3：农村大学生"宅基地换房"调查问卷（第三批）

同学您好：

　　首先，十分感谢您参与填写《农村大学生"宅基地换房"调查问卷》。问卷实行匿名调查，仅供科研教学使用，对于您填写的一切资料，课题组承诺绝对保密。其次，此次调研的最终目的是希望通过著作或调研报告等形式引起全社会（尤其是政府部门）对农村大学生这一特殊群体住房问题的关注，进而保护农村大学生城市化过程中的合法权益，因此，请各位同学根据问卷提示认真填写，不要有漏项或空项，否则将导致问卷失效，谢谢！

第一部分　农村家庭基本情况

1. 家庭地址：_____ 省_____ 市_____ 县(区)_____ 乡(镇)_____ 村
2. 家庭所在集体距离县(区)中心的距离（　　　）
A. 10 千米以内　　B. 10～20 千米　　　　C. 20～30 千米　　D. 30 千米以上
3. 家庭总人口为_____ 人，其中非农业人口_____ 人，从事农业劳动_____ 人，需要被照顾抚养的_____ 人
4. 家庭的收入结构是（　　　）
A. 以农业为主　　　　　　　　　　B. 农业和非农业各占一半
C. 以农业为辅，非农业为主　　　　D. 完全依靠非农业
5. 家庭年总收入情况是（　　　）
A. 2 万元以内　　B. 2 万～4 万元　　　　C. 4 万～6 万元
D. 6 万～8 万元　　E. 8 万～10 万元　　　F. 10 万元以上
6. 您家有宅基地（　　　）块
A. 1 块　　　　　　B. 2 块　　　　　　C. 3 块
D. 4 块　　　　　　E. 5 块及以上
7. 您家住房是几层（　　　）
A. 1 层　　　　　　B. 2 层　　　　　　C. 3 层
D. 4 层　　　　　　E. 5 层及以上
8. 您家农村宅基地面积（　　　）
A. 100 平方米以内　　B. 100～200 平方米　　C. 200～300 平方米
D. 300～400 平方米　　E. 400～500 平方米　　F. 500～600 平方米

G. 600~700 平方米　　　H. 700 平方米以上

9. 您家农村住房建筑面积(　　　)

A. 100 平方米以内　　　B. 100~200 平方米　　　C. 200~300 平方米

D. 300~400 平方米　　　E. 400~500 平方为　　　F. 500~600 平方米

G. 600~700 平方米　　　H. 700 平方米以上

10. 您是否知晓家庭承包地面积情况(　　　)

A. 知道——请回答 10.1

B. 不知道——请回答 11

10.1. 家庭内部承包地总计_____亩

11. 入学前,您在农村是否分配到了承包地(　　　)

A. 分到了——请回答 12

B. 没有分到——请回答 13

12. 入学后,您承包土地的现状是下列哪一种情况,请根据实际情况选择并填空
(　　　)

A. 承包地仍保留在家庭内部,由亲属代为经营管理

B. 承包地被集体收回,总补偿款为_____元,补偿标准为_____元/亩

C. 承包地被政府征收,总补偿款为_____元,补偿标准为_____元/亩

D. 其他情况(请说明):_____

注: 集体收回是指村(组)委会因农村大学生户口迁出等原因行使权力收回其承包地;
政府征收是指政府因公共利益(修建道路、机场等)需要依法强制性征收承包地。

第二部分　　个人基本情况

13. 性别_____,年龄_____,是否独生子女_____

14. 您第一学历于_____年考入_____大学(学院),攻读专业类型为
(　　　)

A. 文史　　　　　　　B. 理工(医)

15. 您目前的学历状态是(　　　)

A. 博士　　　　　　　B. 硕士　　　　　　　C. 学士　　　　　　　D. 专科

16. 您获得最高学历的学校类别是(　　　)

A. 一本院校　　　　　B. 二本院校　　　　　C. 三本院校　　　　　D. 高职高专

17. 您高中升入大学时是否将户口迁往了学校所在地(　　　)

A. 迁了　　　　　　　B. 没有迁

18. 您现在的实际状态是(　　　)

A. 学校读书——请回答 23

B. 找工作或待业中——请回答 23

C. 有工作——请回答 19~22

19. 您工作的单位性质是(　　　)

A. 行政机关   B. 事业单位

C. 外资企业   D. 民营/个体企业

20. 您工作单位为职工办理的保险类型为（   ）

A. 三险一金   B. 五险一金

C. 七险一金   D. 没有缴纳各种保险

题目说明：

三险一金：养老保险、失业保险、医疗保险，住房公积金

五险一金：养老保险、失业保险、医疗保险、工伤保险和生育保险，住房公积金

七险一金：养老保险、失业保险、医疗保险、工伤保险、生育保险、补充养老金(企业年金)、补充医疗金或补充公积金，住房公积金

21. 您与单位是否签订了劳动合同（   ）

A. 签订——请回答21.1   B. 没有签订——请回答22

21.1. 签订的合同期限为（   ）

A. 1~3年   B. 3~5年

C. 5~10年   D. 无限期合同

22. 您个人在工作单位的月平均收入是（   ）

A. 2000元以内   B. 2000~3000元

C. 3000~4000元   D. 4000~5000元

E. 5000~6000元   F. 6000~7000元

G. 7000~8000元   H. 8000~9000元

I. 9000~10 000元   G. 10 000元以上

23. 您在城市的住房状态是（   ）

A. 已购买住房。面积为_____平方米，房屋单价为_____元/平方米

购房时有没有享受到政府保障房待遇(A. 有   B. 没有)，哪种类型房源_____

购房时有没有得到家庭的经济支持(A. 有   B. 没有)，资助金额_____元

购房时有没有到银行贷款(A. 有   B. 没有)，贷款金额_____元

B. 租房居住。租住面积为_____平方米，每月租金为_____元

C. 在校学生。没有住房，住学校集体宿舍

D. 其他(请具体说明)：_____

24. 您目前的婚姻状况（   ）

A. 已婚——请回答25   B. 未婚——请回答26

25. 子女人数_____人，子女户口在(A. 城市   B. 农村)，子女每月平均支出_____元，家庭总支出为_____元

26. 您个人在城市生活的月平均支出为（   ）

A. 500元以下   B. 500~1000元   C. 1000~2000元

D. 2000~3000元   E. 3000元以上

27. 您感觉在城市生活压力大吗（   ）

A. 非常大   B. 比较大   C. 一般

D. 较小   E. 很小，感觉很轻松

28. 您觉得在城市主要压力来源于(   )(可多选)

A. 工作　　　　　B. 学习　　　　　　C. 经济　　　　　D. 家庭

E. 房子　　　　　F. 健康　　　　　　G. 养老　　　　　H. 人际关系

I. 社会环境　　　J. 人生前途　　　　K. 其他(请说明)：＿＿＿＿＿

29. 您将来打算工作的地点是(   )

A. 省会城市　　　B. 地市级城市　　　C. 县级城市

D. 乡镇　　　　　E. 农村

30. 您目前在哪座城市生活工作学习(请填写具体城市名称)？

第三部分　宅基地换房调查

概念说明：

　　农村大学生宅基地换房：是指农村大学生自愿选择将农村家庭的宅基地使用权完全让渡给政府部门组建成立的相关机构或法人，农村大学生获得让渡宅基地使用权及地上附属建筑物的一次性补偿收益，同时，获得相应城市的保障性住房的购房指标或资格，然后，农村大学生根据相应城市保障性住房政策按照规定的优惠价格购买。

31. 您是否有在城市购买住房的打算(   )

A. 有——请回答32~35

B. 观望——请回答32~35

C. 没有——请回答36

32. 您预计几年内在城市购买住房(   )

A. 1年　　　　　B. 2年　　　　　C. 3年　　　　　D. 4年

E. 5年　　　　　F. 6年　　　　　G. 7年　　　　　H. 8年

I. 9年　　　　　J. 10年　　　　　K. ＿＿＿＿年(自行填写)

33. 您预计购房付款方式是(   )

A. 自己积蓄首付全款

B. 自己积蓄首付＋银行贷款

C. 首付(自己积蓄＋父母资助)＋银行贷款

D. 首付(自己积蓄＋父母资助＋亲戚朋友同事借款)＋银行贷款

34. 您期望的首付额度是(   )

A. 10％以下　　　B. 10％~20％　　　C. 20％~30％

D. 30％~40％　　E. 40％~50％　　　F. 50％~60％

G. 60％~70％　　H. 70％~80％　　　I. 80％~90％

J. 90％~100％

35. 您感觉在城市购买住房面临的压力如何(   )

A. 很大　　　　　B. 较大　　　　　C. 一般

D. 较小　　　　　E. 很小

36. 您是否愿意通过"宅基地换房"模式解决在城市的住房问题(　　　)

　　A. 愿意——请回答 37~45

　　B. 观望——请回答 37~45

　　C. 不愿意——请回答 46

37. 您期望通过"宅基地换房"获得的保障性住房面积为(　　　)

　　A. 50 平方米以下　　B. 50~70 平方米　　B. 70~90 平方米

　　C. 90~110 平方米　　D. 110~130 平方米　　E. 130 平方米以上

38. 您认为通过"宅基地换房"获得保障性住房的合理售卖价是(　　　)

　　A. 2000 元/平方米以下　　　　　　　　B. 2000~3000 元/平方米

　　C. 3000~4000 元/平方米　　　　　　　D. 4000~5000 平方米

　　E. 5000~6000 元/平方米　　　　　　　E. 6000~7000 元/平方米

　　E. 7000~8000 元/平方米　　　　　　　G. 8000 元/平方米以上

39. 您期望通过"宅基地换房"获得哪座城市的保障性住房指标＿＿＿＿＿＿＿＿

＿＿＿＿＿

40. 您将家庭宅基地让渡给政府部门组建成立的相关机构或法人，您及家庭成员将永久丧失宅基地的使用权，那么让渡每平方米宅基地您可以接受的最低补偿价格是(　　　)(元/平方米)(请将认可的答案填入括号内)

　　注：1 亩≈666.667 平方米，部分地区村庄宅基地采用"分"做单位，1 亩＝10 分，1 分≈66.667 平方米

　　A. 0 元　　　　　　　B. 1~100 元　　　　　C. 100~200 元

　　D. 200~300 元　　　　E. 300~400 元　　　　F. 400~500 元

　　G. 500~600 元　　　　H. 600~700 元　　　　I. 700~800 元

　　J. 800~900 元　　　　K. 900~1000 元　　　　L. 1000~1100 元

　　M. 1100 元以上，请自由填写＿＿＿＿＿＿元

41. 假设您所在的集体经济组织内有家庭因成员全部迁往城市等原因想要出售宅基地，按照相关法律规定，您作为集体经济组织成员享有优先购买权，宅基地购买后您将享有这片宅基地的永久权利，且可以留给子孙继承，那么购买每平方米宅基地您愿意支付的最高价格是(　　　)(元/平方米)(请将认可的答案填入括号内)

　　注：1 亩≈666.667 平方米，部分地区村庄宅基地采用"分"做单位，1 亩≈10 分，1 分≈66.667 平方米

　　A. 0 元　　　　　　　B. 1~100 元　　　　　C. 100~200 元

　　D. 200~300 元　　　　E. 300~400 元　　　　F. 400~500 元

　　G. 500~600 元　　　　H. 600~700 元　　　　I. 700~800 元

　　J. 800~900 元　　　　K. 900~1000 元　　　　L. 1000~1100 元

　　M. 1100 元以上，请自由填写＿＿＿＿＿元

42. 您觉得让渡宅基地权利获得的补偿收益是否应该分给集体经济组织一部分〔注：农村集体经济组织是指原人民公社(现在的乡、镇)、生产大队(现在的村)、生产队(现在的村民小组)建制经过改革、改造、改组形成的合作经济组织，还包括经济联合总社、经济联合社、经济合作社和股份合作经济联合总社、股份合作经济联合社、股份合作社等〕

(   )

    A. 应该——请回答 43　　　　　　　　B. 不应该——请回答 44

43. 您觉得集体经济组织应分得的比例是(   )

    A. 10%以下　　　　B. 10%～20%　　　　C. 20%～30%

    D. 30%～40%　　　　E. 40%～50%　　　　F. 50%～60%

    G. 60%～70%　　　　H. 70%～80%　　　　I. 80%～90%

    J. 90%～100%

44. 如果您家让渡宅基地及住房附属物获得的补偿收益不足以弥补在城市购买保障性住房的支出，您能够承受最大的购房支付额度(S)是多少(   )

题目说明：

假设您购买相应城市保障性住房价格为 M，您家让渡宅基地及附属建筑物给政府部门组建成立的相关机构或法人所获得的补偿款为 N，则 $S = M - N$。如果 $M - N$ 为负数，则表明为有盈余，本题是调查 $M - N$ 为正数的情况。

    A. 1 万元以内　　　　B. 1 万～5 万元　　　　C. 5 万～10 万元

    D. 10 万～15 万元　　E. 15 万～20 万元　　F. 20 万～25 万元

    G. 25 万～30 万元　　H. 30 万～35 万元　　I. 35 万～40 万元

    J. 40 万元以上

45. 您家人是否会支持"宅基地换房"(   )

    A. 会　　　　　　　　B. 不会　　　　　　　C. 不清楚

46. 您认为宅基地所有权属于(   )

    A. 国家　　　　　　　B. 地方政府　　　　　C. 集体经济组织

    D. 农民家庭　　　　　E. 个人

47. 您对农村大学生"宅基地换房"有哪些顾虑？请说明。